厚德博學

經濟匡時

匡时 金融学系列

|第2版|

投资学原理与中国金融市场

朱小能　康文津　周小夏　编著

上海财经大学出版社
SHANGHAI UNIVERSITY OF FINANCE & ECONOMICS PRESS

上海学术·经济学出版中心

图书在版编目(CIP)数据

投资学原理与中国金融市场 / 朱小能, 康文津,周
小夏编著. --2 版. -- 上海：上海财经大学出版社,
2024.8. -- (匡时). -- ISBN 978 - 7 - 5642 - 4491 - 0

Ⅰ. F830.59;F832.5

中国国家版本馆 CIP 数据核字第 2024EW6237 号

责任编辑：徐　超
封面设计：张克瑶
版式设计：朱静怡
投稿邮箱：jiangyu@msg. sufe. edu. cn

投资学原理与中国金融市场(第 2 版)

著 作 者：朱小能　康文津　周小夏　编著

出版发行：上海财经大学出版社有限公司

地　　址：上海市中山北一路 369 号(邮编 200083)

网　　址：http://www. sufep. com

经　　销：全国新华书店

印刷装订：上海新文印刷厂有限公司

开　　本：787mm×1092mm　1/16

印　　张：15.5(插页:2)

字　　数：303 千字

版　　次：2024 年 8 月第 2 版

印　　次：2024 年 8 月第 1 次印刷

定　　价：68.00 元

引　言

　　随着中国经济的快速发展,金融市场已经走进了千家万户的日常生活之中。例如,当各位同学打开手机,把你们日常生活花销之后剩余下来的结余存进各种宝宝类理财产品之中的时候,你们实际上是通过网络渠道完成了一次对于债券市场的投资。当同学们毕业工作之后,你们每个月工资的一部分会变成相应的社保缴纳,而我国以万亿元为单位的社保基金的增值保值有很大一部分是建立在对于中国股票市场的长期投资基础之上的。当同学们享受着现代城市中地铁、公交等快捷舒适的公共交通网络时,你们或许可以注意到我国各个城市最近十多年间基础建设的突飞猛进和由房地产市场土地出让金为基础构成的土地财政有着密切的关系。如果同学们以后会从事和国际商品或服务贸易相关的行业,关注人民币对其他世界主要货币的汇率将是你们日常工作中很重要的一个部分,那么你们就应该对于一个稳定而又有弹性的人民币汇率形成机制是如何运作的有较好的了解。而对于那些去金融机构工作的同学们,关于各种不同类型的衍生证券的定价知识就有可能是你们工作中所必须掌握的基础技能了。所以,从以上的例子中,同学们可以看到,不同类型的金融市场已经通过种种方式和大家的生活和工作紧密联系在一起了。

　　同时,同学们也应该意识到,金融市场的健康发展,对于我们整个国家经济的发展和社会的进步,都有着重要的作用。关于这一点,在 2019 年 2 月的中共中央政治局第十三次集体学习中,习近平总书记就明确地提出:"金融是国家重要的核心竞争力,金融安全是国家安全的重要组成部分,金融制度是经济社会发展中重要的基础性制度。"习近平总书记还进一步强调:"金融要为实体经济服务,满足经济社会发展和人民群众需要。金融活,经济活;金融稳,经济稳。经济兴,金融兴;经济强,金融强。经济是肌体,金融是血脉,两者共生共荣。我们要深化对金融本质和规律的认识,立足中国实际,走出中国特色金融发展之路。"习近平总书记的这些话语,从宏观理论高度指出了金融体系和金融市场健康有序的发展,对于我国经济的转型和发展以及人民生活福祉的提高所具有的重要意义。

　　所以,在本书中,各位同学将系统地学习关于股票市场、债券市场、衍生证券市场、房地产市场、汇率市场等方面的内容。在股票市场这一部分,本书将首先给同学介绍股票市场的起源,以及中国股市在过去三十多年中设立、发展、壮大的成长历程,希望同学们可以借此了解中国股票市场在过去三十多年间是如何筚路蓝缕,从一个小小的市场改革试验田,发展壮大成为总市值超过 50 万亿元人民币,位居全球第二的具有全球重要影响力的资本市场的。本书还会从"让市场在资源配置中起决定性作用"这一角度出发,向大家介绍最新的股市注册制改革的意义是什么。然后,同学们会进一步学习关于股票定价的几种常用定价模型,比如,现金红利贴现模型和以市盈率、市净率为基础的相对估值方法。借助股票市场这个例子,本书会给大家介绍在现代金融学中一个非常重要的概念,就是金融市场的有效性。我们将从正反两方面讨论金融市场在什么情况下有效,而又会在什么情况下相对无效,以及指数基金、共同基金、对冲基金等投资工具与市场有效性的关系。然后,同学们将学习关于债券市场的相关知识,例如债券市场的运行规律、定价机制与定价理论,债券的期限结构模型等。我们还会进一步讨论中国债券市场的运行和投资者在日常生活中经常接触的各类理财产品的关系。在关于衍生证券市场的内容中,同学们将了解什么是期货合约,什么是期权合约,以及期货合约和期权合约是如何在金融市场上进行合理定价的。在房地产市场这一块,本书将从居民家庭、企业、国家财富三个层次阐述一个稳定的房地产市场对国家经济发展的重要性。同学们还会学习我国历史上住房制度以及相应的政策变迁,世界各主要经济体的房地产周期对比,我国房地产企业融资的形式和房地产投资信托基金的发展等方面的内容。在关于汇率市场的内容中,同学们将学习汇率的决定理论,包括购买力平价理论、利率平价理论、最优货币区理论。本书还会探讨人民币国际化的进展,以及我国汇率制度选择的科学性和合理性。在智慧金融这一部分,我们从市场规模、监管政策和核心技术三个方面介绍中国智慧金融产业发展现状,从技术属性和行业主题角度选取多个案例分析不同的前沿技术在银行、基金、保险和科技公司等金融科技主题的应用。同学们将从多角度了解科技与金融业务的深度融合与在智慧金融产业中的优秀实践。

我们希望同学们在学习完本书之后能够获得对于中国金融市场运行原理和定价机制较为全面的了解,希望这本书能够对同学们扩展自己的知识边界、助力以后工作和事业的顺利发展起到相应的作用。同时,在这里,我们也想感谢上海财经大学金融学院的章康、李雄一、陈宓舟、应诚炜、许帆、李彦哲、唐楠这几位博士生同学在本书写作过程中提供的宝贵帮助。

目　录

第一章　中国股票市场的发展与现状

第一节　股票市场的起源

从金融学理论来说，股票是公司所发行的所有权凭证。每一股股票都代表持股股东对于相应的股份公司拥有一个单位的所有权。股东对于公司的所有权具体表现在：(1)股东在公司的每个财报周期内可以取得与其持股数量成正比的股息红利；(2)股东在公司股东大会上可以对关于公司运营的重大事项通过行使投票权加以表决，而其投票权的多少一般也与其持股数量成正比。

为了让大家更好地了解股票的本质，我们需要对有限责任制这种公司组织形式进行更加深入一些的阐述。这里"有限责任"这几个字指的是公司的股东以其出资额为限对公司承担责任。举个例子，你的朋友开设了一个有限责任公司，你和你的朋友都认为这家公司现在值1 000万元。那么当你以10万元投资你朋友公司的时候，你就获得了这个公司1%的股份。如果日后你朋友的公司生意蒸蒸日上，公司的价值涨到了1亿元，那么你原先投资的本金就对应着现在公司价值(1亿元)的1%，也就是价值为100万元的公司股份，你会很开心，因为你开始投资的本金翻了十倍。如果将来你朋友的公司生意一路走低，甚至到了年年亏损、资不抵债的地步，你会发现你原先投资的10万元本金可能就要打水漂了。但是，如果你再仔细想一想的话，你可能还是会有一点点暗自庆幸。为什么呢？因为在这种情况下，你面临的最大损失，就是你起初投资的10万元本金全部亏光了，但是至于具体的这家公司，是否能够还得上银行贷款，是否能够不拖欠员工工资，是否能够应对其他企业债权人的讨债甚至是起诉，你作为这个有限责任公司的一个普通股东，就都不用操心了。为什么当你作为一个普通投资者时，你可以做到不怎么需要为你投资的公司在经营不善时面对的上述种种烦恼操心呢？这是因为你对于你投资的这家公司承担的责任是以你的出资额，也就是你起初投的10万元本金为上限的。所以，通过这个例子，我们可以看到，有限责任公司制度是对广大中小投资者一个非常重要的保护，也是公司这种重要的商业形态在人类历史的发展中所演化出的一种最优组织形式。

那么在人类商业文明的演化历程中,是如何出现有限责任公司这种制度的呢? 这其实与 16 至 17 世纪的大航海时代有关。在那个时候,欧洲各国为了找寻传说中的新大陆,纷纷组织了各式各样的远洋探险船队。但是在当时,远洋航行是一个高风险(船队有可能航行出去了之后回不来)、高资金要求(船队需要大量资金来购买船只和附属设备)、长时间周期(一趟远洋探险可能需要好几年的时间)的商业项目。所以,探险船队往往要向其出发地点的拥有大量闲置资金的投资者募资,而投资者和船长船员们就会约定好相应投资的数目和将来分成的比例。在某种意义上,这些探险船队就成了人类商业文明中早期的公司组织形式。船队的投资者,可以被视为今天投资公司的股东,而具体的船长和船员们,则是公司的管理层和员工。虽然这是一种很原始的公司组织形式,但是我们仍然可以从中观察到现代公司的三大重要特点。第一点,就是我们前面讲的有限责任制度。以其自有资金投资船队的投资者对于探险船队的责任,是以其出资额为上限的。如果船队出海之后没有回来,投资者会面对投资本金亏损的风险。但是如果船队出海之后从探险家变身为加勒比海海盗,船队的投资者是不需要为这些转职为海盗的船队在海上打劫的行为负责的。第二点,是公司的所有权和经营权的分离。进行远洋探险,是一项需要大量航海专业知识的活动。投资者有钱,但是可能没有相应的航海专业技术,而船长和船员们懂航海,但是可能没钱。所以,用今天的话说,就是投资者以金融资本入股,船长和船员们以人力资本和专业技术入股。那么投资者拥有的是船队航海探险收获的所有权,而至于具体探险船队向哪里开、怎么开才能发现传说中的新大陆,则是由操控船只的船长和船员们决定的。第三点,则是公司所有权或者公司股权的可转让性。远洋航海是一项长周期的探险项目,船队可能一去就是三五年。那么在此期间,如果船队的投资者急需用钱,应该怎么办呢? 在这种情况下,就需要一个能够让投资者自由买卖其手中股权投资的二级市场。实际上,在当年有"海上马车夫"之称的荷兰的阿姆斯特丹市设立的阿姆斯特丹证券交易所就是欧洲历史最悠久的股票交易所之一,其股票交易的历史,可以追溯至 400 多年前的 1602 年。

在荷兰的阿姆斯特丹证券交易所成立之后,欧洲各国纷纷成立它们自己的证券交易所。在法国,巴黎证券交易所 (Paris Bourse) 于 1724 年成立。在英国,伦敦证券交易所 (London Stock Exchange) 于 1773 年成立。同时,在大西洋的彼岸,北美大陆上,一个联邦制国家,也就是今天人们所熟知的美国,于 1776 年建立。美国在赢得了建国之初的独立战争之后,由于战争和建国所带来的花费,面临着较大的财政压力。在其首任财政部部长汉密尔顿的建议下,发行了约 8 000 万美元左右的国债。之后,随着越来越多债券的发行流通,以及社会上股份制公司逐步的设立和募资,美国社会也产生了对于成立证券市场的需求。在 1792 年,以约翰·萨顿和本杰明·本为代表的二十几个证券交易经纪人决定在纽约市华尔街建立一个拍卖中心,集中进行股票债券等的交易活动。这个交易中心当时被称为纽约股票交易委员会。为了进一步维护股票交易的秩序,同年 5 月 17 日,这些证券经纪人在位于华尔街 68 号的一棵梧桐树下签署了梧桐树协议。这个梧桐树协议规定了证券经纪人之间的合作竞争规则。1817 年,纽约股票交易委员会把其名字更改为"纽约证券交易委员会"。1863 年,再次改名为纽约证券交易所。这个名字作为全球最大的股票交易所的正式名称,被一直沿用到了现在。之后,在亚洲,孟买证券交易所于 1875 年在印度孟买成立,东京证券交易所则于 1878 年在日本东京成立。

经过 400 多年的发展后,今天的股票市场已经从欧洲富人们茶余饭后的休闲场所,演变成与国计民生息息相关、在现代市场经济中不可或缺的重要部分。根据 2019 年的数据显示,全球股票市场的总市值已经达到了约 100 万亿美元,或者约 700 万亿元人民币这样一个庞大的规模。全球股票市场每天的交易量在市场活跃的时候可以超过 5 万亿元人民币,或者说是超过了瑞士一年的国民生产总值。那么,为什么在现代的人类社会经济活动中,产生出了一个如此庞大、如此活跃的股票市场呢? 这是因为现代股票市场能够为社会大众提供以下几个方面的重要功能:一是股票市场能够为急需资金进一步发展的企业,尤其是那些拥有高新技术和先进商业模式的创新型企业,提供一个广阔的融资渠道;二是股票市场能够为广大的个人投资者和以社保基金、保险资金、共同基金为代表的长期机构投资者,提供一个不可或缺的资产保值增值的方式;三是股票市场作为关于宏观经济、细分行业、具体公司的大量相关信息的汇聚场所,成为能够在第一时间反映其所在国家、地区甚至是全球经济情况的重要晴雨表。所以,对于股票和股票市场有一个全面的了解,对大家以后事业和人生的顺利发展,都是非常重要的。

第二节　中国股票市场的发展

一、中国股票市场的起源

众所周知,中国的改革开放开始于 20 世纪 70 年代末。这里有一个重要的时间节点是于 1978 年 12 月召开的中共第十一届中央委员会第三次全体会议,也就是我们在改革开放的历史中经常提起的十一届三中全会。在十一届三中全会上,以邓小平同志为代表的中国领导人做出了一个非常重要的决定,就是党和国家的工作重点需要转移到社会主义现代化建设上来。在十一届三中全会前,为了更好地准备这次重要的会议,中央特地召开了历时 36 天的中央工作会议。在这一次中央工作会议的闭幕式上,邓小平同志作了题为《解放思想,实事求是,团结一致向前看》的重要讲话。在这一次的重要讲话上,邓小平同志重申了实践是检验真理的唯一标准这样的一个重要论断,从而为之后波澜壮阔的中国改革开放事业推开了大门。

在十一届三中全会之后,在接下来的整个80年代,全中国人民都在热烈地讨论我们应当如何更好更快地在社会和经济的各个方面推动改革,加速发展。具体到金融领域,在1984年,位于北京的中国人民银行研究生部的20多名研究生,在市场经济改革思想的推动下,发表了一本名为《中国金融改革战略探讨》的蓝皮书。在这本小小的蓝皮书里,第一次谈到了在中国建立证券市场的构想。这本由年轻人完成的蓝皮书在同年的中国金融年度讨论会上引起大规模的学者专家讨论,同时开启了改革开放之后的中国建立股票市场的努力。

在同年的11月18日,在上海,在《中国金融改革战略探讨》中提出的在中国建立证券市场的构想开始慢慢地变为现实。作为新中国第一只公开发行的股票,上海飞乐音响公司向社会公众投资者发行了1万股股票,每股票面价值50元,一共募资50万元。两年之后,在1986年9月26日,新中国的第一个证券交易业务部,也就是位于上海南京西路的静安证券业务部开业。虽然那时候规模还不大,在静安证券业务部开业之初,在业务部柜台交易的股票一共只有2家,即之前我们提到的飞乐音响(总股本共50万元)和另一家公司延中实业(总股本共500万元),但这标志着改革开放后的中国从此有了股票交易,也从此渐渐地揭开了中国股票市场建立的序幕。

在接下来的时间里,随着一批一、二级证券市场试点的初步形成,相关证券经营机构也开始慢慢出现在市场经济改革的步伐中。在1987年9月,作为中国第一家专业证券公司,深圳特区证券公司宣告成立。在1988年,为了推动国库券转让交易在全国范围推广,中国人民银行在全国各省份组建了33家证券公司。随着证券交易范围的逐步扩大,参与人数和机构的逐渐增多,对于建立集中的股票交易市场的呼声越来越高。于是,在1990年,经国务院授权、中国人民银行批准,作为新中国改革开放后建立的第一家证券交易所,上海证券交易所(通常简称为上交所)在当年11月26日正式成立,然后于同年12月19日开张营业。在几乎同样的时间,深圳证券交易所(通常简称为深交所)也于同年12月1日正式开业。上交所和深交所的成立和开业,是中国金融市场,尤其是中国股票市场,发展历程中具有重大意义的标志性事件。

在这里,我们应该客观地指出,在中国股票市场建立之初,是有过广泛的讨论和争议的。股票市场,对于那个时候的中国人,是一个全新的事物。大家关注的关键问题是:在社会主义的中国,我们能不能搞公司股份制?能不能发展以股票市场为代表的金融市场?1992年初,邓小平来到中国南方多个城市视察。邓小平在深圳视察的时候,在调研了深圳市的改革进展并听取了时任深圳市委书记李灏汇报的深圳经济发展情况后,他说道,有不少人担心股票市场是资本主义,所以让你们深圳和上海先搞试验。看来,你们的试验说明社会主义是可以搞股票市场的,证明资本主义能用的东西,也可以为社会主义所用。

邓小平还更加明确地指出:"计划经济不等于社会主义,资本主义也有计划。市场经济不等于资本主义,社会主义也有市场,计划和市场都是经济手段。社会主义的本质,是解放生产力,发展生产力。""证券、股市,这些东西究竟好不好,有没有危险,是不是资本主义独有的东西,社会主义能不能用? 允许看,但要坚决地试。"[①]邓小平的这一重要讲话,给当时股票市场的建立与发展提供了一颗急需的"定心丸"。"允许看,但要坚决地试。"邓小平的表态直接推动了中国股票市场之后的快速发展。

像任何一个新生市场一样,中国沪深两地的股票交易市场在成立的初期也经历了市场大起大落、投机风气横行的阶段。在 1992 年秋季,为了更好地管理沪深股票市场,更有效地维护市场交易的有效进行,中央决定成立中国证券监督管理委员会,也就是我们熟知的证监会这个部门。当时,国务院副总理朱镕基任命了原任中国人民银行副行长的刘鸿儒出任这个新成立的证监会的主席一职。同年,全国人大也开始着手准备《证券法》的起草准备工作。

在邓小平的南方谈话之后,在 1992 年底召开的十四大中,国家领导人江泽民同志在十四大报告中正式阐述了要把社会主义基本制度和市场经济结合起来,建立社会主义市场经济体制的改革目标,并且提出了围绕社会主义市场经济体制的建立,中国需要进一步加快经济改革的步伐。在邓小平南方谈话和十四大报告的有力推动下,中国在 20 世纪 90 年代进入现代经济发展的快速轨道。在整个 90 年代中国经济迅速发展的大背景下,实体经济对于一个能够稳定运行的金融市场的需求也越来越大。因此,在中央的支持下,加快了改革的步伐,陆续出台相关法规文件,为股份制企业的设立和发展提供了更好的法律保障。同时,股票发行试点于 1993 年开始由上海、深圳推广到全国,各行业公司股票发行的规模不断扩大,进一步拓宽了中国金融市场发展的空间。在经过了自 1992 年起六年多的讨论、准备、起草之后,全国人大在 1998 年 12 月 19 日颁布了《证券法》。

随着 20 世纪 90 年代中国证监会的成立和《证券法》的颁布与实施,中国的股票市场和其他金融市场逐步纳入全国统一的监管框架。中国证券市场运行开始变得更加规范,股票的发行和交易行为逐渐正规化,投资者的合法权益受到了更好的保护。中国的金融市场开始逐步走上了规范发展之路,也从而更好地推动了中国经济的发展。到 1999 年底,与八年前沪深两地交易所刚刚建立,分别只是有"老八股""老五股"交易的"袖珍"证交所的情况相比,沪深两市的上市公司数目已经达到了约一千家,而其综

[①]　邓小平:《在武昌、深圳、珠海、上海等地的谈话要点(一九九二年一月十八日——二月二十一日)》,《邓小平文选》(第三卷),人民出版社 1993 年版。

合市值,也越过了万亿元大关。

在中国股市成立和发展的最初十年间,虽然市场起伏不定,同时还受到了 1997 年亚洲金融危机的挑战,但是,站在 21 世纪的起点,回首望去,中国的股票市场已经从无到有,从一个只有几个或者十几个公司上市交易的改革试验田,发展成为有上千万投资者参与、成交量较为活跃、具有相当大的区域性影响力的重要金融市场。

二、中国股票市场的成长

在进入新世纪之后,中国的经济发展呈现进一步加快的趋势。这里有一个重要的因素就是中国在 2001 年 12 月正式加入了世界贸易组织。这也就是我们通常说的"中国入世"。成功入世帮助中国更好地参与国际经济合作和国际分工,有力地促进了我国各行各业的技术进步、产业升级和经济结构的调整,从而进一步推动了中国社会主义市场经济体制的发展,进一步促进了我国改革开放和全体人民生活水平的提高。2002 年 11 月,在十六大报告中,我们进一步明确了以经济建设为中心,坚持改革开放,坚持四项基本原则,不断完善社会主义市场经济体制的改革路线。在这样一个改革开放的总原则之下,中国金融市场在多个改革措施的推动下取得了进一步的发展。

在 2003 年,证监会和中国人民银行联合发布了《合格境外机构投资者境内证券投资管理暂行办法》,这实际上宣告了中国股票市场向以合格境外机构投资者(Qualified Foreign Institutional Investor,QFII)为代表的境外投资者逐步开放。2003 年 5 月 27 日,我国证券市场首批正式 QFII 诞生。QFII 制度是外国专业投资机构到境内投资的资格认定制度。QFII 可以理解为一国在货币没有实现完全可自由兑换、资本项目尚未开放的情况下,该国希望通过有限度地引进外资来开放资本市场的一项制度。这种制度要求外国投资者若要进入一国的证券市场,必须符合一定的先决条件,在通过该国有关部门的审批后,汇入不超过特定额度的外汇资金,并转换为当地货币,通过受到专门监管的账户来投资当地证券市场。

关于 QFII 的意义,作为首家投资于中国境内市场的 QFII 机构,瑞士银行的亚洲区主席和主管人士曾经有过这样的表述:"QFII 机制的实施,是中国对外开放的又一重要举措,今天对中国资本市场的发展而言,深具历史意义。在国际资本不断流入中国证券市场的过程中,无论是中国还是国际资本都能获得好处。重要的是,我们应看到,双方需经历一个互利的、相互教育的过程,中国公司对股东负有责任,要教育广大投资者了解中国市场的情况和蕴藏的投资机会;同样,国际投资者也要发挥作用,教育中国上市公司让他们了解国际资本市场的希望是什么,帮助中国公司以有效的方式进入国际市场。"①

从 2003 年开始,和全球很多其他股票市场一样,中国股市陷入了较为低迷的状态。于是,在 2004 年 2 月,国务院发布了《关于推进资本市场改革开放和稳定发展的若干意见》,俗称"国九条"。"国九条"提出:重视资本市场的投资回报,为投资者提供分享经济发展成果、增加财富的机会;鼓励合规资金入市;拓宽证券公司融资渠道;积极稳妥解决股权分置问题等。"国九条"的发布,为中国股市从次年(2005 年)开始走出之前的熊市打下了重要的基础。

在 2004 年,还有一件关于中国股票市场的很重要的事情,就是当年 5 月深交所获准设立中小企业板块,恢复停止 3 年多的新股发行。在 2004 年 5 月 27 日,中小企业板启动仪式在深圳举行。那么为什么要在中国股市设立中小板呢?一是在 2003 年 2 月,国务院曾经明确提出了分步推进创业板市场建设的要求,深交所认为,从主板市场中设立中小企业板块是进行创业板市场建设的第一步。二是为了提升股市的人气,深圳市政府大力争取恢复了深交所新股的发行。为此,深交所不仅在技术方面进行了充分的准备,同时还希望通过中小板的设立来进一步吸引全国投资者的注意力。自2004 年创立至 2021 年初的这段时间,深圳中小板开辟了中小企业、民营企业进入资本市场的新渠道,为推进其创业板建设发挥了重要作用。至 2021 年 2 月初,中小板与创业板的建设均取得了较好的成绩:中小板共有上市公司约 1 000 家,总市值超过 10万亿元人民币;创业板共有上市公司约 900 家,总市值超过 7 万亿元人民币。2021 年4 月 6 日,深交所将中小板并入主板市场,推动深市形成以主板、创业板为主体的市场格局,更好服务不同发展阶段、不同类型的企业高质量发展,进一步提高资本市场服务实体经济的能力。

2005 年,中国股市在经历了数年调整后终于出现了方向上的转折,而促进这一转折的一个非常重要的因素就是股权分置改革,所以 2005 年通常也被投资者称为中国股市的股改元年。在这一年开始的股权分置改革中,困扰了中国股票市场 15 年之久的股权分置问题开始得到妥善的处理。股权分置改革是指通过上市公司非流通股股东和流通股股东之间的利益平衡协商机制,消除 A 股市场上股份转让制度性的差异的过程。由于种种历史原因,很多 A 股上市公司具有一个二元的股权结构,即由广大个人投资者在二级市场上购买的流通股和由公司持股大股东和创始人或创始机构所持有的非流通股。一般情况下,公司大股东持有的非流通股的获取成本要低于甚至是远远低于广大个人投资者所持有的流通股的购买成本。所以,在没有妥善安排的情况下,如果允许持有非流通股的大股东可以将其手中的非流通股份卖给个人投资者,从

①　《历史性的第一单:QFII 首次入市侧记》,《证券时报》2003 年 7 月 10 日。

而获得在股票市场上流通的权利,将会导致二级市场上股票供应的剧增,以及可能随之而来的股价的大幅调整。由此可见,通过股权分置改革措施,建立一个多方都可以接受的上市公司非流通股股东和流通股股东之间的利益平衡协商机制,是非常必需的。具体的,在股权分置改革中,一般是上市企业的非流通股股东支付一定的对价给流通股股东,比如,以一定的比例向流通股股东送股,以取得其所持有的股票的流通权。

在 2005 年 5 月,投资者期待已久的股权分置改革以试点的方式启动。同年 9 月,全面的股权分置改革进入操作阶段,《上市公司股权分置改革管理办法》正式出台。中国 A 股市场的股权分置改革在 2006 年底胜利收官。伴随着 2005 年开始的股权分置改革,中国股市摆脱之前数年的低迷状态,进入了从 2005 年到 2007 年的一波大牛市。这一轮的牛市于 2007 年底见顶,之后随着 2008 年全球金融危机的发生,开始了新的调整。

中国股市在 2007—2008 年间的起起伏伏并没有阻碍其改革的脚步。在 2009 年 3 月,证监会发布了《首次公开发行股票并在创业板上市管理暂行办法》,明确创业板的上市发行标准。之后,在 2009 年 6 月,深交所正式发布了与之配套的《创业板股票上市规则》。在 2009 年 10 月 30 日,筹备了多年之久的创业板在深圳正式开市,首批 28 只股票集体亮相。这些股票受到投资者的热情追捧。由于投资者的热情过于高涨,这 28 只股票在上市首日均被深交所按照规定进行了临时停牌,创下了中国股市的一个有趣的纪录。

我们为什么要在中国 A 股市场上再建立一个创业板呢?设立创业板市场的主要目的是帮助新兴的创业公司,特别是高科技创新公司,进行融资和相关的资本运作。创业板与已有的主板市场相比,在公司成立时间、资本规模、以往业绩等维度上的上市要求会更加宽松一些。创业板市场的特点就是允许企业以较低门槛进入,然后加以比较严格的监管要求。在创业板市场上市的公司大多从事高科技业务,具有较高的成长性,但往往由于其成立时间较短,规模较小,历史业绩不够突出,可能无法在主板上市。那么创业板的设立就能够帮助这些有潜力的创新型企业在金融市场上获得更好的融资机会。经过近十五年的发展之后,深圳创业板市场共有上市公司 1 348 家,总市值超过 9 万亿元人民币。

在金融危机之后,中国证券市场的另一项重要改革措施是于 2010 年 1 月,证监会正式批准中国金融期货交易所(中金所)开展股指期货交易。什么是股指期货呢?以被投资者最广泛使用的沪深 300 股指期货为例。沪深 300 股指期货是以沪深 300 指数作为标的物的期货品种。而沪深 300 指数则是由中证指数公司编制,于 2005 年正式发布的大盘市场指数。沪深 300 指数以 2004 年 12 月 31 日为基日,基日点位 1 000 点,是由上海和深圳证券市场中选取 300 只 A 股作为样本。指数样本选择标准为规模大、流动性好的股票。沪深 300 指数样本现覆盖了沪深市场约六成左右的市值,具有良好的市场代表性。沪深 300 股指期货的引入,为各个类型的投资者开展基于其持有的投资组合进行所需的套期保值等操作提供了必要的工具和途径。

由此可见,在新世纪的第一个十年,虽然中国 A 股市场仍然经历了一定程度的波动和起伏,但这并没有阻碍中国股票市场改革开放的步伐,以中小板和创业板的设立、股权分置改革、股指期货交易制度、QFII 制度等为代表,中国股票市场的运行机制变得更加有效率,内涵变得更加丰富,信息披露变得更加透明公开。

三、中国股票市场的现在和明天

在进入了新世纪的第二个十年之后,在中国的改革开放路程中,有一件很重要的事情,就是在 2013 年 11 月,在由习近平总书记主持的中国共产党第十八届中央委员会第三次全体会议,也就是我们通常说的十八届三中全会上,中央通过了《中共中央关于全面深化改革若干重大问题的决定》。在这个重要决定中,提出了要通过"使市场在资源配置中起决定性作用"来进一步深化中国经济体制改革的理念。在这之后,习近平总书记受中央政治局委托,进一步就《中共中央关于全面深化改革若干重大问题的决定》做出了更加详细的说明。

在说明中,习近平总书记指出,"关于使市场在资源配置中起决定性作用和更好发挥政府作用",这是这次全会决定提出的一个重大理论观点。1992 年,党的十四大提出了我国经济体制改革的目标是建立社会主义市场经济体制,提出要使市场在国家宏观调控下对资源配置起基础性作用。这一重大理论突破,对我国改革开放和经济社会发展发挥了极为重要的作用。从党的十四大以来的 20 多年间,对政府和市场关系,我们一直在根据实践拓展和认识深化寻找新的科学定位。党的十五大提出"使市场在国家宏观调控下对资源配置起基础性作用",党的十六大提出"在更大程度上发挥市场在资源配置中的基础性作用",党的十七大提出"从制度上更好发挥市场在资源配置中的基础性作用",党的十八大提出"更大程度更广范围发挥市场在资源配置中的基础性作用"。可以看出,我们对政府和市场关系的认识也在不断深化。在十八届三中全会的准备过程中,在讨论和征求意见过程中,许多方面提出,应该从理论上对政府和市场关系进一步作出定位,这对全面深化改革具有十分重大的作用。考虑各方面意见和现实发展要求,经过反复讨论和研究,中央认为对这个问题从理论上作出新的表述条件已经成熟,应该把市场在资源配置中的"基础性作用"修改为"决定性作用"。

习近平总书记接着进一步指出,"理论和实践都证明,市场配置资源是最有效率的形式。市场决定资源配置是市场经济的一般规律,市场经济本质上就是市场决定资源配置的经济。健全社会主义市场经济体制必须遵循这条规律,着力解决市场体系不完善、政府干预过多和监管不到位问题。做出'使市场在资源配置中起决定性作用'的定位,有利于在全党全社会树立关于政府和市场关系的正确观念,有利于转变经济发展方式,有利于转变政府职能,有利于抑制消极腐败现象。当然,我国实行的是社会主义市场经济体制,我们仍然要坚持发挥我国社会主义制度的优越性、发挥党和政府的积极作用。市场在资源配置中起决定性作用,并不是起全部作用。发展社会主义市场经济,既要发挥市场作用,也要发挥政府作用,但市场作用和政府作用的职能是不同的。全会决定对更好发挥政府作用提出了明确要求,强调科学的宏观调控,有效的政府治理,是发挥社会主义市场经济体制优势的内在要求。全会决定对健全宏观调控体系、全面正确履行政府职能、优化政府组织结构进行了部署,强调政府的职责和作用主要是保持宏观经济稳定,加强和优化公共服务,保障公平竞争,加强市场监管,维护市场秩序,推动可持续发展,促进共同富裕,弥补市场失灵"。

各位读者应该了解,包括股票市场在内的中国金融市场是中国特色社会主义市场经济中的重要组成部分。具体到股票市场而言,什么样的公司可以上市融资,它们可以以什么样的条件融到多少资金,不同行业和类型的公司估值水平应该是多少,投资者对于不同的行业和具体的公司应当是买入还是卖出,这从本质上来看,都是一个金融资源配置的问题。那么,按照十八届三中全会的精神,关于金融资源配置的问题,应当让金融市场,比如中国股票市场本身,在这个问题上起决定性作用。而以证监会为代表的政府相关监管部门,则应当致力于保障不同类型的投资者在金融市场上能够公平地开展竞争,致力于加强市场监管,消除内幕交易、以坐庄和散布虚假信息等行为操纵股票市场价格等扰乱市场秩序的非法行为。同时,在金融市场可能失灵的时刻,以必要的方法保持市场总体稳定,交易有序进行,从而更好地推动中国金融市场的可持续发展。

那么,在这样一个大的原则和精神的指导之下,中国股票市场进入了新一轮的深化改革的过程中。在 2013 年底,证监会发布了《关于进一步推进新股发行体制改革的意见》,宣布重启 IPO,进一步推进股票发行注册制改革,完善金融市场体系是十八届三中全会的重要改革部分。2014 年 5 月,国务院印发《关于进一步促进资本市场健康发展的若干意见》,也被称为"新国九条"。在新国九条中,明确提出我国需要形成结构合理、功能完善、规范透明、稳健高效、开放包容的多层次资本市场体系。这对于加快完善现代市场体系、拓宽企业和居民投融资渠道、优化资源配置、促进经济转型升级具有重要意义。

在 2018 年底,习近平总书记提出了要在上交所设立一个全新的科创板,进一步推进上市制度的注册制改革,从而更好地吸引中国优秀的科技创新公司在中国本土资本市场上市。与以往中国股市的上市制度设计相比,科创板在公司上市制度和股票交易制度上提出了很多具有创新意义的安排。例如,在公司上市的条件上,由以往的过分重视公司现有的收入和利润,转为从市值、营收、利润、企业研发投入和科技含量等方面综合考虑的多套上市准入要求。同时科创板还对股票交易过程中的涨跌停板等制度制定了更有弹性的设计方案。在科创板实行的上市制度注册制改革是中国股票市场改革进程中非常重要的一步。我们应该清醒地意识到,伟大的企业,在其初期的创立和早期的成长过程中,往往都难以由一项或几项简单的指标来定义或是发现。所以,既然将来真正伟大的企业不能由预先设定的一项或几项指标来人工选择得出,那么我们就应该尽量让上市过程中什么样的企业可以上市融资,由股票市场本身来选择,从而真正发挥好市场在配置关键资源上的决定性作用。

实际上,在上海科创板的开板仪式上,国务院副总理刘鹤在讲话中指出,科创板建设中之重中之重是要着力做好两项工作。一是落实好以信息披露为核心的注册制改革,注册制实质含义是,把选择权交给市场。二是完善法治,提高违法成本,加大监管执法力度。要有透明严格可预期的法律和制度条件,要全面提高违法成本。这就是十八届三中全会提出的"使市场在资源配置中起决定性作用"这一重要精神在中国股票市场改革过程中的具体体现。2021年11月,北京证券交易所正式开市。北交所设立时即同步试点注册制,开市后市场运行整体平稳,制度改革初见成效。北交所的设立是全面推进注册制的重要里程碑。2023年2月17日,中国证监会及交易所等发布全面实行股票发行注册制制度规则,自发布之日起施行。这标志着注册制的制度安排基本定型,A股正式进入"全面注册制"新时代。这对于促进中国股票市场更好地为创新企业提供融资渠道,让金融市场更好地为实体经济服务,推动中国经济转型升级,都有着非常重要的意义。

在过去的十年里面,中国股票市场还秉承深化改革开放的精神,进一步向全球投资者开放,建立了以沪港通、深港通、沪伦通等为代表的境内外投资互通渠道。同时,还推动中国股市成功地加入了以 MSCI 指数、FTSE(富时)指数等为代表的全球重要指数。

回首三十多年,中国股市从无到有,从小到大,从中国早期改革开放的一小块试验田,发展到今天拥有 5 000 多家上市公司,共计约 80 万亿元市值,通过多种方式与其他国际市场互联互通的全球第二大股票市场。这样一个波澜壮阔的发展历程,让每一个身处其间的参与者都感到自豪与激动。在完成了从宏观的角度对中国股市发展历程的描述之后,我们在接下来的内容中将从更加具体、更加微观的角度探讨中国股市的定价机制、运行特点和投资价值。

第三节　中国股票市场有投资价值吗?
——从定投的角度思考

很多对中国股票市场感兴趣的人往往会问出下面的问题:中国股市是不是已经十

年不涨？中国股市真的有投资价值吗？在本节内容中,我们将从定投的角度对中国股市是否真的有投资价值这个问题进行一个比较直观的分析。

首先,我们需要解释一下什么是定投策略。定期投资策略是指每一期(比如每一个月)在选定好的投资标的上投入同样数目的金额。定投策略需要选定投资对象。这通常是市场最具代表性的指数基金。无论该投资对象的价格如何波动,每隔一个固定的时间段投资等量的金额,从而希望经过较长的投资时间后可以获得基于投资对象的较为稳定的长期投资回报。

下面我们将要介绍一个基于沪深 300 指数之上的定期投资策略。沪深 300 指数是由中证指数公司编制,于 2005 年正式发布的大盘市场指数。指数样本选择标准为规模大、流动性好的股票。沪深 300 指数样本现覆盖了沪深市场约六成左右的市值,具有良好的市场代表性。沪深 300 指数不是一个完全静态的概念。沪深 300 指数依据样本稳定性和动态跟踪相结合的原则,每半年调整一次成分股,每次调整比例一般不超过 10%。当样本股公司退市时,自退市日起,从指数样本中剔除,由过去近一次指数定期调整时的候选样本中排名最高的尚未调入指数的股票替代。更准确地说,我们定投的投资标的是基于沪深 300 指数的指数型投资基金,俗称沪深 300 指数基金。指数基金是以特定指数为标的指数,并以该指数的成分股为投资对象,通过购买该指数的全部或部分成分股构建投资组合,以追踪标的指数表现的基金产品。指数基金根据有关股票市场指数的分布投资股票,以令其基金回报率与市场指数的回报率接近。通常而言,指数基金以减小跟踪误差为目的,使投资组合的变动趋势与标的指数相一致,以取得与标的指数大致相同的收益率。所以,沪深 300 指数基金是以沪深 300 指数为标的指数,并以该指数的成分股为投资对象,以追踪标的指数的基金产品。

基于沪深 300 指数是从该指数开始正式发布的日期,即 2005 年 4 月开始(那时候的指数点位为 1 000 点左右),在这个定投策略中,在每个月的月底,我们都投入 5 000元买入一个基于沪深 300 指数的指数基金。如果我们假设这个沪深 300 指数基金是严格按照沪深 300 指数构成来构建投资组合的话,那这个指数基金每个月的回报率就相当于指数点数的变化加上指数构成股票的现金分红比例。

在图 1-1 中,横轴是以月度为单位的时间,纵轴是定投策略投资组合的累计市值。短期而言,定投策略的总体收益会有涨跌 (例如 2007/2008,2015/2016 年间)。长期而言,定投策略投资组合的市值是向上攀升的。这个以沪深 300 指数基金为投资标的的定投策略是从 2005 年 4 月开始,到 2020 年 12 月为止,一共是 189 个月。累计投入 94.5 万元,在 2020 年 12 月,其定投总市值为 192 万元。也就是截止到 2020 年12 月,获得的年化回报率约为 10%。

图 1－1　基于沪深 300 指数定投策略投资组合净值

那么,这个 10％的年化回报率,有没有跑赢通胀呢? 根据国家统计局的相关数据,在 2005－2019 年间,中国的通胀指数(CPI)年化为 2.7％。还有,这个定投策略的总体回报有没有跑赢房价的涨幅呢? 根据相关研究报告显示,全国楼市总体房价的涨幅(包括一线、二线、三线以及三线以下城市),年化的房价涨幅大概是在 8％－10％左右。所以,我们可以看到,这个相对简单的大盘指数定投策略,是可以向投资者提供一个能够显著跑赢社会通胀水平,同时其整体回报率与房价涨幅不相上下的投资回报水平的。

在图 1－2 中,我们进一步把这个定投策略投资组合的市值分解为深色线部分(即每个月定投的 5 000 元的成本累计值)和浅色线部分(即根据股市涨跌,定投策略所获得的累计利润)。我们可以看到,虽然定投策略所获得的利润短期是起起伏伏的,但其长期趋势是总体向上的。

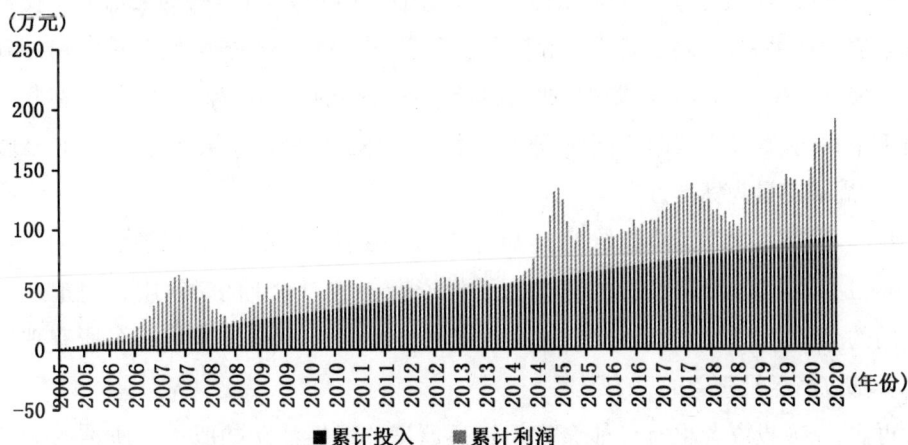

■累计投入　　■累计利润

图 1－2　基于沪深 300 指数定投策略的投入和利润

在定投策略中,我们要注意以下几点。一是要有一个合理的家庭开支,确保能够
把收入的一部分转化为储蓄,而不要当所谓的月光族。二是要有一个长期投资的理
念。股市短期的波动不会改变其长期向上的趋势。三是要有理性的思维能力,避免在
股市阶段性见顶的时候盲目投入大笔资金而导致亏损。要有冷静的判断能力。

第四节　为什么 A 股市场上的中小投资者经常不快乐?

在上面章节的内容中,我们了解了基于大盘指数的长期定投策略会获得比较好的
总体收益率。但是,在中国 A 股市场上,具体到每一个投资者个人,往往有所谓"七亏
二平一赚"的说法。那为什么中国股市上的个人投资者的投资收益不如预期呢?

首先,个人投资者很可能会过度交易。通过金融学研究发现,个人投资者往往会
过度交易,而这样的过度交易会降低投资者的收益率。平均而言,交易换手率最高的
投资者(月均超额换手率在前 20%)比交易换手率最低的投资者(月均超额换手率在
后 20%)的月净收益率要低 1%—2%左右。在控制了投资者的资金规模、经验、年龄、
性别、所在城市和交易年份等因素后,过高的换手率仍然显著降低了投资者的超额净
收益率。为什么投资者可能会过度交易? 这是因为他们往往过度自信。过度自信的
认知偏差会导致个人投资者的过度交易。

其次,个人投资者往往会盲目追逐所谓的热门股票。在图 1—3 中,我们汇报了一
个投资交易活跃股票策略的整体回报曲线。图中横轴是以月度为单位的时间,而纵轴
则是申银万国公司编制的投资交易活跃股票策略整体回报指数(以 1999 年底为
1 000 点的起始点位)。申银万国活跃股指数以换手率为成分股选取的依据,主要表
征交易活跃股票的股价走势。活跃股指数成分股每周调整一次:每周最后一个交易日
计算本周周换手率,并确定新成分股;下周第一个交易日公布成分股名单并启用新成
分股。成分股按照如下规则调整:选取周换手率最高的前 100 家公司,如果在临界点
周换手率相同,则以周涨幅为标准,选择涨幅大的作为活跃股指数成分股;如果涨幅相
同,则以周成交量为标准。

我们注意到,这个策略起始于 1999 年 12 月 30 日 1 000 点的起始点位,而终止于
2017 年 1 月 20 日 10.11 点。也就是如果投资者在这十几年的时间中盲目追逐所谓
的热门的交易活跃股票的话,会带来其投资本金 99%的亏损。这是一个所有理性的
投资者都应当尽量避免的思维误区。

再次,个人投资者也有可能会盲目追逐所谓的股性活跃的股票。所谓的股性活
跃,严格意义上,就是股票价格具有较高的波动率。那么什么是波动率呢? 波动率是

图1-3 投资交易活跃股票策略整体回报指数

金融资产价格的波动程度,是对资产收益率不确定性的衡量,用于反映金融资产的风险水平。波动率越高,金融资产价格的波动越剧烈,资产收益率的不确定性就越强;波动率越低,金融资产价格的波动越平缓,资产收益率的确定性就越强。在具体的数学计算中,往往用股票价格变动的标准方差来测量。

在图1-4中,我们呈现了一个投资高波动率股票策略的整体回报曲线。图中横轴是以月度为单位的时间,纵轴是投资高波动率的股票策略的整体回报指数(以1999年底为1 000点的起始点位)。这里我们根据日回报计算个股每个月的波动率,在每个月,将股票样本按照波动率的高低分为10组。在当月底,以该月底个股总市值作为权重,买入该月波动率最高的股票组合,持有一个月,到下个月底为止,计算这些高波动率的股票以市值为权重的总体加权平均收益,以月加权平均回报计算回报指数。这个专注于投资高波动率股票的投资策略起始于1999年12月30日,也是使用1 000点的起始点位。其终止于2018年12月,终止时间的点位是339点。也就是如果投资者在这十几年的时间中盲目追逐那些高波动率的股票的话,会带来一个约2/3左右的亏损幅度。所以,这也是一个理性的投资者都应当尽量避免的思维误区。

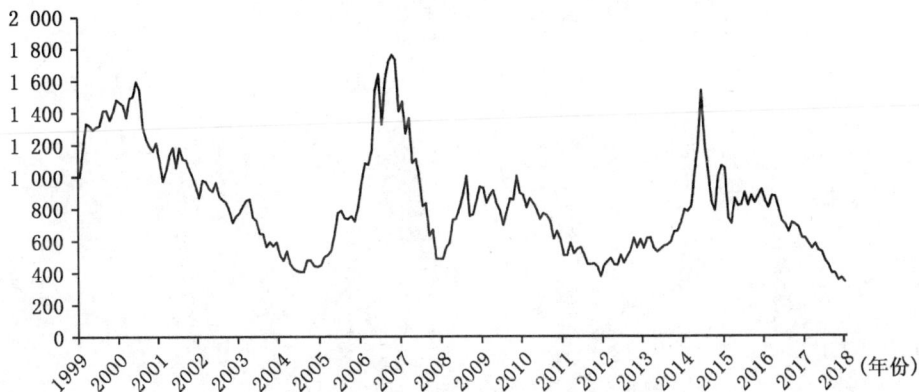

图1-4 投资高波动股票策略整体回报指数

总而言之,对于个人投资者而言,需要尽量避免投资决策过程中的各种非理性的行为偏差。只有坚持理性的长期价值投资策略,投资者才能够获得较好的投资回报收益。

第二章　股票估值的常用方法以及市场有效性

第一节　现金红利贴现模型

现金红利贴现模型(Dividend Discount Model,DDM)是在股票定价过程中被广泛使用的一种方法。

在介绍现金红利贴现模型之前,我们先了解一个非常重要的概念,这就是股票的"基本面价值"或者说"内在价值"。其实股票投资的决策过程并没有很多人想象的那么神秘,在你决定是否要购买一只股票的时候,最重要的因素是要看这只股票是否"物超所值"。比如你看到这只股票在市场上的报价是每股 10 元,那么这 10 元的市场价格就是你要购买这只股票时所需要付出的成本。同时,你心里要对这只股票的"基本面价值"或者"内在价值"有一个大概的估算。如果你认为这只股票值 20 元或者更多,那你在 10 元的价位购买这只股票就是一个明智的选择。如果你认为这只股票实际只值 5 元,那你就不会考虑在 10 元的市场价位购买这只股票。

上面这个原理很简单,但是当作这样的股票投资决策的时候,难点是我们如何估计股票的"基本面价值"或者"内在价值"。现金红利贴现模型实际上就是研究如何估计股票"内在价值"的一种方法。

要理解什么是现金红利贴现模型,我们首先要思考什么是股票。这一次我们从现金流的角度来考虑什么是股票。当你拥有一只股票的时候,你每年都会收到相应的现金红利。举一个最简单的例子,如果这只股票以后每年都分给你 1 元钱的现金红利,同时在市场上投资者对这只股票未来红利现金流的时间贴现因子是每年 10%,你作为长期持有这只股票的投资者,就会明白股票的价值就是在未来可以收到的现金红利折现到现在这个时刻对应的价值。

你在第一年收到的现金红利是 1 元,折现到现在,其折现值为 $1/(1+10\%)$ 元;在第二年收到的现金红利还是 1 元,折现到现在为 $1/(1+10\%)^2$ 元;在第三年收到的现金红利也是 1 元,折现到现在的折现值为 $1/(1+10\%)^3$ 元。我们可以一直这样推导下去,那么在第 n 年,收到的现金红利是 1 元,折现到现在为 $1/(1+10\%)^n$ 元。把这些相应的折现值都加起来,最后就会得到一个无穷等比收敛数列。回想一下以前学习过的数学知识,就能够推出这个无穷等比数列的累加之和是 $1/10\%=1/0.1=10$。这个结果说明你作为一个长期持有这只股票的投资者,在将来每一年都可以收到的 1 元现金红利,折现到现在这个时刻,其相应的折现值就是 10 元。

通过上面的数学推导可以知道,这只股票未来所有的红利现金流对应到现在时刻的总计折现值为 10 元。而这个 10 元钱,也就是我们应用现金红利贴现模型对于这只股票"基本面价值"或者"内在价值"的一个估算结果。

当知道了这只股票的内在价值为 10 元的时候,对比市场上的股票价格,我们就可以做出相应的投资决策了。如果你观察到股票市场上这只股票的价格显著低于 10元,比如价位只有 5 元一股,那么很明显,这只股票被显著低估了。作为一个理性的投资者,你就可以考虑趁低买入了。而如果股票市场上这只股票的价格显著高于 10 元,比如价位为 20 元一股,那么这只股票被显著高估了。作为一个理性的投资者,你是不应该在股票价格被明显高估的情况下还进行股票购买的。这种把股票市场价格与其内在价值进行比较,再根据其是被市场低估还是被市场高估来做出相应投资决策的方法,是一种在投资决策中常用且比较重要的评估股票估值的方法。

实际上在现实世界中,随着经济的发展,科技的进步,上市公司的业绩也会随之增长,在这种情况下,现金红利贴现模型仍然能够作为合适的股票定价模型,来反映长期增长的时间趋势。

我们还是借助之前的例子,并在这个例子的基础之上做一点小小的改变。在之前的例子里,我们假设这只股票以后每年都分给你 1 元钱的现金红利。现在我们把这个假设变更为随着公司业绩的增长,这只股票在第一年分给你 1 元钱的现金红利,以后每一年的现金分红都会增加 5%。同时在市场上投资者对这只股票未来红利现金流的时间贴现因子仍然是每年年化 10%。在这种现金红利有长期增长趋势的情况下,我们计算你作为长期持有这只股票的投资者,在将来可以收到的现金红利累计折现到现在这个时刻的折现值。

你在第一年收到的现金红利是 1 元,折现到现在的折现值为 $1/(1+10\%)$ 元;在第二年收到的现金红利增加了 5%,是 $1\times(1+5\%)=1.05$ 元,折现到现在,其折现值为 $1\times(1+5\%)/(1+10\%)^2$ 元;在第三年收到的现金红利又增加了 5%,所以是 $1\times(1+5\%)^2$ 元,折现到现在为 $1\times(1+5\%)^2/(1+10\%)^3$ 元。可以一直这样推导下去,那么在第 n 年,收到的现金红利是 $1\times(1+5\%)^{n-1}$ 元,折现到现在的折现值为 $1\times(1+5\%)^{n-1}/(1+10\%)^n$ 元。

把这些相应的折现值都加起来,仍然会得到一个无穷等比数列。当然,这个无穷等比数列的求和会比之前的要复杂一点,但仍然是可解的。这个无穷等比收敛数列的累加之和是 1/(10%-5%)=1/0.05=20 元。这个结果说明你作为一个长期持有这只股票的投资者,在将来收到的现金红利累计折现到现在这个时刻,其相应的折现值从之前那个例子的 10 元变为现在的 20 元。

在这个例子中,我们对于这只股票内在价值的估值从之前的 10 元提高到了现在的 20 元。这只股票的现金分红有了每年 5% 的增加,因此它在估值上有了明显的变化。通过这个例子,希望大家能够了解,经济的增长或者公司业绩的增加,对于相应公司股票内在价值的提升是有着非常重要的意义的。

如果把上面的这些估值模型求解过程用一个抽象公式表达出来的,可以用以下的公式来表示:

现金红利贴现模型一般表达形式

$$P_0 = \sum_{t=1}^{\infty} \frac{D_t}{(1+k_t)^t} \tag{2.1}$$

匀速增长 DDM 模型定价公式

$$P_0 = \frac{D_1}{k-g} = \frac{D_0(1+g)}{k-g} \tag{2.2}$$

在上述现金红利贴现模型的公式中,有两个重要参数,一个是期望回报率 k,另外一个是公司长期可持续增长速度 g。对于公司未来的长期可持续增长速度 g,它的决定因素可以由以下公式得到:

可持续增长速度(g)=公司净资产收益率(ROE)×利润留存比例(Retention Rate)

$$\tag{2.3}$$

先来看净资产收益率这一项。对于公司而言,净资产收益率的定义是公司的净利润除以公司的净资产。这里需要强调的是,净利润和净资产都是净的概念。公司的净资产等于公司的总资产减去公司的总负债。可以借助一个日常生活的例子来理解这个净资产概念,比如你买了一栋房子,现在很多情况下买房是要借房贷的,是需要攒首付的,所以如果你买的房子总价值是 500 万元,你有 200 万元的现金作为首付,另外 300 万元是找银行借来的,这时你的总资产是这栋房子价值 500 万元,总负债是向银行借的 300 万元房贷,你的净资产就是你的总资产减去你对银行 300 万元的负债,为 200 万元。这对公司也是一样,它的资产负债表上,左边是它的总资产,右边是它的总负债,两者相减就是公司的净资产。另一项是公司的净利润,也可以用一个日常生活中的例子来解释。比如你想买手机,不管是去网上购物,还是去线下实体店,如果配置比较好的一部手机标价 3 000 元,这个手机生产厂商把手机以 3 000 元卖给你,但并不意味着生产厂商就能净赚 3 000 元。对一个手机而言,它有各项制造费用,比如芯片、摄像头、屏幕等,还有研发费用、设计费用和技术专利等,同时它还有相应的营销费用,所以这些制造费用、设计费用和营销费用,甚至公司的运营费用,公司员工的工资开支,以及公司相应的税费,这些——扣除之后,很有可能厂商只能赚 200 元或者 300 元。对于这个卖手机的例子而言,厂商的净利润是手机的 3 000 元的销售收入减去所有的成本开支之后,公司所净赚的。我们可以用一个比较简单的例子来展示如何计算净资产收益率,如果公司净资产是 100 亿元,而公司今年能够挣 10 亿元净利润,它的净资产收益率就是 10 亿除以 100 亿,等于 10%。

第二项是利润留存比例。接着上面的例子,比如公司的净资产是 100 亿元,它的净资产收益率是 10%,所以它今年挣了 10 亿元净利润。公司的管理层在处理本年的净利润时,一般有两个选择,可以把其中一部分作为分红返还给股东,剩下的另外一部分留作公司未来发展之用。如果假设公司管理层选择将 10 亿元净利润中的 5 亿元进行分红,返还给公司持股股东,而剩下的 5 亿元留作公司未来发展之用,那么对于这个公司而言,它的分红比例是 5 亿除以 10 亿等于 50%,而利润留存比例就是 1 减 50%等于 50%。这里需要强调一下,很多公司的管理层在每个财政年度,都要做出将公司的净利润拿出多大比例进行分红,多大比例留下来用于将来的发展这样的一个决定。一般情况下,当公司处于成熟行业时候,它倾向于把更多的净利润通过分红的方式返还给股东,而当公司处于一个快速增长的行业时,它更倾向于把更多数目的净利润留存下来,作为公司未来的发展使用。在这个例子中,公司的利润留存比例是 50%,所以根据可持续增长速度的分解公式,这个公司的长期可持续增长速度 g 就等于公司的净资产收益率 10%乘以利润留存比例 50%,结果是 5%。对于公司未来是以 5%的速度进行匀速增长,我们可以这样理解,这个公司的净资产是 100 亿元,它今年挣了 10 亿元净利润,公司管理层选择将 5 亿元分红返还给股东,而剩下的 5 亿元留作公司未来发展之用。在下一个财政年度,公司净资产是原来的 100 亿元加上留下的 5 亿元,一共是 105 亿元,由于我们假设公司是处在一个成熟稳定的行业,所以我们进一步假设它下一个财政年度的净资产收益率同样也是 10%,所以它下一年的净利润是它下一年的净资产 105 亿元乘以同样的 ROE 为 10%,得到 10.5 亿元。公司第二年的净利润是 10.5 亿元,比第一年的 10 亿元增加 0.5 亿元,也是之前算的 5%的增幅。通过这个例子希望大家可以明白,对于一个处于成熟稳定增长行业的公司,它的长期可持续增长速度的计算方法是它的净资产收益率,乘以利润留存比例。当我们理解了公式之后,就可以进一步思考,如果你是这个公司的管理层,比如 CEO 或者董事长,基于以下几点理由,你会希望你的公司的长期的增长速度越高越好。首先,公司的长期可持续增长速度越高,股价越高,不管你是小股东还是大股东,你都是希望你手上持有的股票,其内在价值或股价越来越高;其次,公司增长越快,其未来业绩越高,股东未来能够拿到手的现金分红也会越多。所以出于以上这些原因，不管是公司股东还是管理层，都是希望能够切实提高公司的未来长期可持续增长速度。

对于提高公司长期可持续增长率，最好的方法是提高公司的净资产收益率。这里我们将公司的净资产收益率 ROE 进行如下分解：

净资产收益率＝净利润/净资产

$\qquad$＝(净利润/销售总收入)×(销售总收入/总资产)×(总资产/净资产)

$\qquad$＝利润空间×总资产周转率×公司杠杆比率 　　　　　(2.4)

在公式(2.4)的第一行中，净资产等于净利润除以净资产。在下面一行里，我们进一步把净利润除以净资产分成了三项：第一项是净利润除以销售总收入；第二项是销售总收入除以总资产；第三项是总资产除以净资产。第一项乘以第二项乘以第三项，正好又回到了净利润除以净资产，即净资产收益的定义公式。对于这个简单的数学变换，可能有人会认为这只是数学上的一个小把戏，X 除以 Y 等于 X 除以 A，乘以 A 除以 B 乘以 B 除以 Y。我们从投资学或金融角度来看。第一项净利润除以销售总收入意味着你卖了多少元东西，里面有多少元是净利润，一般称为利润空间。第二项是销售总收入除以总资产，公司有多少总资产，依据这些资产卖出多少的货，这个我们称为总资产周转率。第三项总资产除以净资产，这个我们称为公司的杠杆比率。

这三项每一项都对应着公司的不同属性，比如第一项利润空间。想象一下，如果有两个公司，一个公司卖普通的瓶装水，另外一个公司卖高端白酒，对于这两个公司的利润空间，从生活常识的角度，我们会认为，普通瓶装水作为一个所有超市都大量存在的货物，它的利润空间不可能太高，而高端白酒即使每瓶定价 1 000 元甚至是 2 000 元，依然受到消费者的热衷。所以，第一种提高净资产收益率，或者提高长期可持续增长速度的方式，就是提高利润空间，我们把这种模式简称为高端白酒模式。也就是这种商品是独有的或者是特别好的品牌，或者是一个很独特的专利，不管这个是作为芯片上的专利，或者作为最新生物医学药物的专利，在拥有品牌或者拥有专利之后，就能够掌握商品的定价权，进而可以定出一个比较高的价格，也就意味着每一元的销售，都对应了很大的利润空间。拥有品牌或者专利，就可以掌握商品定价权来提高利润空间，提高净资产收益率，最终提高企业长期可持续增长速度。这是第一种提高公司长期可持续增长速度的方式。

第二种提高长期可持续增长速度的方式是提升总资产周转率，也就是公式(2.4)的第二项，销售总收入除以公司的总资产。这一项反映的实际是公司的运营效率，我们可以把它简称为超市模式。实际上，不管是国外的大型连锁超市，还是国内的很多超市，消费者去那里购物一般是奔着平价货物或者打折促销去的，绝大部分在超市里销售的商品，不具有很高的利润空间。这些超市走的是薄利多销的路线，来吸引顾客。

一般情况下,采取这种提高运营效率的方式,单个产品的利润空间不会太高,而它在意的是尽可能多地卖出东西,尽可能多地在一定数量总资产之上增加销售收入。所以通过薄利多销,通过优化公司组织结构,通过进一步激发公司销售人员的激励机制、团队士气来卖出更多商品,提高公司的运营效率,这些都能够提高总资产周转率,也就能够提高净资产收益率,提高公司长期的可持续增长速度。

净资产收益率的分解公式第三项是公司杠杆比率,准确来说是公司的财务杠杆比率,等于总资产除以净资产。从公式(2.4)的角度,提高公司的杠杆比率可以提高净资产收益率,但这里需要特别强调的是,对于公司的运营或者管理,一味地提高公司财务杠杆比率是一把双刃剑。一方面,根据上面的公式,提高了公司的财务杠杆比率会提高净资产收益率,从而提高公司的长期可持续增长速度。但另一方面,如果公司财务杠杆比率过高,同时也会让公司本身的内在风险或者财务风险变得更大。在一个理性的市场,对于理性投资者而言,如果他认为你的公司风险过高,他会提高他的期望回报率。这里仍然可以借助买房子的例子来解释,如果你打算购买一套价值500万元的房子,可能面临两个选择,首付100万元或者首付200万元。如果你首付200万元意味着你的总资产是500万元,净资产是200万元,你的财务杠杆比率是500万元除以200万元,等于2.5倍。这意味着如果房价涨1%,你的净资产就提升2.5%,而如果房价跌1%,你的净资产会降低2.5%。如果你要提高杠杆比率,降低首付,从银行借取更多贷款,例如你的首付不是200万元,而是100万元,你需要从银行借款400万元,那么你的财务杠杆比率是总资产500万元除以净资产,但这一次,你的净资产只有100万元首付金,所以杠杆比率500万元除以100万元,等于5倍。你一旦用了5倍的杠杆比率,房价上升1%,你的净资产就会增值5%,而如果房价下跌1%,你的净资产就会下跌5%。如果房市出现回调,假如房价回调20%,你就会发现你的净资产获得了−100%的回报,你的净资产会归零。如果是公司,由于总资产在缩水,而它又采取一个很高的杠杆比率,那么它的净资产一旦归零,就陷入资不抵债,也就是我们通常说的财务破产的状态。所以这是为什么不能单纯为了提高长期可持续增长速度,而一味地提高杠杆比率的原因。

对于公司而言,如果财务杠杆比率提高过高的话,一方面,净资产收益率在升高,但另外一方面,如果发生经济衰退或者行业调整,那么公司有可能破产,清盘的可能性随之增大,这样会使公司的风险过高,从而提高投资者对它的期望回报率。对于公司财务杠杆比率,希望读者们能够明白,这是一把双刃剑,在这个方面一定要谨慎。

接下来,想象另一种情况,因为长期可持续增长速度等于净资产收益率乘以利润留存比例,所以理论上我们也可以考虑通过提高利润留存比例来提高长期可持续增长速度。但是如果这样,在一个公司获得的总的净利润固定的情况下,利润留成比例越高,也就是公司把更多钱留给未来发展之用,那么公司股东所获得当季的分红也就是D_0或者D_1就越少。如果回忆一下现金红利贴现模型的定价公式,对于匀速增长的DDM模型,公司内在价值(P)是等于分红(D)除以期望回报率(k)减去长期可持续增长速度(g),所以,如果我们一味地提高利润留存比例,面临的问题就是虽然长期可持续增长率有可能上升,但分红却减小了,这样分子分母一同变小,是否能够真的提高公司内在价值还未可知。

综合而言,如果想提高长期可持续增长速度,一共有四种方法:第一个方法是提高利润空间,这个方法是非常有效的,我们称为高端白酒模式;第二个方法是提高公司运营效率,这种方法也比较好,我们称为超市模式;第三个是给公司加更高的杠杆,但这是把双刃剑,一定要小心,因为杠杆越高,离破产风险也越近;第四个方法是公司提高利润留存比例,这里也存在一个权衡,在现在的分红和未来发展之间,公司要做一个权衡。

以上内容对如何提高公司的长期可持续增长率做了一个比较全面的阐述,在这里我们学习第二个影响公司内在价值的重要因素,即投资者对于公司的期望回报率。对于期望回报率,可以把它看成两项,第一项是名义无风险利率(nominal risk-free rate);第二项是股票风险溢价(risk premium)。名义无风险利率加上股票风险溢价,就是投资者对于公司股票的期望回报率k。

$$期望回报率=名义无风险利率+股票风险溢价 \quad (2.5)$$

对于第一项名义无风险利率,可以进一步把名义无风险利率拆成真实无风险率(real risk-free rate)加上通胀率(inflation rate)。

$$名义无风险利率=真实无风险利率+通胀率 \quad (2.6)$$

这里有两个英文单词,一个是nominal,一个是real,这两个词,如果大家已经学习了经济学的基本课程,就会知道名义和真实在经济学里是有特定含义的。我们说中国现在GDP增幅是每年6.5%,这里6.5%的GDP增幅就是一个真实的GDP增长率。事实上,在国内,统计局公布的官方GDP增长率,都是一个真实GDP增长率。真实GDP增长率是名义增长率扣除了相应的物价增长因素,也就是扣除了相应的通胀率之后获得的。所以对于GDP,假设去年GDP实际增幅是9.5%,而物价涨了3%,所以真实GDP增长率就是9.5%的名义增长率,减去3%的通胀率等于6.5%。对于名义无风险利率而言,它实际是真实的无风险利率,也就是真实的时间价值加上通胀率,这是理论上的理解,但我们在推导时候,没有必要这么复杂。有一个很简便的方法,就是观察国债市场,至于具体什么是国债市场,在本书债券市场部分中会给大家详细介绍,在实际计算中,我们可以用国债市场的利率作为名义无风险利率的一个估算值。因为我们一般认为,对于一个稳定的经济而言,中央政府所发行的国债,是一个非常好的无风险的投资标的。这是第一项名义无风险利率,我们可以用国债利率来进行估算。

第二项股票风险溢价会更加复杂一点。如果现在投资国债,你每年可以获得 5% 的平均收益或者期望收益,那么你投资一只股票,你是不会接受期望每年 5% 收益的。因为投资国债,买国库券或者基于国债的基金,你会发现基本上是没有任何风险的,因为我国中央政府一定会按时还本付息。而你购买一只股票,这股票价格可能升高也可能降低,你有可能赚钱也有可能亏钱,所以它是一种有风险的投资标的,我们一般称之为风险资产。如果购买一个无风险的国债有年化 5% 的收益,那么购买一个有风险的股票,如果只能获得期望 5% 的回报,投资者肯定是不会接受的,必须要求更高的期望回报,至于具体高多少,这个就是由股票风险溢价来决定。

针对股票风险溢价的决定因素,一般要考虑两方面:一是公司的运营风险,如果你是销售高端白酒的,可能存在的风险是,突然有一天,高端白酒不再被消费者所热捧。如果你是销售手机的,在将来的某个时刻,有更高科技产品代替了现在使用的智能手机。二是公司财务风险,在财务杠杆的例子中,我们知道财务杠杆越高,公司的财务风险越大。同时还有另外一个风险,就是有一些上市公司,它们的财务不透明,比如某些时候我们会看到 A 股市场有公司爆雷了,因为它以前历年的公司财务报表上,隐藏了一些对公司不利的因素,而当这些不利因素再也无法进一步隐藏的时候,终于一次性被暴露出来。这个俗称为爆雷的这样一个财务不透明的风险,也要被纳入在股票风险溢价里面。至于在量化模型中,我们如何具体地估算股票风险溢价,这个需要用特定的定价模型,一般有比较简单的单因子 CAPM 模型或者更加复杂的多因子定价模型,至于 CAPM 模型或者多因子定价模型具体是如何产生和使用的,在以后的章节中我们会进一步学习。

在学习了现金红利贴现模型后,我们应当能够掌握依据公司的财务指标,并使用现金红利贴现模型估算出公司股票合理的价格。在这里,我们通过展示一个简单的例子,来加深大家对现金红利贴现模型的理解。

假设 XYZ 公司去年的收益为每股 3 元,该公司有稳定的股息支付政策,每年将净利润的 50% 用于支付股利,公司的总资产周转率为 1,杠杆比率(总资产/净权益)为 1.6。该公司的利润空间(净利润/销售收入)目前处于 20% 的水平,预计六年后将降至 10%,也就是从第 7 年起将降至 10%。目前名义无风险利率为 6%,股市期望回报率为 11%,XYZ 的股票贝塔系数为 1.2。在给出 XYZ 公司以上数据后,根据本节所学的内容,我们是否能够估算出 XYZ 公司当前股票合理的价格?

首先,根据公式(2.4)净资产收益率的计算公式,第一年至第六年的净资产收益率:

ROE$_1$＝利润空间×总资产周转率×公司杠杆比率＝20％×1×1.6＝32％

第六年以后的净资产收益率为：

ROE$_2$＝利润空间×总资产周转率×公司杠杆比率＝10％×1×1.6＝16％

第一年至第六年长期可持续增长率：

$$g_1＝利润留存比例×净资产收益率＝0.5×32％＝16％$$

第六年以后的长期可持续增长率：

$$g_2＝利润留存比例×净资产收益率＝0.5×16％＝8％$$

根据资本资产定价模型（详见本书资本资产定价模型部分），股东期望回报率为：

$$k＝R_f＋\beta×(R_m－R_f)＝6％＋1.2×(11％－6％)＝12％$$

则第一年的股利折现到现在时刻的净现值为：

$$P_1＝\frac{D_0(1＋g_1)}{1＋k}＝1.55\,元$$

第二年的股利折现到现在时刻的净现值为：

$$P_2＝\frac{D_0(1＋g_1)^2}{(1＋k)^2}＝1.67\,元$$

第三年的股利折现到现在时刻的净现值为：

$$P_3＝\frac{D_0(1＋g_1)^3}{(1＋k)^3}＝1.73\,元$$

第四年的股利折现到现在时刻的净现值为：

$$P_4＝\frac{D_0(1＋g_1)^4}{(1＋k)^4}＝1.79\,元$$

第五年的股利折现到现在时刻的净现值为：

$$P_5＝\frac{D_0(1＋g_1)^5}{(1＋k)^5}＝1.85\,元$$

第六年的股利折现到现在时刻的净现值为：

$$P_6＝\frac{D_0(1＋g_1)^6}{(1＋k)^6}＝1.61\,元$$

在第七年及以后，由于公司预期长期可持续增长率保持8％不变，则根据稳定增长的现金红利贴现模型，第七年及以后各年股利折现到现在时刻的净现值为：

$$P_7＝\frac{D_0(1＋g_1)^6(1＋g_2)}{k－g_2}×\frac{1}{(1＋k)^6}＝49.99\,元$$

将各期的股利净现值相加，可以得到总的股利净现值为：

$$P_0＝P_1＋P_2＋P_3＋P_4＋P_5＋P_6＋P_7＝60.19\,元$$

以上的计算结果表明，根据现金红利贴现模型，XYZ公司现在的合理股价应该为

60.19元。

第二节　股票相对估值方法

在实际操作中,在对股票进行估值的时候,除了现金红利贴现模型之外,另外一种估值方式,就是用一个相对比率的指标对股票进行估值。这个相对比率指标可以是市盈率,可以是市净率,也可以是市销率。在以下的内容中,我们将逐一了解如何用这些相对比率指标进行估值以及使用这些估值指标时需要注意的一些事项。

一、股票相对估值方法——基于市盈率

市盈率(P/E Ratio)是股票市场价格除以其每股净盈利,这里的P指的是股票市场价格,是可以直接从市场上观测到的,这里的E指的是上市公司每股的净盈利,可以从上市公司定期公布的财务报表上获取。前文所介绍的净利润是一个总的概念,而这里的净盈利往往是具体到每一股对应的几元几角几分的净盈利,这个净盈利也可以从上市公司财报中获得,一般条件下,上市公司每股的净盈利,等于公司的净利润除以公司的总股本数。

市盈率可以用来估值。举个例子,比如你有一个小店,这个小店可以是街边的一个商铺,或者是网络购物平台上的一个虚拟商家,这个小店你经营得不错,每一年扣去各项开支之后能净赚 10 万元。在这个时候,如果另外一个人想用 20 万元或者 30 万元收购你的小店,在仔细思考之后,你可能会觉得这个价格不合适,不会将这个小店出售给他。因为你自己经营这个小店每年能赚 10 万元,而 20 万元或 30 万元这个对方开出的收购价格,只不过是你未来两到三年的盈利而已。在这个例子中,对方开出的收购价格,对应的市盈率是 2 或者 3,这是一个非常低的水准,你会认为这个资产处于一个被显著低估的状态,你不愿意在这样一个显著被低估的价格把这个资产售出,因为你觉得卖亏了。

另外一方面,假设你每年靠这个小店能够净赚 10 万元,这次是你想出售小店,那么你在和潜在的买家洽谈之后,你决定向对方开一个特别高的价格,比如你给出的定价是 500 万元,甚至 1 000 万元,你当然很希望高价出售这个小店。在这里,潜在的买家可能会犹豫再三,不愿意购买。因为你的这个小店每年只能赚 10 万元,如果买家付出 500 万元,需要未来 50 年的盈利才能赚回来。而如果付出 1 000 万元购买这个小店,需要 100 年才能把购买的钱赚回来。所以很明显,在这个例子中,当资产估值处于一个比较高的状态,比如市盈率是 50 或 100 的时候,这个资产有可能被显著高估了。

对于一个被显著高估的股票或资产,你是不应该在这种高估状态下进行购买的。所以在这里,20万元、30万元的收购价格太低,500万元、1 000万元的收购价格太高,你的这个每年赚10万元的小店合理的价格是多少? 100万元? 150万元? 或者200万元?这些价格听起来似乎是比较合理的,是有商谈的余地的。如果你这个小店每年赚10万元,那么100万元意味着未来10年的盈利,而200万元意味着未来20年的盈利。从估值角度来看,这个估值范围对应市盈率是10到20的区间,比2到3的市盈率要高又比50到100的市盈率低。所以它既不是太便宜,也不是太贵,没有过分低估,也没有过分高估。

由这个例子可以看出,在一个理性的市场中,对于上市公司的估值,尤其是对上市公司股票市盈率是有其合理估值范围的。对于市盈率而言,一般情况下,它的合理估值范围应该由以下公式决定:

$$\frac{P}{E}=\frac{D/E}{k-g} \tag{2.7}$$

在这个公式中,市盈率等于每股股利(D)除以每股收益(E),再除以期望回报率(k)减去长期可持续增长率(g)。在现金红利贴现模型中,$P=D/(k-g)$,那么P/E就是把这个公式除以E,转换一下就得到了公式(2.7)。D/E描述的是公司的净利润中,有多大一部分用作分红,返还给公司股东,即分红比例。

一般情况下,在成熟行业中,上市公司会将更高比率的净利润用作分红。比如,一家处于成熟行业的上市公司,将其净利润的60%用于分红,投资者对于上市公司股票期望回报率是10%,公司未来预期以6%的速度匀速增长,那么公司的市盈率等于60%除以10%减6%,等于15这个数值。经验数据告诉我们,不管是中国股市,还是美国股市,或者世界其他股市,如果从20年、30年甚至更长时间维度来看,股票市场大盘的合理估值水平一般都是在15倍上下浮动。

这里我们了解了公司股票的合理估值范围,接下来我们重点讨论股票估值由哪些因素决定。通过公式(2.7)可以看出,公司的市盈率等于每股股利除以每股收益,再除以期望回报率(k)减去长期可持续增长率(g),也就意味着公司的长期可持续增长率越高,那么公司的市盈率就会越高,这也是为什么很多高科技公司往往具有很高的市盈率的原因。对于这些高科技互联网公司,我们一般认为它还处在一个蓬勃成长的新兴成长行业中,所以它未来的成长率会比较高,可以对应比较高的市盈率。另外一个因素是期望回报率,也就是投资者对公司的期望回报率,根据市盈率的计算公式,期望回报率越高,意味着市盈率越低。

假设有两个公司,一个公司生产高端白酒,另外一个公司是铜矿公司,对于这两个公司,即使这两个公司的长期可持续增长率都是10%,它们的市盈率也不会相同,因为市场给它们的估值是不相同的。一般我们会认为高端白酒公司对应的是消费者的一个比较稳定的需求,所以不管经济高低起伏,经济扩张还是衰退,消费者对高端白酒的需求基本上是比较稳定的。而对于一个铜矿公司而言,经济比较蓬勃发展的时候,市场上由于新的产品新的投资大量产生,所以对于铜矿这样的原材料需求很旺盛,导致铜矿价格会很高,铜矿公司会产生很好的盈利。而当经济衰退的时候,由于市场上百业萧条,所以厂商都不愿意投资新的产品进生产线,这时候对于像铜这样的原材料需求非常低,铜的价格会跌到非常低,甚至铜矿公司有可能会亏损。

那么第一类公司,它的盈利表现不太受经济周期影响,我们一般倾向于认为这样的公司风险比较小,所以它对应的期望回报率(k)会比较低,根据公式(2.7),它整体市盈率就会比较高。而对于第二类公司,由于我们认为它面临的风险比较大,所以它对应的期望回报率(k)会比较大,那么根据公式它的市盈率就会比较低。上面的意思是,如果一个上市公司,投资者和市场认为这是个高风险公司,那么投资者就会对它有一个较高的期望回报率,而有一个较低的估值水平。而另外一种公司,如果投资者或市场认为它是一个低风险公司,那么即使增长率相同,投资者也会给予一个比较低的期望回报率,对应的是一个比较高的估值水平。这也是为什么很多行业长期增长很接近,但有的行业始终估值比较高,有的行业始终估值比较低,原因就来自于此。

上述内容中,我们学习了什么是市盈率以及市盈率由什么因素决定。我们在具体使用市盈率对股票估值的时候,有以下两个事项需要重点注意。

第一个是对于某些上市公司,它的公司管理层会有利润操纵(earning manipulation)的行为。利润操纵也叫盈余管理。当我们计算市盈率的时候,使用每股市场价格(P)除以每股净利润(E),市场价格从股票市场直接观测得到,这个没有太大疑问,而公司的每股净利润或净盈利,必须依赖于公司公布的财务报表来获得这项指标。公司管理层在准备财务报表的时候,出于各种原因,可能试图把利润调高或者调低,因此在这种情况下,财务报表上的利润实际上并不是公司真实利润。而如果根据这个被操纵之后的利润进行估值,出发点就是错的,因此结论也不可能太正确。具体到公司管理层,进行利润操纵有很多种原因,比如很多时候公司管理层或者公司高管自身的年终奖金是和利润表现相挂钩的,如果这个公司高管本年度想获得更高的奖金,他很有可能会在公司准备财务报表的时候,用各种各样的会计调节手段汇报出一个更高的利润。这是第一点,就是我们在使用市盈率估值的时候,要注意到公司管理层有可能会进行利润操纵,从而扭曲每股净盈利或者净利润。

第二点要注意的是,在使用市盈率估值时,一个基本的条件是市盈率要大于0,准确来说是公司的净盈利要大于0。因为价格始终是大于0的,那么公司的净盈利大于0,也就意味着公司应该是赚钱的,不管它是赚一元钱还是赚一亿元,它的净盈利至少应该大于 0。但很多企业甚至是上市的企业，它的净利润有可能是负的。一项调查显示，在美国纳斯达克市场，往往有 20% 上市公司的净利润为负。这是因为对于很多在创业早期的企业而言，它可能会有很好的专利，可能会有很好的产品，可能面对一个快速增长市场，但是这些转化为利润需要时间。所以在很多企业上市之初，前几年它的利润都可能是负的，但这并不妨碍它具有一个长期的、比较可观的投资价值。对于这类企业，一个最有名的例子就是我们熟知的亚马逊，亚马逊 1999 年在美国纳斯达克市场上市之后，很长一段时间，它的会计净利润都是负的，但这并不妨碍亚马逊的股价一路高歌。因为市场意识到了亚马逊非常重视科技投入，不管是提升消费者的购物体验，还是进行各种功能的开发。由于它投入大，所以现在的利润可能比较低甚至为负，但只要这些投入是有效投入，确实提升了品牌价值，提升了技术优势，现在投入，在将来可能成倍地转化为利润。所以很多时候，对于一些创业早期的企业，尤其是高科技企业它当期利润为负，但是它未来依然会有很高价值。在这种情况下，我们用市盈率来进行估值，可能就不是特别适合。所以大家要注意净利润可能为负这种情况。

总的来说，市盈率是一个在实践中常用的估值方法，我们在使用的时候应该注意市盈率的合理估值范围，如果市盈率低，说明这个股票可能被低估，如果市盈率高，这个公司股票可能被高估。在使用市盈率的时候，我们也要注意到，公司管理层利润操纵的可能性，以及一些企业在某些时候净利润为负的可能性。

二、股票相对估值方法——基于市净率

当我们在使用相对估值方法对股票进行估值时候，除了市盈率之外，另一个常用指标就是市净率。市净率（P/B ration）就是股票的市场价格除以其每股的净资产，这里的 P 是股票市场价格，可以直接从股票市场观测得到，B 指的是上市公司每一股股票所对应净资产，可以从这个上市公司的财务报表中获得。一般情况下，正规的上市公司都会汇报净资产总额是多少，同时也会汇报公司的总股本数是多少，那么使用公司总的净资产，除以公司总股本数，就是公司每一股对应的净资产。这里需要强调的是，B 是公司会计账面上的净资产值，更详细一点，其往往指的是以有形资产为代表的净资产，而像品牌价值、专利等无形资产往往不会包括在净资产里面，这是市净率的定义。

市净率指标可以用来给公司进行估值。举一个例子，假如你有一家公司，或者你是这家公司的创始人兼董事长，你的公司现在账面净资产是 10 亿元。如果有别的投资者想用 5 亿元收购你的公司，在初步思考之后，你决定不卖给他。因为你公司账面上的有形净资产已经值 10 亿元了，别人想用 5 亿元买，你是不会卖给他的。这个例子中，你的公司有一个很低的 P/B 值，P/B 是 5 除以 10 等于 0.5，在 P/B 值小于 1 的

情况下,一般我们都会认为,上市公司股票被极度低估了。

如果这时候,假如有人想用 10 亿元来收购你的公司,那么很有可能你也不会出售。你的公司现在账面上有形净资产值 10 亿元,而你的公司很有可能在过去的营业时间里给顾客留下了一个好的印象,有一定的品牌价值,你的公司过去投入了一定程度的研发,它拥有相应的专利,拥有相应的科技专利价值。所以如果别人仅仅是用 10 亿元,或者 P/B 等于 1 这样的一个估值水平来收购你的公司,你也不太可能会卖给他,因为你认为公司的无形资产价值并没有被充分体现。

如果投资者想提高价位,用 20 亿元收购你的公司,因为投资者认为你的公司的无形资产至少是 10 亿元。这个时候你可能会开始考虑,因为你的公司账面净资产是 10 亿元。更进一步,如果有人想用 50 亿元来收购你的公司,在这种情况下,你会非常积极地考虑,因为一个公司的 P/B 为 50 亿除以 10 亿等于 5,这是个很高的估值水平。假如有投资者想用 100 亿元收购你这个账面净资产为 10 亿元的公司,那么你一定要抓住这个机会,把公司卖个好价钱,因为对应的 P/B 等于 10,是一个极高的估值。

由上面这个例子,可以发现在一个理性的市场中,对于理性投资者而言,上市公司股票的市净率有一个合理估值范围。对于市净率合理估值的具体范围,不同行业的差异是很大的。在传统行业中,一般 1 倍到 2 倍的市净率是一个比较合理的范围,而对于一些高科技的行业,3 倍 5 倍甚至更高都有可能是合理的估值范围。至于产生这种情况的原因,在后面的内容中我们会进一步学习。在这里我们学习了市净率的定义和应用,我们在用市净率对公司进行估值的时候,应该注意以下几个方面。

第一点是公司的账面净资产可能包括过时的信息。这些过时的信息,可能不能很好地反映公司资产的真实价值,因为公司会计在制作公司的财务报表的时候,遵循的是会计上的保守原则。比如你有个公司,公司 10 年前在一线城市北京和上海的核心地段各买了一块地,你在 10 年前土地购买成本是 10 亿元,根据中国房地产市场过去 20 年的行情,在现在的时刻,这些土地的价值肯定是远远超过 10 亿元。但是对于会计准则而言,10 年前花 10 亿元买的这块土地,在公司财务报表上,始终是一个估值为 10 亿元的土地资产。只要一天不出售这个土地,这个土地在公司财务报表上的价值就不能被重估。这个例子大家可以看到,由于会计上的一些特定原则,使得很多时候一些资产,哪怕是有形资产,也是以多年前被购入的价格进行定价的,而现在真实定价很有可能已经远远超过了之前的购入价格。这种情况下,公司的账面净资产,包括的可能是一些过时的信息,并不能很好地反映公司资产的真实价值。

第二点,前文提到,不同行业的以市净率衡量的估值是大不相同的。传统行业是 1 到 2 倍市净率,而高科技行业是 3 倍 5 倍乃至更高的 10 倍市净率,高科技公司的市净率往往远远高于传统行业的市净率,这是因为很多高科技公司,其真正资产是它的技术、专利品牌价值和用户黏性等无形资产。对于以社交网络运营为主业的公司，假如它有一个非常豪华的总部大楼，但总部大楼或者它总部大楼里的电脑，并不是公司最宝贵的资产。对于以社交网络运营为主业的公司而言，最宝贵的资产是它的通信软件以及用户网络。对于网络购物平台公司也是一样，最大资产不是它的总部大楼，而是它的购物平台。所以在这种情况下，对于这些高科技公司，投资者面对的情况是，这些高科技公司有着很高的真实内在价值。但是由于会计上的特定原则，很大一部分真实价值不能反映在账面净资产上，虽然这些公司表现出很高的市净率，但并不一定代表这个公司，尤其是高科技公司被高估。实际上在这种情况下，市净率有一些失真了，因为账面净资产反映的是有形资产这一相对来说不是那么重要的部分。这是第二点，很多高科技公司，它真正关键的资产是技术专利、品牌价值和用户黏性等无形资产，所以它表现出一个很高的市净率，但这并不一定意味着这些公司被高估了。

第三点，P/B 是价格除以账面净资产，价格始终是正的，所以要求公司的账面净资产也是正的，也就是公司总资产大于公司的总负债。一部分人会显而易见地认为公司的净资产应该为正，认为公司都上市了，难道公司的净资产为负，换句话说，公司都已经资不抵债了，怎么还能上市。根据相应的学术研究表明，比如在美国的纳斯达克市场，大概有 5% 到 10% 左右的公司，它们的净资产是负的。在一些情况下，一个公司真正具有价值的是无形资产，但它不能被纳入在净资产的范围之内。打个比方，你持有一家生物医药公司，在创业之初，投入的成本是 1 亿元，同时你从银行借了 1 亿元，一共投入是 2 亿元，然后你这 2 亿元都用来研发新药，并且这 2 亿元已经花完了，而你的新药已经进入了临床试验阶段。因为这 2 亿元已经全部投入了，所以如果只看会计上的账面资产和负债时，你公司的总资产近乎为零，因为所有的钱都花光了，而新药专利未必能够体现在净资产中，你公司的负债是欠银行 1 亿元，所以你的净资产是 0 减去 1 等于−1 亿元，但这并不代表你的公司没有价值。如果公司的新药顺利通过临床测试，在用户中推广开来，会产生很高的商业价值。在这种情况下，一些高科技企业，尤其是处于创业早期高科技企业，在特定条件下净资产也有可能是负的，但是这并不代表它们没有投资价值，这是我们使用市净率时需要注意的一点。

三、股票相对估值方法——基于市销率

除了市盈率和市净率之外，还有一个投资者比较常用的相对估值指标，那就是市销率。市销率（P/S ratio）是股票的市场价格除以其每股的销售毛收入，这里的 P 指的是股票市场价格，也就是可以直接从二级市场观测到的股票价格，S 是上市公司股票每股对应的销售收入。具体的，从上市公司的财务报表中，投资者可以获得公司总的销售毛收入，同时也会知道公司的总股本数，所以上市公司总销售收入除以总股本

数就是对应的每股的销售收入。这里需要强调的是,市销率中的销售收入指的是销售毛收入,销售毛收入是在考虑一切成本项目之前,公司销售产品或者服务获得的总的毛收入。

在已经学过市盈率和市净率的基础上,我们进一步学习市销率这个估值指标,主要有以下几点原因。首先,很多公司,尤其是在一些快速成长的行业内,很多公司的成长更多是通过销售的增长,而非盈利增长来体现的。举个例子,在一家网络电商平台的早期阶段,为了吸引更多的中小商家去它的平台开设虚拟商铺,推出了三年内零费用开网店这样的一个活动。从投资角度考虑,网络电商让这些商户进来开设虚拟商铺,并不收取太多相关费用,所以它的净利润指标不会太好看,甚至有可能反而会亏钱。但是它通过这种方法扩大市场,增加用户黏性,从而确定了在电商中的一个主导地位。在这个时候,我们看销售毛收入增长是更有意义的。同样的,近年来有一款比较新潮的、年轻用户比较喜欢的手机品牌,其创始人多次明言,他的手机的硬件毛利润率不超过 5%,他的想法是通过一个比较物美价廉的手机销售方案,扩大他的销售范围,增加他的手机销售台数,从而增加用户群,然后再通过软件及其他附属服务,向用户收取额外的附加费用。采取这些策略的行业或企业,开始的时候它的净利润可能会反复波动,甚至时不时地会低于零,而它的销售收入增长,是对企业增长的一个较好的衡量指标,所以对于这些企业而言,我们应该考虑用市销率进行估值。

其次,很多时候,上市公司高管出于个人自己的目的,会操纵公司的净利润,这会使得市盈率不是那么适用。在这里,对于上市公司高管而言,他有很多会计上的调节手段,可以操纵它的净利润汇报数据,但他对于产品或者服务的销售毛收入数据,是很难操纵的,因为这是从销售数据中得出的指标。所以市销率这个指标,或者销售毛收入,它不像净利润一样,容易受到上市公司高管的操作,这也是我们为什么要考虑市销率的第二个原因。

第三个原因是不管是净利润,还是净资产,由于经济低谷或者行业周期,都会使得净利润或净资产有时候有可能为负。但是公司只要把产品或者服务卖出去了,那么它的销售收入一定是正的,所以从这个角度上来分析,市盈率和市净率都会受到负值的困扰,而市销率则不会。不管是经济处于什么样的状态,或者行业处于高峰或者低谷,公司总会有相应的销售收入,所以市销率在多数情况下都可以适用。

第四个原因是当我们对比相同行业的公司在不同国家的财务报表时,市销率会变得尤为重要。因为在不同国家,施行的是不同的会计制度,比如在美国施行的是 GAAP,在欧洲施行的是 FSB,在中国施行的是中国颁布的会计准则,所以同样的销售收入,进行各种各样的成本扣减,最后得出的利润,很大程度上依靠于每一个国家经济体中,具体实施和应用的会计制度。在这种情况下,如果我们作为一个全球投资者,在比较不同国家或经济体内类似行业内的公司投资价值的时候,市销率是一个相对来说不受不同会计制度所影响的指标,是更具有普适性的估值指标。

最后,由于销售是实时动态的,所以它不像市净率中,净资产容易包括那些过时的信息,不能够反映无形资产,相对来说不太适用的情况。所以综合这几点,虽然市盈率和市净率在实际应用中被投资者用得更多一些,但市销率在很多特定情况下,具有其独特优势。

四、三种方法的总结

截止到现在,我们已经学习了市净率、市盈率和市销率这三个股票相对估值方法的指标。就这三个指标而言,我们进一步归纳总结它们三者的适用范围和各自的优缺点。

首先,市净率是市场价格除以公司每股净资产,市净率更适合于成熟行业中,企业价值以账面净资产为主的公司,所以很多时候应用在类似于银行、地产这种成熟行业,并且它们的价值以账面净资产中的有形资产为主。我们使用市净率的时候要注意,第一,它有比较小的概率,会因为企业账面净资产为负而不能使用。第二,有的时候,企业的账面净资产包含了一些过时的信息,不能很好地反映公司资产现在的价值或者公司无形资产的价值。

其次是市盈率,在使用市盈率的时候,不再要求公司的企业价值以账面净资产为主,相应的我们可以容纳更多,如企业技术专利、品牌价值和用户黏性等无形资产,只要这些无形资产能够带来真实的经济收益和利润。但是在使用市盈率的时候,会要求公司当年净利润不小于零,所以会有相当大的概率,尤其是经济下行的时候,由于企业净利润为负而不能使用。同时,使用市盈率时一定要注意,公司汇报的盈利必须真实可靠,而不能是由上市公司高管出于个人目的而操控调节得出的,这是关于市盈率的几点说明。

最后是市销率,其优点是它不会受到由于净资产或净利润为负而不能使用的困扰。很多时候,在一个新兴行业,一个蓬勃发展的市场面前,很多公司都是以迅速扩大其销售份额为主,这时不管是其净资产还是净利润,都不能够很好地反映公司增长的真实面貌,而销售收入才是反映公司增长的最好的指标,所以这时市销率也是最好的估值指标。但是,市销率也不是万能的,我们要注意到,如果公司的成本控制不足,就会导致销售毛收入无法转化为相应的企业利润,那么在这个时候,一个公司的市销率看起来很美好,但是由于它不能够把销售收入转化为真实的企业净利润,而会使其真实的投资价值大打折扣,这是投资者在使用市销率时,应该注意的。

第三节 市场有效性的定义方式

有效市场假说(efficient markets hypothesis,EMH)是由芝加哥大学的尤金·法玛(Eugene Fama)教授于 1970 年左右总结提出的。法玛教授也基于其对市场有效假说的贡献获得了 2013 年的诺贝尔经济学奖。在由法玛教授提出的有效市场假说中,市场的有效性具体可以分为以下三个层次。在这里我们以股票市场为例。

一、市场弱式有效假说

有效市场假说认为在市场弱式有效(weak-form market efficiency)的情况下,股票现在的市场价格已经充分地反映出了所有的市场信息。在这里,市场信息指的是可以在股票二级交易市场上观测到的信息,具体包括公司股票在股票市场上的历史成交价格、历史成交量以及在融资融券交易中的融资买入金额和融券卖空金额等。

在市场弱式有效的情况下,由于股票的市场价格已经充分地反映了历史成交价格、历史成交量等市场信息,如果投资者再用这些信息去分析预测股票将来的回报,他们是不能够取得超出市场平均收益的长期超额收益的。而股票历史成交价格、历史成交量往往是构成所谓的股票技术分析的基础。

所以,如果市场弱式有效假说成立,则基于股票以往成交价格和成交量的一切技术分析手段都将失去作用。也就是投资者是不可能通过技术分析取得超出市场平均收益的长期超额收益的。其原因是如果市场未达到弱式有效,则当前的股票价格未能完全反映其历史价格信息,那么未来的价格变化将进一步对过去的价格信息做出反应。在这种情况下,人们可以利用技术分析和图表从过去的价格信息中分析出未来价格的某种变化倾向,从而在交易中获利。而如果市场是弱式有效的,则过去的历史价格信息已完全反映在当前的价格中,未来的价格变化将与当前及历史价格无关,这时使用技术分析和图表分析当前及历史价格对未来做出预测将是徒劳的。因此在弱式有效市场中,技术分析将失效。

二、市场半强式有效假说

有效市场假说认为在市场半强式有效(semi-strong-form market efficiency)的情况下,股票现在的市场价格已经充分地反映出了所有的市场信息,以及所有的公开信息。这里的公开信息指的是投资者可以通过公开的信息渠道获得的一切信息。公开信息包括公司在其财务报表中披露的企业资产、销售收入、运营成本、企业利润、现金红利等一系列企业运营财务信息。公开信息也包括金融机构的分析师对于公司及其相关行业做出的行业竞争情况,公司未来成长前景、公司在未来的收入和盈利的预测值等分析和预测的信息。同时,公开信息也包括投资者可以从公开的信息渠道获得的一切关于宏观经济、相关行业和具体公司的报道信息。

在市场半强式有效的情况下,由于股票的市场价格已经充分地反映了所有的市场信息和所有的公开信息,如果投资者再用这些市场信息和公开信息分析预测股票将来的回报的话,他们也是不能够取得超出市场平均收益基础之上的长期超额收益的。

这里需要注意的是,在之前的内容中我们学习过与股票投资相关的基本面分析方法,基本面分析本质上是一种基于公司现在的资产、利润、红利和其未来增长前景等公开信息基础之上的分析方法。所以,如果市场半强式有效假说成立,则基于上述公开信息的一切分析手段都将失去作用。投资者不可能通过基本面分析取得超出市场平均收益基础之上的长期超额收益。其原因是如果市场未达到半强式有效,公开信息未被当前价格完全反映,分析公开资料寻找误定价格能增加收益。但如果市场半强式有效,那么仅仅以公开资料为基础的分析将不能提供任何帮助,因为针对当前已公开的资料信息,目前的价格是合适的,未来的价格变化与当前已知的公开信息毫无关系,其变化纯粹依赖于明天新的公开信息。对于那些只依赖于已公开信息的人,明天才公开的信息,他今天是一无所知的,对于明天的价格,他的最好的预测值也就是今天的价格。所以在这样的一个市场中,已公布的基本面信息无助于分析家挑选价格被高估或低估的证券,基于公开资料的基本面分析毫无用处。

三、市场强式有效假说

有效市场假说认为在市场强式有效(strong-form market efficiency)的情况下,股票现在的市场价格已经充分地反映出了所有的市场信息:所有的公开信息和所有的私有信息(private information)。这里的私有信息指的是投资者可以从非公开渠道获得关于上市公司价值的信息(以你和你当上市公司 CEO 的哥哥共进晚餐为例,你可以通过观察你哥哥谈论他管理的公司时候的表情推测公司经营情况)。

在市场强式有效的情况下,由于股票的市场价格已经充分地反映了所有的市场信息、公开信息和私有信息,那么不管投资者多么聪明能干,多么有投资经验,在强式有效的市场中,是没有任何分析方法能帮助投资者获得超出市场平均收益基础之上的长期超额收益的。

如果市场是强式有效的,人们能获取内部资料并按照它行动,这时任何新信息(包括公开的和内部的)将迅速在市场中得到反映。所以在这种市场中,任何企图寻找内部资料信息来战胜市场的做法都是不明智的。在这种强式有效市场假设下,没有任何方式能够稳定地增加收益。对于经典的证券组合理论,其组合构建的条件之一即是假设证券市场是充分有效的,所有市场参与者都能同等地得到充分的投资信息,如各种证券收益和风险的变动及其影响因素,同时不考虑交易费用。对于证券组合的管理,如果市场是强式有效的,证券组合管理者会选择被动式的投资方式,只求获得市场平均的收益率水平,即在这样一个市场中,管理者一般模拟某一种主要的市场指数进行投资。而在市场相对无效的时候,证券组合管理者则应该更加积极进取,在选择资产和买卖时机上下功夫,努力寻找市场价格偏离其基本面价值的资产。

第四节　市场应该有效吗?

一、正方观点(市场理性学派)

市场有效性对于金融学而言还是一个假说,换句话说,金融市场或者股票市场是否有效,这是一个仁者见仁,智者见智的问题。在本节中,我们将会从市场有效或者市场理性学派这个角度来讨论市场是否有效。在学习有关金融学知识之前,我们先学习一些相应的数学知识。

在 1827 年,苏格兰学者罗伯特·布朗发现,如果把花粉放到水中,那么水中的花粉和其他悬浮的微小颗粒会不停地做不规则的曲线运动,而这种不规则的曲线运动是非常难以预测的。布朗就把这种不可预测自由运动,用自己的名字称为布朗运动(Brownian movement)。

布朗运动虽然是起源于对自然界中一个规律的发现,但是它也被应用到很多社会学研究中。具体来说,在 20 世纪 50 年代和 60 年代,以肯德尔(Kendall)、罗伯茨(Roberts)、奥斯本(Osborne)、孔特(Coonter)、萨缪尔森(Samuelson)和曼德尔布罗特(Mandelbrot)为代表的一批学者,以布朗运动原理作为视角,提出了所谓的随机漫步理论(random walk theory)。这一派学者认为,由于在股票交易过程中,股票的买方和卖方都非常聪明机智,股票价格形成实际上是市场对于随即而来的信息或者事件做出的快速反应。由于股票交易者的聪明和机智以及股票价格的快速反应,在每一个时刻,现在的股票价格已经基本上反映了股票市场供求关系。所以有鉴于此,在市场上,股票价格的变化会类似于悬浮在水中的花粉一样,进行布朗运动,具有随机漫步的特点。由于股票价格的变化是个随机漫步的过程,其变动路径或其股价波动的规律没有任何规律可循,在某种意义上是不可预测或至少很难预测的。如果从这个角度出发,我们根据技术图表,试图通过过去的股价变动趋势来预知未来的股价走势的这种看法,实际上是不可能实现的。这些早期的研究论述,为有效市场提供了一个理论上的铺垫。

　　在 20 世纪 50 年代和 60 年代相应的早期理论研究之后,在 70 年代,法玛教授提出了著名的市场有效假说。在前文中,我们讨论了有效市场的三种状态,弱式、半强式和强式有效,在这里,我们会进一步讨论为什么金融市场或者股票市场有可能会达到某种有效状态。具体来说,金融市场或者股票市场,如果它们想要达到有效状态,需要满足以下几个条件。

　　第一,我们需要足够理性聪明的投资者。对于一个理性投资者而言,他在做一个投资策略决定的时候,他所考虑的主要是投资标的的可能收益、发展前景和其蕴含的内在风险。而其他的非相关因素,比如当天的天气、市场情绪、投资者此时的心情等这些所谓的非理性因素,都不应当在他考虑范围之内。同样的,对于一个机智的投资者,他能够迅速地把他收到的新信息,比如上市公司最新发布的财务报表或者最新公布的 GDP 数据、通货膨胀数据等市场相关信息纳入其投资策略中。如果所有的投资者都是足够理性机智的,那么我们可以预测,在股票市场上,上市公司股票价格的变化主要是与其基本面相关的信息所推动。当市场上有一个新的信息来到之时,由于投资者能够在第一时间对这个新的信息做出相关的推理反应,并且制定相应的交易投资策略,那么股票市场上的股票价格,就会在新的信息来到之时,迅速向新的均衡价格靠拢,从而形成一种类似随机漫步的趋势。

　　第二,如果在市场上,出于某种原因,产生了被高估或低估的股票,这个时候我们就需要第二种机制,就是所谓的套利机制。一部分投资者,往往是具有丰富投资经验或是具有比较大的资金规模的投资者,他们会积极地寻找在市场上可能被高估或低估的股票,如果看到一只股票被高估,他们会执行相应的卖出策略,如果看到一只股票被低估,那么他们会执行相应的买进策略。在现实的金融市场上,这样的套利者往往由基金经理,比如共同基金经理、对冲基金经理等机构投资者组成,通常这些基金经理手上的资金数目,都是以十亿百亿为单位的。所以大家可以想象一下,在这么多庞大资金积极地寻找可能被高估或低估的股票的情况下,任何被错误定价的股票,如果被高估了,它会受到很大的卖压,从而促使它的股价逐步走低,向比较低的基本面价值靠拢,而如果它的市场价格被低估了,那么它会受到很大的买压,那么这个众多机构投资者买入的行为,会促使这只股票的价格逐步升高,向更高的基本面价值靠拢。套利者的行为,能够确保在市场上由于某种因素,股票出现了被错估的情况下,被错估的价格迅速被套利者的买入或卖出行为所消除,从而进一步回到市场均衡的市场有效状态。

　　法玛教授指出,在投资者都是理性且有套利者对高估或低估的股票价格进行套利的情况下,市场应当处于一种充分均衡的有效状态。如果市场真的有效,这对我们普通投资者有非常重要的意义。如果市场处于弱式有效,这意味着由技术分析为代表的,通过观看股票历史价格图表,从而进一步对股票未来的回报或价格变动做出预测的分析方法将不再有效。如果市场处于半强式有效状态,不仅技术分析不再有效,不管是现金红利贴现模型,还是基于市盈率、市净率或是市销率等相对估值模型,甚至基本面分析手段也不再有效。如果更进一步,假设股票市场是强式有效的,那么我们在前文中讨论的技术分析、基本面分析,以及通过个人渠道获得的独有信息这所有的一切手段都不再有效。这里强调一下,当我们说不再有效的时候,不是不能够获得回报,或者获得零回报或者负回报,而是指如果市场充分有效,这些投资手段不能够带来基于市场平均收益之上的长期超额收益。换句话来说,市场处于充分有效状态下,任何投资者不管依赖于技术分析、基本面分析,或者其个人独有的信息分析,都很难长期持续跑赢大盘指数。如果股票市场是处在一种充分均衡、完全有效状态下,通过技术分析、基本面分析或者独有的信息进行分析,都很难长期持续跑赢大盘指数,在这种情况下,最好投资策略就是投资于指数基金,我们将在后文中详细讨论。

二、反方观点(行为金融学派)

理性学派认为投资者都是聪明睿智的,他们认为市场应该有效。然而,从反方的角度出发,股票市场或者金融市场是无效的,或者至少不会完全有效。市场有效的反方认为,有两个主要原因可能会导致股票市场不会完全有效,第一个是行为金融学方面的原因,第二个是所谓的套利限制。

(一)行为金融学方面的原因

行为金融学是基于金融学和心理学交叉产生的一个前沿学科,它试图揭示金融市场的非理性行为和投资者的认知偏差等投资决策规律。行为金融学认为,股票价格并非只由企业内在价值所决定,它还在很大程度上受到投资者尤其是个人投资者行为的影响,也就是说,投资者心理和行为对股票市场的价格决定和变动,或者回报率的产生具有重大影响。行为金融学是和理性学派有效市场假说相对应的一种学说。在行为金融学中,以下几种常见的认知偏差值得我们重点学习。

第一种是所谓的过度自信。大量的心理学研究表明,人往往是过度自信的,尤其对于自身知识或者能力过度自信。举一个例子,比如在美国,曾经有个商学院的老师,在给 MBA 学生授课之前做了一个调查,调查中有一个问题就是问 MBA 学生自己在这门课的最后取得的总体成绩,是低于平均线还是高于平均线。这个调查收回之后,教授发现有约 90% 的 MBA 学生,选择自己的成绩最后会高于平均线。根据统计学基本规律,我们知道所谓平均线或者平均分,就是大约有一半人在平均分之上,有一半人在平均分之下。所以对于一个班的学生而言,不管他们多么优秀、聪明和努力,最后在总分的分布上,会有大约一半的人高于平均成绩,有一半的人低于平均成绩。然而学生作为一个整体,他们对自身取得高于平均的成绩,展现出了过分乐观或过分自信的趋向。格瓦里斯(Gervaris)、希顿(Heaton)和奥戴恩(Odean)在 2002 年的研究表明,可以把过度自信认为是一种投资者认为自己知识的准确性比事实中的程度更高的这种信念。换句话说,投资者在做投资决定的时候,对于自己个人所拥有的信息,赋予的权重大于客观事实。相应的主观概率测度研究表明,确实存在投资者过度估计自身知识准确性的情况。我们人类倾向于从无序中看出规律,尤其是从一大堆随机的经济数据中推出所谓的规律,而这个规律往往并不真实存在。比如另一位学者特韦尔斯基(Tversky)提供了大量统计数据,来说明市场上很多事件的发生,完全是由于运气或者偶然因素导致的结果。而人类有一种所谓的表征直觉推理(Representative Heuristic Bias),就是从一些数据的表面特征推断出其内在规律,从而产生认知和判断上的偏差。投资者的归因偏好,也加重了认知偏差。什么是归因偏好呢? 意思是作为投资者,如果你的投资成功了,那么你会归于自身的能力知识或者是市场操作技巧,如果你失败了,那么你往往归因于运气或者一些你无法控制的外界因素。投资者的归因偏好,也会加重投资者的过度自信和心理认知偏差。过度自信会对市场效率产生影响,在一个理性的市场中,只有当新的信息出来的时候,价格才有变动,但是当投资者过度自信时,市场效率取决于信息在市场中是如何散布的。如果少量信息被大量投资者获得,或者公开披露信息能够被不同投资者做不同的解读,过度自信就会使这些信息被过度估计,从而导致股票市场价格偏离资产的真实价值,这个时候,投资者过度自信偏差就会损害市场效率,导致股票市场不能进入完全有效的理想状态。

第二点是处置效应。处置效应指的是投资者在处置股票的时候,对于那些已经赚钱的股票和那些还在亏钱的股票,他们的倾向是完全不一样的。如果这只股票赚钱了,他们倾向于卖出并落袋为安,而如果这只股票还在亏钱,他们倾向于继续持有,因为他们希望有一天能够回本,这也就是所谓的出盈保亏。如果我们思考得再深入一点,处置效应意味着投资者处于盈利状态时,他们是风险规避者,他们处于亏损状态时,是风险偏好者。处置效应是行为金融理论中比较重要的一块,在处置效应中,投资者的价值函数是"S"形的。股票的盈利和亏损可以用参考点来判断,当股票价格高于参考点价格时,此时投资者主观判断是盈利,那么他的效用函数是一个凹函数,这种情况下,投资者是风险回避者类型的投资者。当股票价格低于参考点价格时,投资者主观判断他还是在亏钱,这个时候他的效用函数是一个凸函数,所以在这种情形下,投资者又成了风险偏好者。如果投资者是用购买股票的购买价格或成本价格作为参考点,当股票价格高于买入价时,投资者就面临两个选择,出售股票获取盈利,还是冒着将来有可能亏损的风险,继续持有以期望价格进一步上升。这个时候,由于大部分投资者都是风险规避者,他们倾向于尽早卖出股票,把盈利落袋为安。如果市场价格低于买入价格,也就是投资者处在亏损期间,那么他将回避现在的损失,希望继续持有,直到有一天股票价格会反弹,他能够把这些浮亏赚回来。所以处置效应对市场效率产生了一个不利的影响,因为在一个完全理性投资者看来,他的股票现在市场价格比他购买价格是高还是低,换句话说是在赚钱还是亏钱,对于他将来怎么操作这只股票应该是完全不相关的。而他将来应该买入还是卖出这只股票的唯一的决策依据,应该是他将来获得新的信息所给出的基本面价值和市场价格的对比。所以处置效应会导致投资者行为出现一定的行为偏差,从而对市场效率做出负面的影响。

第三点是锚定效应。锚定效应指的是,当人们需要对某个事件做定量估测时,他们会将一些特定数值作为起始值,这个起始值就像锚一样,制约着投资者的决策过程。投资者在决策的时候,会不自觉地给予这个锚定的估值过多重视,实际上很多金融现象都受到锚定效应的影响,比如股票当前价格会受到过去价格的影响。由于在股票市场上股票价格有很大的随机性,所以投资者,至少那些不是特别具有投资经验或专业知识的投资者,很难知道它们的真实价值。当你没有更多信息的时候,股票过去的价格或者其他可比价格,可能就是现在价格的重要决定因素。通过锚定过去的价格来确定当前价格,有点类似于宏观经济学中的黏性价格,所以投资者如果把过去的价格作为新价格的一种参考或者建议,那么新价格就会趋于接近过去的价格。如果一只股票或一个资产的价格越模糊,不确定性越高,那么参考价格就越重要,这个时候锚定效应就更有可能导致投资者行为偏差,从而使市场效率也受到负面影响。

第四点是模糊厌恶(ambiguity aversion)。模糊厌恶指的是在不确定性条件下,人们更加倾向于已知的不确定性,而不是未知的不确定性。举个例子,比如有两个盒子 A 和 B,两个盒子中都有 100 只球,A 盒子中有 50 只红球,50 只蓝球,B 盒中有红球和蓝球共 100 只,但两种颜色球的具体数量未知。现在给你一次机会,要求你在这两个盒子中选择一个并随机抽出一只红球。根据相关调查和研究,在这种情况下,人们更愿意选择 A 盒进行抽取。在金融学中,模糊厌恶是指投资者更加倾向于对已知风险的偏好,而不是对未知风险的偏好。厌恶模糊性的投资者宁愿选择结果的概率分布是已知的投资机会,也不愿意选择结果的概率分布是未知的投资机会。模糊厌恶和风险厌恶是有区别的,风险厌恶中描述的是可以给不同的情形的每一种可能的结果分配一个概率,是通过风险选择与预期效用之间的偏好来定义的。而模糊厌恶适用于结果概率未知的情况,也就是说风险事件的结果有一个已知的概率分布,模糊事件中的概率分布是不知道的。厌恶模糊带来的一个现实后果是增加了人们对保险的需求,因为人们对未知事件的厌恶会增加他们对生命和财产保险的需求。

第五点是羊群效应。羊群效应也被称为从众效应,是指人们受到多数人的一致思想或行动影响,而跟从大众之思想或行为。羊群效应指的是羊群中的领头羊一般身形比较高大并且在羊群中有较高的威望,因此占据了主要的注意力,整个羊群会不断模仿这个领头羊的一举一动,领头羊走到哪里,羊群便会往哪里走,领头羊低下头吃草,其他的羊也会低头吃草。在股票市场上,羊群效应是指在一类投资群体中,在信息环境不确定的情况下,单个投资者总是不断模仿群体内其他同类投资者尤其是占据主要注意力或者有较大影响力的投资者,在其他投资者买入时跟随买入,在其他投资者卖出时跟随卖出。导致出现"羊群效应"还有其他一些因素,比如,一些投资者可能会认为同一群体中的其他投资者掌握相关内幕消息。羊群效应也可能由系统机制引发,例如,当资产价格在短期内下跌造成亏损时,为了满足追加保证金的要求或者遵守交易规则的限制,一些投资者不得不将其持有的资产卖出。当市场处于低迷状态时,其实正是进行投资布局的绝佳时机,然而,由于多数投资者存在羊群效应的心理,当大家都不看好市场时,即使有最佳成长前景的投资品种也无人问津,而等到市场热度上升,投资者们才争先恐后地进场抢购,一旦市场稍有调整,大家又会一窝蜂抛售。在股票市场中,羊群效应可以使一只股票短时期内提升或者打压至一个不合理价位,对市场稳定性和市场定价效率带来不利的影响。

(二)套利限制

在市场有效派看来,如果市场上某一只股票或证券的价格被高估或低估了,会有套利交易者进行相应的卖出或者买入的操作,从而把高估或低估的股价推回均值。但是这种套利行为是有其内在限制的。首先我们要意识到套利策略本身是有风险的,打个比方,如果你看到一只股票的市场价格为80元,而你认为它的基本面价值应该值100元,很明显它的市场价格低于基本面价值,那么你可以买入。但是你这个决定的正确性是建立在你认为它的基本面价值大于80元,比如是100元的基础之上。但是,如果在你做出这个基本面价值的估计时,你所使用的信息有误或你使用的方法有误,那么你很有可能对这个基本面的估值就是错误的。如果其真实基本面估值为50元或60元,那么你根据这个错误的基本面估值所使用的买入策略就会使你遭到损失,所以在这里,套利策略本身是有风险的。其次,很多时候在套利策略中,要使用特殊的交易方式,我们称为卖空(short selling)。如果这只股票价格是80元,而你认为它的基本面价值是50元,这个时候你要卖出这只股票,而如果你此时手上并没有这只股票,你应该向你的券商借入这只股票,并把它卖出,然后在将来价格回调之后,再把它买回来还给你的券商,这个价格差就是你的盈利,这是卖空的一个交易手段。如果你想卖空,首先你要确保你的券商有这只股票的持仓,并且能够借给你。第二,借股票与借钱一样,是要付利息的,而这只股票如果越热门越紧俏,你所付出的利息就越高,所以你能否顺利地融券,借到这只股票,以及你要为你的融券行为付出多少利息,这都是你卖空的限制或成本。第三,和长期定投策略相比,这些套利策略要频繁在资本市场上进进出出,买入卖出,这样一个频繁的交易操作,必然会带来很大的交易成本。交易成本表现在下面几个方面:首先每次买入或者卖出的时候,你要付给券商佣金,要支付相应的印花税和其他费用;第二,在买入和卖出相关股票的时候,需要支付市场上的买入卖出点差(the bid-ask spread),如果你的交易金额比较大,比如你是基金经理,那么当买入或者卖出很大金额的时候,还要考虑相应的价格冲击带来的额外交易成本。所以把这些交易成本的各方面综合起来,你有可能会发现你的套利策略,在考虑成本之前可能会带来比较丰厚的回报,但在考虑所有成本之后,带来的回报往往并不完全如预期一样。所以套利策略本身是有风险的,卖空有交易限制和成本,考虑这若干项,实际上套利者消除市场上被错估股票的能力是有一定局限的。

基于行为金融学中投资者的认知偏差,和我们刚才讨论的套利限制方面的原因,持反面观点的人认为,股票市场和金融市场有可能不会达到我们之前所描述的完全有效的状态。

第五节　基于市场有效或者无效基础之上的投资策略简介

一、被动式投资策略

如果从理性学派认为市场有效的角度出发,我们应该主要考虑基于大盘指数的被动式投资,比如投资于指数基金这样的投资策略。

指数基金是以特定指数,比如中国的沪深 300 指数、美国的标普 500 指数或者纳斯达克综合指数、日本的日经 225 指数等大盘指数为标的的基金。指数基金以其选定的指数成分股为投资对象,那么它是基金经理通过购买该指数的全部或部分,准确说是大部分具有代表性的成分股,构建相应的投资组合,以追踪标的市场指数表现的一种基金产品。对于指数基金而言,它实际上是一种按照证券价格指数编制原理构建的投资组合,它的投资目标就是尽可能贴近相应市场指数的回报率。如果在某一年,市场指数取得了 10％的回报,那么基于这个指数的指数基金,就应当尽可能地贴近 10％回报,比如 9.99％或者 10.01％,都是一个很好的回报率,因为它非常贴近市场指数 10％的回报。而如果基金取得了 5％或者 15％的回报,产生一个较大的偏差,这不是一个优秀的指数基金经理人所应该获得的回报。以上是指数基金的构建方式和运行原则。

投资者应该投资指数基金,这是因为在市场充分有效情况下,指数基金与其他基金,比如主动管理的共同基金或者对冲基金相比,具有费率上的优势。具体在运作上,指数基金比其他开放式基金能更有效地规避个股的非系统性风险,相应的交易费用低廉,同时监控投入少和操作简便。在考虑相应费率之前,由于市场的充分有效,主动管理共同基金或者对冲基金无法长期持续跑赢大盘指数,长期而言,这些主动基金和对冲基金在扣除高额的管理费用之后,是不能跑赢大盘指数的。这也是为什么在一个充分有效的股票市场中,从长期来看,投资于指数基金所取得的回报会优于其他主动管理型的对冲基金或者共同基金。近年来,指数基金在中国证券市场和其他国家市场均取得了迅猛发展。

　　如果一个投资者想投资指数基金,有两种主要的投资方式:一种是投资我们俗称的被动式管理的指数型共同基金;另外一种是投资于场内交易的指数 ETF 基金。这两种投资方式,其原理都是一样的,就是投资于一个标定于特定市场的指数,比如中国沪深 300 指数这样的一个被动式管理型基金。它们的区别在于,如果你投资的是一个被动管理的指数型共同基金,假如你在某一天想买入这只基金,就可以在下午两点或两点半之前,填入买入的单子,相应基金经理会在收市之前,执行相应的买入策略。如果你想赎回这只基金,同样你需要在下午两点或两点半之前,填入基金赎回的单子,基金经理人在收市前会执行相应的卖出策略。有人可能会问,如果当天上午看见市场处于低位,想在上午的点位买入,应当如何操作? 这种情况下,你需要考虑的是第二种投资方式,也就是在场内交易的 ETF 基金。实际上,这种 ETF 基金本质上是基于特定指数的基金,但它交易起来就像股票一样,所以你只要知道这只基金的交易代码,它具有一个和其他股票一样的六位数的交易代码,你填入这个交易代码,然后选定相应的购买或者卖出价格,就可以像买卖股票一样非常自由、非常方便地交易这只 ETF 基金。所以,对于传统的被动式管理的指数型共同基金而言,这种基于特定指数场内交易的 ETF 基金,具有交易更加灵活方便,能够随时选择交易的实盘价格等诸多优点。这也是为什么 ETF 基金在中国证券市场上取得了迅猛发展的原因之一。

　　随着市场有效性的进一步深入,如果市场越发有效,我们会知道指数基金的受众就会越多。所以在中国股市过去一二十年发展中,诸多基金公司都推出了基于大盘宽基指数或者行业指数,或者风格指数等各种各样的指数基金。在现在的市场上,包括传统的被动式管理的指数型共同基金和场内交易 ETF 基金,可能已经超过了三百家之多。随着中国证券市场的不断完善,以及基金业的蓬勃发展,指数基金在中国将有更大的发展潜力。此外,随着中国的股票市场和国际的股票市场互联互通的发展,通过投资指数基金,甚至可以以人民币为计价单位,通过在中国市场购买相应的 ETF 或指数基金,投资于美国的标普 500 指数、美国的纳斯达克指数、伦敦的 FTSE 富时指数、日本的日经指数、中国香港的恒生指数或者中国国企指数等境外的诸多市场的指数和指数基金。同时,即使一些投资者对股票市场暂时没有什么兴趣,也可以考虑基于国债的 ETF 基金、基于黄金的 ETF 基金,以及基于其他大宗商品价格的 ETF 基金。所以对于一个有志于构建一个均衡构成、充分分散的投资组合的投资者而言,熟练地运用指数基金,是其投资过程中必备的技能。

二、主动型投资策略

如果从行为金融学或套利限制的角度出发,股票市场有可能并不处于完全有效状态,所以如果我们认为在市场处于某种相对无效状态上,应当采用主动型投资策略。

如果市场是相对无效的,这意味着市场中存在大量的被错误定价的股票,它们有些可能被显著高估了,也就是市场价格高于基本面价值,而另外一些可能被显著低估了,市场价格低于它们的基本面价值。如果是这样的情况,那么投资于大盘指数或者指数基金就不是一个最优的选项。在这种情况下,我们要考虑所谓的主动型投资策略。如果采取主动型投资策略,有三种选择,第一种选择是根据所有的信息或者分析能力去找出那些被低估或高估的股票,进行买入或者卖出操作,但这往往需要投资者很强的专业知识、很多时间和一定的信息资源获取能力,所以对很多投资者来说,主动地寻找高估或低估的股票投资是一个成本很大的工作。

第二种选择是投资于主动型共同基金。与主动型共同基金对应的是被动型共同基金,主动型共同基金和被动型共同基金是根据股票共同基金投资理念进行分类的。主动型基金是一种寻求取得超额收益,以超越市场大盘指数业绩表现为主要目标的基金管理方式。一般情况下,主动型基金也会指定一个大盘指数作为投资目标。但是它们的投资任务,不是尽可能跟踪大盘指数,而是要求基金的回报率尽可能超过大盘指数的平均收益。对于主动型投资基金,有两点需要注意:第一,主动型投资基金的基金管理人,或者基金经理,他的能力非常重要,他是否能找到被低估的股票,是否能在市场合适的时候买入,在市场高估的时候卖出,所以基金经理的能力直接决定了主动型股票共同基金的长期表现。第二,与被动型的指数基金相比,每一个主动型的基金都会有更高的交易成本和更高的管理费用,因为需要频繁地进行买入卖出操作,所以有更高的交易成本。此外,基金经理要花很多时间、很大精力去寻找那些可能被高估或低估的板块或者公司,所以投资者必须为此付出更高的管理费。这里的关键问题是,投资者所选择的主动型股票共同基金,在扣除了这些更高的交易成本和更贵的管理费用之后,到手的净收益率能不能跑赢大盘指数,这是要注意的关键事项。

第三种可以考虑的投资方式是对冲基金。对冲基金原指使用对冲交易手段进行操作的基金,后来随着金融市场的演化和金融机构的复杂化进一步上升,对冲基金涵盖了越来越多的范围。对冲基金有如下几个主要特点。

第一,对冲基金对于投资者的准入门槛比较高。在中国,如果投资者要投资对冲基金,需要满足年收入超过 50 万元或者可投资金融资产超过 300 万元这两个条件其中的至少一个,还要能够开出相应的资产证明或者收入证明。所以对冲基金是为了少部分具有较高收入、较多可投资资产或者较丰富投资经验的特定投资者准备的。这意味着,对冲基金不能公开地向社会大众投资者发售或者募集。

第二,对冲基金可以投资于多种类型资产和投资标的。作为投资者,如果投资了一只股票共同基金,那么这只基金只能投资于股票,如果投资了一个债券基金,那么它只能投资于国债或企业债,共同基金的投资类型和投资标的都有严格的规定。对于对冲基金,由于它的购买人都是那些具有比较高的资产净值、比较丰富投资经验的特定投资者,投资手法可以更多元化、复杂化。一个对冲基金可以同时投资于股票、债券、大宗商品期货甚至外汇以及房地产等诸多投资标的。

第三,我们要注意的是,决定对冲基金整体回报率的高低,最主要就是基金经理选择资产和市场择时的能力。所以一般情况下,对冲基金经理会收取比较高的管理激励费用。通常是220原则,就是平均而言,对冲基金每年会收取2%的管理费,然后在总收益的基础上提取20%作为激励机制。想象一下,如果你投资的对冲基金今年获得了20%的总体回报,那么基金经理人需要提取2%的收益,然后再提取20%乘以20%等于4%的激励费用,那么他一共提取6%,而你只能获得14%的净回报。这里由于对冲基金经理人提取的管理和激励费用比较高,所以你作为一个对冲基金投资者,要能够知道获得了多少的净收益。

以上是对冲基金的主要特点。根据对冲基金的投资方式,我们可以将对冲基金分为以下几种主要类型。

第一类为市场多空基金(market long-short funds)。市场多空基金的经理人主要聚焦于股票市场,他会对这个市场上几千只股票进行挑选,试图找出哪只股票被过分高估了,哪只股票被过分低估了。对于那些被低估的股票,基金经理会大额买入,建立多仓。而对于那些被高估的股票则会卖出,所以基金经理执行的实际上是一个卖空操作,他会建立空仓。最后会持有一个既有多仓也有空仓的股票投资组合。最理想就是基金经理建立多仓的股票价格上涨,建立空仓的股票价格下跌,这个时候他的多空组合就能获得很好的利润。多空基金能否获得理想的收益,这完全和基金经理人的选股和择时的能力有关。

第二类是事件套利基金(event arbitrage funds)。举一个并购套利的例子,假如你是创业者,所创立的公司在A股上市,公司现在总股本是10亿股,公司现在的股价是10元,你的公司总市值是100亿元。假如你的公司是高科技公司,现在一个更大的公司很喜欢你公司现在的业务,准备整体买入,那么用专业术语来说,就是一家大公司准备对你的公司进行整体并购。如果你的公司现在市值是100亿元,这家大公司打算用100亿元整体买入你的公司。如果你仔细想一想,你可能并不会出售你的公司,因为你现在拥有的是一个价值 100 亿元的公司,不仅拥有公司所有权,还拥有公司的控制权或者经营权。你是这个上市公司的 CEO、董事长或者创始人,这对于提升你的社会地位和人际关系网络有很大好处。而如果你把公司以市场价格出售,那么你就丧失了上市公司董事长或者 CEO 的地位,所以如果这个大公司只出 100 亿元这么一个和市场价格等同的价格,你肯定不会出售你的公司。收购的一方必然要提高他的收购价格,例如 150 亿元。这个时候你会仔细考虑一下,因为可以获得 50% 的溢价,但是要交出董事长或者 CEO 的头衔,这是不是划算,你可能要仔细考虑一下。更进一步,对方把价格进一步提高至 200 亿元,你会认为把头衔交出去,换来的是资产立刻翻倍,你会思考这是不是一个比较好的卖出时机。所以在这里,对于并购而言,收购方往往要给出一个比现在市场价格明显高的溢价进行收购。比如现在公司的股票价格 10 元,对方可能必须以 15 元或者 20 元来收购。如果有公司愿意以 100% 的溢价,从 10 元到 20 元的溢价,来收购你的公司,这个收购向公众宣布之后,公司股价会不会从 10 元直接涨到 20 元? 这实际上有一定复杂性,因为收购一个企业和去网络电商平台购物不一样,在网络电商平台上购物,把东西放进购物车并支付,在现在这种快捷的物流下,可能三两天就送到家门口了。但收购一个企业,绝不可能把企业放在购物车里面,然后支付,企业就收购完成了,没有这么简单。收购一个企业,收购方提出收购要约,然后需要收购方和被收购方董事会以及股东大会分别投票表决,同时还要经过其所在国家的监管机构进行比如反垄断法或相应的审查,只有在所有的合规程序走完之后才能正式收购。所以往往从宣布收购到完成收购,要花一年甚至更长时间。如果资本市场考虑到这点,你的公司现在股票价格为 10 元,有个大公司希望 20 元收购,那么在这个收购决定宣布之后,股票市场价格不会一路直奔 20 元,它会停在 18 元或者 19 元的位置上,而这个剩余的 1 元或 2 元空间,就要取决于这个收购到底有多大可能性最终确定获得通过。举个例子,如果这个公司股价原来是 10 元,现在有个大公司宣布 20 元收购,溢价 100%,在收购价格宣布之后,市场价格从 10 元涨到 18 元,那么作为一个事件套利基金的对冲基金经理人,就会考虑在 18 元的位置上,考虑是不是需要买入。如果以 18 元买入,最后这个并购获得通过并顺利执行,那么买入的股票便赚了。而如果这个并购没有获得最终通过,它无法执行,那么股票价格可能会跌回 10 元,那么买入的股票便亏了。所以,你是否要在当前市场买入这些已经有收购信息的公司,完全取决于对这个并购案例最后能否顺利成行的估计。

第三类是宏观策略基金(global macro funds)。宏观策略基金不局限于某一个股票市场,不局限于某种特殊操作方式,比如并购套利,它的目的就是哪里有超额收益就出现在哪里。很多宏观策略基金是全球布局,比如它投资美国资本市场、欧洲资本市场或是亚洲资本市场,会投资股市、债市、大宗商品、外汇、期权、期货等等诸多品种。

　　最后一类是基金的基金(fund of funds,FOF)。对于一个主动管理的对冲基金,所获得收益和基金经理的能力直接相关。打个比方,你是一个具有比较可观的可投资资产的投资者,有1 000万元金融资产,但是你并不知道怎么选取真正有能力且靠谱的对冲基金经理人,所以你可以考虑把这1 000万元投资于一个FOF,也就是母基金。这个FOF的基金管理人,可能会寻求把这1 000万元投资额平分成10份,找出10个他认为有能力获得超额收益的对冲基金经理,然后把这1 000万元除以10,每个基金投资100万元。投资于FOF母基金的好处是,你把挑选对冲基金经理人的这个任务,交给专业机构,他们做出的决定可能比你更加明智或者更加有效率。FOF的缺点是,因为它是一个基金的基金,所以投资者在投资FOF的时候,要交两遍管理费,一遍是把钱给母基金,母基金会收投资者的管理费,而第二遍是当母基金把钱分配给相应的对冲基金或者共同基金时,相应的对冲基金和共同基金要再收一遍管理费,所以FOF往往伴随着更高的管理费用或者激励费用。

　　以上提到的是目前市场上对冲基金主要的几种形式,分别是市场多空基金、事件套利基金、宏观策略基金和FOF母基金。对冲基金在美国从20世纪70年代到现在,已经发展了50年左右,而对于中国,对冲基金主要是在2010年之后取得迅速发展的。迄今为止,中国私募基金管理行业虽然相对比较年轻,主要是最近六七年取得发展,但是它的发展速度是非常快的。在今天,中国可能已经具有超过一万家的私募基金管理公司,各种基金产品在市面上非常流行。对于投资者,尤其对于具有足够金额投资对冲基金或者私募基金的投资者,并不是投了基金就一定可以赚钱。私募基金运用的是一种主动型投资策略,所以私募基金或者对冲基金的基金管理人的投资能力,比如选股能力、择时能力和套利能力,或者把握在不同市场不同行业出现的错估机会的能力是至关重要的。

第三章　现代因子定价模型及其在中国市场上的应用

第一节　资本资产定价模型理论

在现金红利贴现模型部分,我们讨论过投资者期望回报率(k)对于股票定价过程的重要性。投资者的期望回报率应该如何估计或者计算呢?为了解决这个问题,我们首先学习一下资本资产定价模型(capital asset pricing model,CAPM)。

CAPM 的起源是马科维茨(Markowitz)教授于 20 世纪 50 年代提出的投资组合风险分散理论(portfolio diversification theory)。马科维茨教授于 1947 年从芝加哥大学经济系获得学士学位,然后他进一步在芝加哥大学攻读经济学的硕士和博士学位。在读书期间,他最感兴趣的是不确定性经济学,特别是冯·诺伊曼和摩根斯坦及马夏克关于预期效用的论点、弗里德曼—萨凡奇效用函数,以及萨凡奇对个人概率的辩解。马科维茨教授的投资组合风险分散理论以严谨的数学统计方法向人们展示了一个带有风险厌恶特征的投资者在众多风险资产中如何构建最优资产组合的理论方法。但是当这个投资组合风险分散理论于 20 世纪 50 年代刚刚诞生的时候,由于计算机计算力的相对限制,如何在实践中应用该项理论仍然是一项具有比较大的挑战的高难度实证工作。

正是由于这一问题的存在,从 20 世纪 60 年代初开始,以威廉·夏普(William Sharpe)为代表的一些经济学家开始从实证的角度出发,探索证券投资的实现,即马科维茨的理论在现实中的应用能否得到简化。如果投资者都采用马科维茨资产组合理论选择最优资产组合,资产的均衡价格将如何在收益与风险的权衡中形成,或者在市场均衡状态下,资产的价格如何依风险而确定。

这些学者的研究导致了资本资产定价模型(CAPM)的产生。作为基于风险资产期望收益均衡基础上的预测模型之一,CAPM 阐述了在投资者都采用马科维茨的理论进行投资管理的条件下市场均衡状态的形成,把资产的预期收益与预期风险之间的理论关系用一个简单的线性关系表达了出来。CAPM 认为一个资产的预期收益率与衡量该资产风险的一个测度,即股票的 β 值之间存在正相关关系。作为一种阐述风险资产均衡价格决定的理论,以单一指数模型为基础的 CAPM 不仅大大简化了投资组合选择的运算过程,使马科维茨的投资组合选择理论朝现实世界的应用迈进了一大步,而且也使得证券理论从以往的定性分析转入定量分析,从规范性转入实证性,进而对证券投资的理论研究和实际操作,甚至整个金融理论与实践的发展都产生了巨大影响,成为现代金融学的一个重要的理论基础。

1970 年,夏普教授在他的著作《投资组合理论与资本市场》中指出个人投资者面临着两种风险:一是系统性风险(systematic risk),指市场中无法通过分散投资来消除的风险,比如利率变化、经济衰退、战争,这些都属于不可通过分散投资来消除的风险;二是非系统性风险(unsystematic risk),也被称作股票特定风险(unique risk 或 idiosyncratic risk),这是属于个别股票的自有风险,投资者可以通过构建股票投资组合来消除。

现代投资组合理论指出非系统性风险或者股票特定风险是可以通过分散投资来消除的。而即使投资组合中包含了所有市场的股票,系统风险亦不会因分散投资而消除,在计算投资回报率的时候,系统风险是投资者最难以计算的。

CAPM 可以被写为:

$$r_p = r_f + \beta \times (r_m - r_f) \tag{3.1}$$

r_p 为单个股票或者股票组合的预期回报率,r_f 是无风险回报率,比较典型的无风险回报率是国债收益率。r_m 是股票市场期望回报率,$r_m - r_f$ 则是股票市场溢价。

如果股票投资者需要承受额外的风险,那么他将在无风险回报率的基础上获得相应的溢价。股票市场溢价(market premium)等于市场期望回报率减去无风险回报率。对于给定的股票或者股票组合,它们的风险溢价就是股票市场溢价和 β 系数的乘积。

资本资产定价模型的目的是在协助投资人决定资本资产的价格,即在市场均衡时,证券期望报酬率与证券的市场风险(系统性风险)间的线性关系。市场风险系数是用 β 值来衡量,资本资产指股票、债券等有价证券。CAPM 所考虑的是不可分散的风险(市场风险)对证券要求报酬率的影响,其已假定投资人可作完全多元化的投资来分散可分散的风险(公司特有风险),故此时只有无法分散的风险才是投资人所关心的风险,因此,也只有这些风险才可以获得风险贴水。

β 系数是一种风险指数,用来衡量个股或股票基金相对于整个股市的价格波动情况,可用以下等式来描述:

$$\beta_a = \frac{\mathrm{cov}(r_a, r_m)}{\sigma_m^2} \tag{3.2}$$

其中 r_a 是个股或者股票基金的回报，r_m 是市场回报，$\mathrm{cov}(r_a,r_m)$ 是证券券 a 的收益与市场收益的协方差，σ_m 为市场的标准差。$\beta=1$，表示该单项资产的风险收益率与市场组合平均风险收益率呈同比例变化，其风险情况与市场投资组合的风险情况一致；$\beta>1$，说明该单项资产的风险收益率高于市场组合平均风险收益率，该单项资产的风险大于整个市场投资组合的风险；$\beta<1$，说明该单项资产的风险收益率小于市场组合平均风险收益率，该单项资产的风险程度小于整个市场投资组合的风险。

马科维茨和夏普等经济学家荣获了 1990 年的诺贝尔经济学奖，是因为"他们对现代金融经济学理论的开拓性研究，为投资者、股东及金融专家们提供了衡量不同的金融资产投资的风险和收益的工具，以估计预测股票、债券等证券的价格"。

近年来，作为资本市场均衡理论模型关注的焦点，CAPM 的形式已经远远超越了夏普提出的传统形式，有了很大的发展，如套利定价模型、跨时资本资产定价模型、消费资本资产定价模型等，目前已经形成了一个较为系统的资本市场均衡理论体系。

第二节　多因子定价模型

我们听到法玛教授的名字可能已经比较熟悉了，因为在关于市场有效性的内容中，我们已经多次讨论了关于法玛教授的研究。其实法玛教授的研究兴趣是十分广泛的，更具体的，包括了投资学理论，资本市场中价格是如何形成的，以及公司财务等方面，他在金融学的很多重要领域都做出了很大的贡献。法玛教授的论文或研究是比较严谨的，是以理论性和实证方法的运用相结合为显著特征的。在法玛教授的研究中，他通常把实践方法建立在一个比较严格的统计和经济分析基础之上，用实际的数据来证明或求解一些比较严谨而抽象的问题。正如我们之前学过的法玛教授一个非常重要的贡献，就是提出了著名的有效市场假说。那么他另一项重要贡献，就是基于 CAPM 模型，也就基于 CAPM 单因子模型，通过进一步改进提出了以法玛-弗伦奇（Fama-French）三因子为代表的多因子资产模型。弗伦奇教授是法玛教授的长期合作者，很多关于多因子模型的经典文章，都是法玛和弗伦奇这两位学者从 20 世纪 90 年代开始完成的。

在法玛和弗伦奇于 1992 年发表的一篇论文中，他们基于美国市场，包括纽交所和纳斯达克市场的股票，使用从 1963 年到 1990 年的样本区间数据，基于股票的市值和股票估值的高低，进行了一个二维的组合排序，得到 10×10 共 100 个组合，并计算出投资组合平均月度收益率。在表格中，对于市值最小的 10% 股票，每月月均收益率是 1.47%，而对于市值最大的 10% 股票，每月平均收益率是 0.89%。从小市值到大市值股票,月均收益率是从每月 1.47％递减到 0.89％,小市值平均而言每个月会跑赢大市值大约 0.6％左右,年化就是 7.7％的收益率,这意味着小市值每年能跑赢大市值7％左右。当按市净率的高低排序时,市净率最高,也就是估值最昂贵的 10％的股票,它们的月均收益率是 0.64％,市净率最低,估值最便宜的股票,它们的月均收益率是 1.63％。所以对于估值最便宜和最昂贵的股票而言,它们之间的平均收益率差距约为每个月 1％左右,年化约 12％。基于这样的一个实践中得到的规律,法玛和弗伦奇这两位学者在他们 1993 年的文章中进一步指出,可以考虑一个三因子模型来解释股票回报率。三因子模型认为,对于一个股票或股票投资组合而言,它的超额回报率也就是总体回报率减去无风险回报率,可以由三个因子的加载来解释。这三个因子就是市场平均回报率、市值因子 SMB 和账面市值比因子 HML。具体的公式如下:

$$R_{it} - R_{ft} = \beta_i (R_{mt} - R_{ft}) + s\,\mathrm{SMB}_t + h\,\mathrm{HML}_t \qquad (3.3)$$

实际上,如果把后面两项遮盖住,以上公式就是经典的单因子 CAPM 模型。R_f 表示无风险收益率,R_m 表示整个的市场平均收益率,而 $R_m - R_f$ 表示建立在股票市场整体风险基础之上的超额收益率。β 代表单个股票或相应股票投资组合市场风险,如果 β 大于 1,可以认为股票或者投资组合是高风险的,β 小于 1 则是低风险的。

有两项新的变量出现在三因子模型中,第一个是 SMB(small minus big),它实际上是一个市值因子,模拟的是让你做多小市值股票做空大市值股票,得到的是小市值股票的平均回报率和大市值股票的平均回报率之差。一般情况下,我们认为小市值公司的风险更高一些,如果投资者是风险规避的理性投资者,他们会对风险更高的小公司要求更高收益率,平均而言,小市值公司平均收益率会比大公司稍微高一些,那么乘以相应的系数 s 就是等式左边在市值因子这一项所获得的加载收益。这里需要强调两点,第一点就是 SMB 代表的是平均而言小市值股票组合会跑赢大市值股票组合,但具体到每一个月、每个季度和每个年度,很有可能在特定的月份、季度和年度,小市值股票跑输大市值股票,即 SMB 为负,只是我们拉长到十年二十年或者更长时间周期,那么小市值组合的平均收益率比大市值组合要高。这是第一点,从一个长期视角统计平均概念来考虑。第二点,对于 CAPM 模型而言,如果 β 大于 1 则意味着高风险,β 小于 1 是意味着低风险,那么对于 SMB 而言,决定你是否有像小市值一样有额外的风险,SMB 不是用 1 作为临界点,而是 0。系数 s 如果大于 0,代表这个股票或者股票投资组合越倾向于小市值公司,需要额外的收益。这是第一项基于 SMB 市值因子的内容。

第二项 HML(high minus low),这里的 high 指的是高账面市值比,高账面市值比就是高净市率,净市率是市净率的倒数,所以高账面市值比指的是低市净率,也是估值比较便宜的公司。low 指的是低账面市值比,也就是低净市率,倒过来就是高市净率,指估值比较昂贵的股票。所以 HML 指的是估值比较便宜的公司和估值比较昂贵公司平均回报之差。当然,和上面的 SMB 一样,首先估值比较便宜的公司平均而言比估值比较昂贵的公司有更高的回报,这是一个长期视角下的统计平均规律。以二十多年的数据为基础可以得到这个规律,但具体到一个特定的月份、季度和年度,HML可能为正也可能为负。系数 h 跟 s 一样,是以 0 这个值作为临界点的。如果对于特定股票和股票投资组合的系数 h 大于 0,说明组合的估值偏低,在 HML 因子上获得正向加载,因此平均期望收益会更高;如果系数 h 小于 0,说明偏向高估值的股票组合,那么在 HML 因子上会获得一个负向加载,平均期望收益率会更低一些。

以上的内容展示了基于单因子 CAPM 模型,通过添加 SMB 市值因子和 HML 估值因子,来构成一个三因子模型。实际上,从 CAPM 模型被提出来之后,从 20 世纪60 年代到 80 年代后期,CAPM 是金融理论研究的一个主导模型。马科维茨和夏普教授也因为 CAPM 模型获得了 1990 年的诺贝尔经济学奖。法玛和弗伦奇两位学者基于 1992 年和 1993 年的论文提出了三因子模型,所以从 90 年代初期到最近,法玛－弗伦奇三因子模型在投资学界是多因子定价的主流模型。法玛教授本人在 2003 年获得诺贝尔经济学奖,他的三因子模型也被诺贝尔经济学奖评选委员会评价为金融学在过去二十年中最重大成就之一。实际上,三因子模型不仅对理论研究有很重要的意义,对实际投资也有很深远的影响。在三因子模型问世之后,很多基金就按照三因子模型,尤其是后面两项新的因子,市值因子和估值因子或价值因子,把相应的全市场的股票按市值大小分为小盘股、中盘股和大盘股,按账面市值比的高低分成价值型股票、平衡型股票和成长性股票,并依次推出不同类型的基于小盘股和大盘股或者价值股和成长股,这样分门别类的指数型基金和主动管理型基金。

在法玛教授和他的合作者弗伦奇教授在 1993 年提出三因子模型之后,于 2015 年在三因子模型的基础上,继续增加两个因子,提出了五因子模型。金融学界最近十年的研究表明,有两个新的因子也需要被重视,第一个是盈利能力因子,就是 RMW(robust minus weak),第二是投资因子 CMA(conservative minus aggressive)。在最近十年到二十年间,通过诸多金融学者的大量研究,除了之前的市场、市值和估值这三个因子之外,还有盈利水平和上市公司资产负债表增长快慢这两个因素,也能带来相应个股的超额收益。因此,法玛和弗伦奇在这些研究基础上,在 2015 年提出他们最新的五因子模型,五因子模型的表达公式如下:

$$R_{it}-R_{ft}=\beta_i(R_{mt}-R_{ft})+s\,\mathrm{SMB}_t+h\,\mathrm{HML}_t+r\,\mathrm{RMW}_t+c\,\mathrm{CMA}_t \qquad (3.4)$$

在这个五因子模型中,实际上对于股票或股票投资组合,它的超额收益率 $R_i-R_f=\beta_i(R_m-R_f)$ 就是 CAPM 模型;第二项 $s\,\mathrm{SMB}$ 是市值因子,第三项 $h\,\mathrm{HML}$ 是估值或价值因子,第四项 $r\,\mathrm{RMW}$ 是新的盈利因子,第五项 $c\,\mathrm{CMA}$ 是基于公司资产负债表膨胀的新因子(投资因子)。对于 RMW 因子,如果是盈利能力比较强,我们称之为盈利能力稳健(robust),就是这个公司的 ROA 或者 ROE 比较高,W 表示盈利能力比较弱(weak),即这个公司的 ROA 或者 ROE 比较低。金融学者的研究发现,从长期来看,盈利能力强的公司平均收益比盈利能力弱的公司高,所以这里 RMW 代表盈利能力之间的区别。至于第五项 CMA 因子,最近的一些研究表明,如果公司的资产负债表扩张过快,那么公司股票的未来表现会较差,而如果这个公司资产负债表比较稳健,不过度扩张,那么公司股票未来表现会较好。所以基于这项研究,资产负债表比较稳健,不过度扩张的公司股票收益率,减去资产负债表扩张过快的公司股票收益率,就是第五项因子 CMA。

　　以上内容介绍了法玛－弗伦奇五因子模型中的各个因子,分别是市场因子、市值因子、价值因子、盈利因子以及资产负债表膨胀因子。其中,市场因子描绘的是整个市场组合超额回报的高低,市值因子描绘的是小市值股票跑赢大市值股票的程度,价值因子描绘的是低估值股票跑赢高估值股票回报的程度,盈利因子描绘的是高盈利股票跑赢低盈利股票的程度,资产负债表膨胀因子描绘的是资产负债表扩张慢的股票跑赢资产负债表扩张快的股票的程度。接下来,我们进一步介绍在具体的投资实践中,应当如何利用相关数据例如中国股票市场的数据,来构造这些因子。

　　首先,市场因子是整个市场组合的加权平均回报与短期无风险利率之差。这里可以使用整个市场样本的回报数据,并通过市值加权或者流通市值加权的方式计算市场加权平均回报。无风险利率可以选择 3 个月国债利率或者 6 个月国债利率。当然,无风险利率的选取和所选取的股票样本的回报数据有关,如果选取的是日回报数据,则无风险利率要进一步调整为日度无风险利率,如果选取的是月回报数据,则无风险利率需要调整为月度无风险利率。假设我们计算的是月度市场因子,那么市场因子即为市场组合月加权平均回报与月度无风险利率之差。

　　其次是价值因子的构造。在每年的 6 月底,根据样本公司的总市值将样本公司按照市值的中位数分为小市值组(S)与大市值组(B);根据样本公司的估值程度,按照30%、40% 与 30% 的比例将样本公司分为高估值组(L)、中等估值组(M)和低估值组(H)。在按照上述方法完成分组后,以当年 7 月至次年 6 月的数据计算各个因子。根据上面的分组方式,2 个市值组与 3 个账面市值比组将样本分为 6 个组合,即小市值高估值组合(SL)、小市值中等估值组合(SM)、小市值低估值组合(SH)、大市值高估值组合(BL)、大市值中等估值组合(BM)、大市值低估值组合(BH),然后以市值加权的方式分别计算这 6 个组合的加权平均回报。市值因子(SMB)即为三个小市值组合的平均回报与三个大市值组合的平均回报之差,价值因子(HML)为两个低估值组合的平均回报与两个高估值组合的平均回报之差:

$$SMB_{HML}=\frac{1}{3}(SL+SM+SH)-\frac{1}{3}(BK+BM+BH) \tag{3.5}$$

$$HML=\frac{1}{2}(SH+BH)-\frac{1}{2}(SL+BL) \tag{3.6}$$

第三是盈利因子的构造。在每年的 6 月底,根据样本公司的总市值将样本公司按照市值的中位数分为小市值组(S)与大市值组(B);根据样本公司的盈利能力,按照 30%、40% 与 30% 的比例将样本公司分为高盈利组(R)、中等盈利组(M)和低盈利组(W)。同样的,在当年的 7 月至次年 6 月,2 个市值组与 3 个盈利组将样本分为 6 个组合,分别为小市值高盈利组合(SR)、小市值中等盈利组合(SM)、小市值低盈利组合(SW)、大市值高盈利组合(BR)、大市值中等盈利组合(BM)、大市值低盈利组合(BW)。然后,以市值加权的方式分别计算这 6 个组合的平均回报。则市值因子(SMB)即为三个小市值组合的平均回报与三个大市值组合的平均回报之差,盈利因子(RMW)为两个高盈利组合的平均回报与两个低盈利组合的平均回报之差:

$$SMB_{RMW}=\frac{1}{3}(SR+SM+SW)-\frac{1}{3}(BR+BM+BW) \tag{3.7}$$

$$RMW=\frac{1}{2}(SR+BR)-\frac{1}{2}(SW+BW) \tag{3.8}$$

第四是资产负债表膨胀因子或者投资因子的构造。与上面两种因子构造方法相同,在每年的 6 月底,根据样本公司的总市值将样本公司按照市值的中位数分为小市值组(S)与大市值组(B);根据样本公司的资产负债表膨胀程度,按照 30%、40% 与 30% 的比例分为资产负债表膨胀保守组合(C)、资产负债表膨胀中等组合(M)和资产负债表膨胀激进组合(A)。在当年的 7 月至次年 6 月,2 个市值组与 3 个资产负债表膨胀程度组将样本分为 6 个组合,分别为小市值资产负债表膨胀保守组合(SC)、小市值资产负债表膨胀中等组合(SM)、小市值资产负债表膨胀激进组合(SA)、大市值资产负债表膨胀保守组合(BC)、大市值资产负债表膨胀中等组合(BM)、大市值资产负债表膨胀激进组合(BA)。分组完成后,分别以市值加权的方式计算这 6 个组合的加权平均回报。则市值因子(SMB)即为三个小市值组合的平均回报与三个大市值组合的平均回报之差,资产负债表膨胀因子(CMA)为两个资产负债表膨胀保守组合的平均回报与资产负债表膨胀激进组合的平均回报之差:

$$SMB_{CMA}=\frac{1}{3}(SC+SM+SA)-\frac{1}{3}(BC+BM+BA) \tag{3.9}$$

$$CMA=\frac{1}{2}(SC+BC)-\frac{1}{2}(SA+BA) \tag{3.10}$$

综合等式(3.5)、等式(3.7)和等式(3.9),则市值因子 SMB 为:

$$\text{SMB} = \frac{1}{3}(\text{SMB}_{\text{HML}} + \text{SMB}_{\text{RMW}} + \text{SMB}_{\text{CMA}}) \tag{3.11}$$

在法玛和弗伦奇提出五因子模型的同时,三位华人学者侯恪惟(Kewei Hou)、薛辰(Chen Xue)和张橹(Lu Zhang)提出了包含市场因子、市值因子、投资因子和盈利因子的 q 因子模型,发现在加入投资因子和盈利因子后,q 因子模型较法玛−弗伦奇三因子模型能更好地解释股票收益率。q 因子模型中的市场因子为市场超额收益,与法玛−弗伦奇三因子模型中的市场因子一致。在市值因子、投资因子和盈利因子的构造上,q 因子模型使用了独有的方式。首先根据纽交所股票样本市值中位数将样本分为大市值组(B)和小市值组(S)。其次,用当期总资产变化量与滞后一年的总资产的比值衡量投资因子,按照 30%、40% 和 30% 的比例分为投资规模大、投资规模中等以及投资规模小三个组。最后,根据非经常项目前收入与滞后一季度的公司权益之比衡量公司的盈利能力,根据盈利能力的高低,将样本按照 30%、40% 和 30% 的比例分成盈利能力高、盈利能力中等和盈利能力低三个组。三个分组过程独立进行,这样把样本分为 2×3×3 共 18 个组合。市值因子即为 9 个小市值组合平均回报与 9 个大市值组合平均回报之差;投资因子即为 6 个投资规模小组合的平均回报与 6 个投资规模大组合的平均回报之差;盈利因子为 6 个盈利能力高组合的平均回报与 6 个盈利能力低组合的平均回报之差。

除了上述提到的各种因子之外,随着对股票定价领域研究的不断深入,越来越多的定价因子被研究和提出。比如,一些研究者发现,过去特定时间表现好的股票在未来有更好的表现,基于这种在学术界被称为动量效应的股票收益特征来构造动量因子,并试图以此解释和预测股票回报。再比如,相关学者在股票流动性是股票决定定价有效因素的基础上构建了流动性因子。随着我们对于因子的认识不断扩展,各种各样的因子被发现和应用,尤其在金融市场上,较为流行的因子投资策略研究包括风格因子、策略因子等。最近出现了一种介于被动型指数基金和主动投资间的聪明贝塔(smart beta)策略,实际上就是因子策略的一个升级版。

本章所提到的多因子模型并不局限于是有三个因子还是五个因子。更重要的是,多因子模型开启了人们对于股票市场或更整体而言金融市场上因子投资策略的研究。因此,通过单因子 CAPM 模型、经典三因子模型到最新的五因子模型,我们对于因子构建模型发展的整个历程有了一个比较好的了解。

第三节　多因子定价模型在中国股票市场的实践应用

我们已经学习了以市值因子、价值因子、利润因子为代表的多因子定价模型,那么对于这些经典的因子投资策略能不能适用于中国股票市场,这点需要进一步分析和研究。

在中国股票市场上,有一个很有特色的现象就是小公司卖壳,或者借壳上市这个机制的存在。公司想要在股票市场上市,除了首次公开发行股票并上市(IPO)之外,还有一种办法,就是借壳上市。

在注册制改革以前,在中国 A 股市场上市是一个以审批制为主,耗时相当漫长的事情。所以,在通过正规的 IPO 制度上市成本过高的情况下,不少公司会选择借壳上市这个途径。借壳上市是指想要上市的公司通过股权置换、股权转让、股权交易等方式,将其主要资产注入另一家已经上市的公司中,也就是所谓的"壳"公司中,从而来实现公司的上市。

那么,什么样的公司会有可能成为市场上的壳公司呢? 通常情况下,壳公司有以下几个特点:它们已经拥有了股票市场上市交易的资格,通常业务规模小、业绩一般或不佳,甚至是主营业务出现亏损,面临退市风险。壳公司通常总股本和流通股份规模小、股价较低,利于实行股权转让置换等操作。那么对于一个壳公司而言,它的价值由公司现有业务价值与壳资源价值两部分构成。在公司现有业务价值很低的情况下,其壳资源价值往往是公司市场价值中的主要组成部分。

所以,当在中国股票市场考虑市值因子、价值因子等经典的因子投资策略能否适用时,一个很重要的步骤就是需要去除这些壳价值对于公司股价和回报率的影响。

2019 年,在《金融经济学期刊》(JFE)发表的论文《中国上市公司规模与价值》(Size and Value in China)中,刘佳楠(Jianan Liu)、罗伯特·F. 斯坦博(Robert F. Stambaugh)和袁宇(Yu Yuan)三位学者对于经典的市值因子和价值因子投资策略在中国股票市场是否成立进行了比较深入的研究。在控制了壳价值的影响之后,这三位学者发现,在 2000 到 2016 年的样本区间内,中国股市总体市场回报约为每个月0.66%,或者年化 7.5%左右。平均而言,小市值股票平均每月跑赢大市值股票 1%,或者年化 13%左右。低估值股票平均每月跑赢高估值股票 1.14%,或者年化 14%左右。这说明之前学者发现的市值因子和价值因子投资策略在中国股票市场是成立的。

在本书作者与其合作者们做的一项研究中,发现在中国股票市场,毛利润和净利润之间的主要费用项目——销售费用和管理费用,与股票未来回报存在显著的正相关关系,因此基于毛利润分别构造估值变量和盈利变量,较传统的估值变量和盈利变量能更准确地衡量公司的估值程度和盈利能力,能更有效地预测股票未来回报率。在研究中,根据中国 A 股上市公司 1996 到 2019 年的样本数据可以得到,平均而言,销售费用占毛利润的 37%,管理费用占毛利润的 27%,是毛利润中比较重要的项目。并且销售费用比率(销售费用占股东权益比率)、管理费用比率(管理费用占股东权益比率)

在 A 股市场上与公司未来的股票收益呈正相关关系,公司当期销售费用比率越高,股票在未来的收益越高,当期管理费用比率越高,股票在未来的收益也越高。公司销售费用和管理费用的投入,虽然在当期表现为费用,但有利于促进公司未来的业绩增长。因此,销售费用比率和管理费用比率是预测股票未来回报的有效信息。相比较营业利润和净利润,毛利润中包含了更多能够有效预测股票未来回报率的信息,基于毛利润所构造估值变量和盈利变量对股票未来回报具有更强的预测能力。

再者,相关研究认为,国内的一些上市公司存在利润操纵行为。利润操纵在西方会计学中也被称为盈余管理,是指企业管理层出于某种动机,通过合法或非法的手段来操纵公开披露的利润信息,以达到所期望的目的。国内对于利润操纵行为的研究普遍认为管理者的利润操纵行为主要出于以下三种目的:(1)避免亏损,上市公司可能会通过推迟确认费用或者提前确认收入等行为,以避免本年度会计报告亏损;(2)获得配股资格,为了获得配股资格,上市公司也可能会操纵本年的费用,使得本年的利润水平符合配股的要求;(3)"洗大澡"行为,如果上市公司亏损较大,上市公司可以通过提前确认费用以使得下一会计年度实现盈利。如果存在利润操纵行为,那么以公司披露的利润信息来构造衡量公司盈利能力的盈利变量显然不能准确地衡量公司真实的盈利能力,以披露的利润信息构造衡量股票估值的价值变量也不能准确地衡量股票的估值程度。毛利润直接来源于销售收入和成本,相比营业利润和净利润,其受到人工调节的步骤更少,是更为纯净的利润指标。在我们的研究中,在控制相关利润操纵行为后,营业利润和净利润所构造的价值变量在衡量公司估值程度上的准确性有一定程度提高,所构造的盈利变量在衡量公司盈利能力上的准确性也有一定程度的提升。然而,这两种利润变量构造的价值变量和盈利变量在预测股票未来收益上仍然不如毛利润。

毛利润、营业利润和净利润包含了不同的费用项目,根据《企业会计准则讲解(2010)》(人民出版社 2010 年版),可以将毛利润按以下等式进行分解:

毛利润＝净利润＋所得税费用＋营业外支出－营业外收入－投资收益－公允价值变动损益＋资产减值损失＋财务费用＋管理费用＋销售费用＋营业税金及附加

在研究中,笔者通过一种长期持有的投资策略,来分析基于毛利润构造的盈利变量在获得股票收益上与其他常用的盈利变量之间的差异。结合其他中国 A 股市场上的研究,我们根据毛利润、营业利润、净利润与公司股东权益之比分别构造盈利变量(ROE),根据这三种盈利变量构建多空组合,买入高盈利公司股票组合,卖出对应单位的低盈利公司股票组合,并长期持有组合。根据多空组合在未来一段时间获得的累积收益,来评价这三种盈利变量在具体的投资实践中获得收益的差异。考虑到在中国 A 股市场上公司市值对股票未来回报的影响,在构造多空组合时控制了市值效应。

研究选择的样本区间从 1996 年 7 月到 2019 年 12 月。在每年的 6 月底,根据所有样本的市值大小将样本平均分为 5 个市值组,然后在每个市值组中根据 ROE 的高低将样本平均分为 5 个盈利组,将平均 ROE 最高的组合称为高盈利组,平均 ROE 最低的组合称为低盈利组。在组合构建完成后,根据组合内样本公司的月回报,以市值加权的方式计算各个组合的月回报,假设 5 个高盈利组合的平均月回报为 P,5 个低盈利组合的平均月回报为 U,在组合构建完成后,在每个市值组中,各买入 1/5 单位的高盈利组合,卖出 1/5 单位的低盈利组合,考虑到本策略是长期持有策略,因此在不考虑成本的情况下,每个月的收益为 P−U,根据持有时间以及每月的 P−U 计算得到累积收益。图 3−1 为每年根据三种盈利变量并基于以上方法分别构建相应的投资策略,并持有 36 个月所得到的平均累积收益。

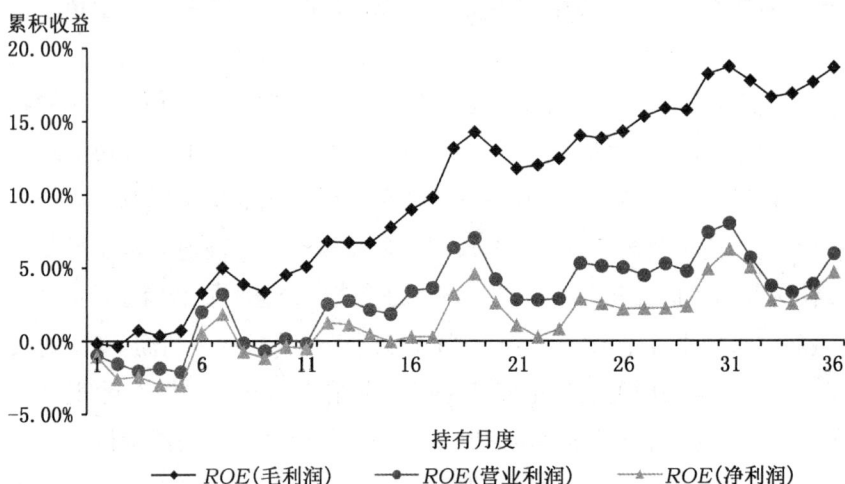

图 3−1　基于三种盈利指标构建投资策略获得的累积收益

　　基于毛利润的盈利因子投资策略持有 36 个月的平均累积回报约为 19%。这显著高于基于营业利润或者净利润的盈利因子投资策略 36 个月的平均累积回报。

　　然后,笔者以上年末股价与上个会计年度报告的每股毛利润、每股营业利润或者每股净利润之比,分别构造基于毛利润的市盈率、基于营业利润的市盈率以及基于净利润的市盈率,并分别作为衡量股票估值程度的指标。然后,同样在每年 6 月底,根据样本的市值将样本平均分为 5 个市值组。在每个市值组中,基于样本估值程度的高低将样本平均分为 5 个估值组,将平均市盈率最低的组合称为低估值组合,平均市盈率最高的组合称为高估值组合。在组合构建完成后,以市值加权的方式计算各个组合的平均月回报,假设 5 个低估值组合的平均月回报为 V,5 个高估值组合的平均月回报为 G。组合构建完成后,在每个市值组中,分别买入 1/5 单位的低估值组合,分别卖出 1/5 单位的高估值组合,不考虑成本的条件下,则每个月的收益为 V−G,根据持有时间以及套利组合每月收益可以计算累积收益。考虑到账面市值比(B/M)在国内外研究中常被用来衡量股票的估值程度,笔者同时加入 B/M 作为对比,使用 B/M 构建套利组合并计算累积收益时,方法同上。图 3—2 为每年分别基于 4 种估值指标构建组合,并持有 36 个月得到的平均累积收益。

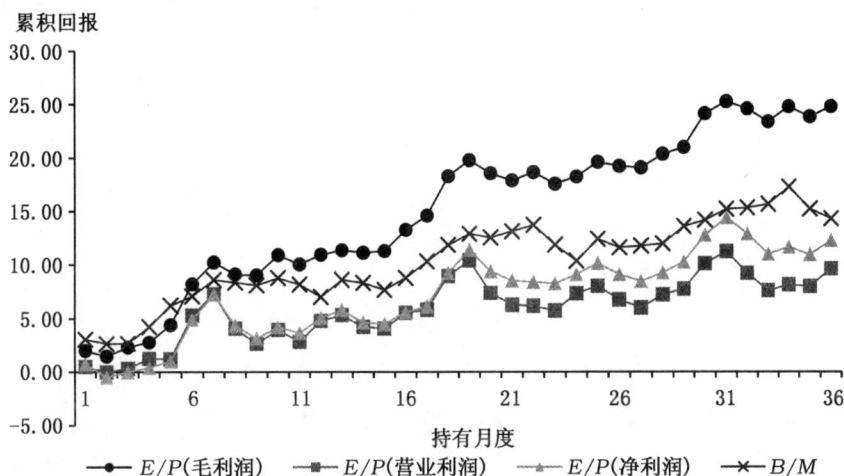

图 3—2　基于各估值指标构建投资策略获得的累积收益

基于毛利润市盈率的投资策略持有 36 个月的平均累积回报约为 25%,要高于基于法玛—弗伦奇三因子模型中的账面市值比获得的约 15% 的平均累积回报,更是显著高于基于营业利润市盈率或者净利润市盈率的投资策略获得的约为 10% 左右的平均累积回报。

笔者的研究从估值和盈利的角度分析了毛利润、营业利润以及净利润这三个在投资者实践中被比较广泛使用的利润指标,哪一个能够更有效地衡量中国 A 股上市公司的估值程度和盈利能力,能更好地预测相应公司股票的未来市场回报。更进一步的实证研究表明,毛利润在 A 股市场对股票未来回报的预测能力更强。具体的,通过以毛利润构造的盈利变量和价值变量,投资者能够在 A 股市场上获得更显著的盈利溢价和价值溢价。

笔者的研究结果有助于投资者在进行投资决策时做出更优的决策,同时对完善 A 股市场上市公司定价机制起到一定的作用。在国外市场尤其是美国股票市场显示出的盈利效应和价值效应在 A 股市场也是存在的,但中国股票市场固有的特点,如壳价值、利润操纵等,使得在如何衡量公司的盈利和估值上,与美国股票市场的相关做法是不完全相同的。因此在美国股票市场上成立的结论,并不能直接地不加改变地应用于中国股票市场,而是应当根据中国股票市场的特点做出相应的调整,然后再应用于中国股票市场。

所以,想要在中国市场取得投资成果的话,我们既不能忽视国际学术界通过多年研究所得出的经典投资学理论和模型,也不能不假思索地照搬在西方市场数据基础之上得出的经验方法。正确的思路应该是,把这些经典的投资学理论和模型,根据中国市场的实际特点,加以调整,才能使之更好地适用于中国的金融市场投资实践活动。

第四章　中国债券市场简介

债券是政府、金融机构、工商企业等向社会筹集资金时,按照法定程序发行,并向债权人承诺按规定利率支付并按约定条件偿还本金的债权债务凭证。本章首先介绍在债券市场中的短期交易品种货币市场工具和各种中长期债券,然后介绍面向我国个人投资者的新型债券市场投资工具,最后介绍决定债券利率的因素和我国利率市场化改革。

第一节　货币市场工具

货币市场工具是指短期的(1年之内)具有高流动性的低风险证券。货币市场工具包括以下三个特点:(1)证券期限较短,一般是1年之内的证券;(2)存在高度流动性;(3)投资风险比较低。货币市场主要包括同业拆借市场、短期债券与债券回购市场、票据市场、存单市场等。如果说资本市场的首要功能在于将储蓄转化为投资,为企业筹集中长期资金,那么货币市场的首要功能是为金融机构和企业提供流动性管理。货币市场工具主要分为以下四类:

一、同业拆借

同业拆借是金融机构之间为调剂头寸、满足流动性需要而进行的短期资金信用借贷。它起源于中央银行对商业银行的法定准备金要求。商业银行必须按照法定准备金要求,向中央银行缴纳法定存款准备金。存款准备金制度的初始意义在于保证商业银行的支付和清算,以减少商业银行的经营风险,之后逐渐演变成中央银行调控货币供应量的政策工具。按照这一制度,商业银行吸收存款,必须按照一定的比例上缴中央银行,称之为法定存款准备金。这部分法定存款准备金占存款总额的比例称为法定存款准备金率。如果法定准备金率是9%,那么,拥有2亿元存款的商业银行就必须在准备金账户中有1 800万元的准备金。

由于商业银行日常收付业务数额有较大不确定性,假如商业银行当天流出的资金大于当天流入的资金,它就出现了存款准备金头寸缺口;相反,商业银行当天吸收的存款大于流出的资金,它就出现了多余的准备金。所以有的商业银行会出现多余的准备金,而另一些商业银行存款准备金可能会出现缺口。有多余准备金的商业银行和准备金不足的商业银行之间,可以相互调剂。流动性不足和存在存款准备金头寸缺口的商业银行可以从流动性过剩和存在多余准备金的商业银行处拆入资金,弥补头寸缺口和流动性不足;有多余流动头寸的银行则通过拆出资金,减少闲置的头寸,还可以获得相应的利息收入。

在高流动性的同业市场的支持下,商业银行可以缩减流动性头寸,将资金用于信贷业务发放贷款。同时,商业银行也可以通过提高资金的使用效率,将短期贷款有效地转变为长期贷款。特别是那些市场份额有限,承受经营风险能力脆弱的中小银行,更是把同业拆借市场作为短期资金经常性运用的场所,力图通过这种做法提高资产质量,降低经营风险,增加利息收入。同业拆借已成为银行实施资产负债管理的有效工具。

同业拆借一般具有以下几个特征:(1)同业拆借市场的资金交易时间都很短,甚至当日营业结束借入资金,第二日营业开始时就归还了,这种拆借叫隔夜拆借。自2007年以来,隔夜拆借业务占同业业务交易量的80%以上,而超过一个月的拆借交易量只占很小的一部分。(2)同业拆借的主要功能是为银行提供流动性管理和调节临时性的头寸。(3)同业拆借一般是无担保的信用贷款,头寸不足的商业银行向有多余头寸的银行拆入资金一般不提供抵押品。这对于进入同业拆借市场的金融机构的资质存在一定要求。

同业拆借市场的交易可分为头寸拆借和同业借贷。头寸拆借是指金融机构之间为了轧平头寸、补足存款准备金和票据清算资金而进行短期资金融通的活动。如果是为了补充存款准备金,一般当天拆入,第二天归还,称为隔夜拆借。相比补充存款准备金,银行普遍为了调整清算头寸而进行头寸拆借。银行在每个营业日结束时需要对当日的资金流动进行清算。如果银行当天流入的资金大于当天流出的资金,则出现多余的头寸;如果银行当天流出的资金多于流入的资金,则出现头寸不足的情况。对于头寸不足的银行,可以通过同业拆借市场从有多余头寸的银行借入资金,及时地补足头寸,保证清算顺利进行。由于同业拆借市场流动性高,头寸拆借的使用快捷且便利,成为商业银行管理头寸的主要方式。同业借贷是金融机构之间通过短期借贷以应对临时性和季节性的资金短缺的情况。同业借贷可使拆入银行及时获得足额的短期资金,拓展负债业务。对拆出的银行,同业借贷提高了资金的使用效率,盘活了短期闲置资金,增加经营绩效。

同业拆借市场的资金价格即是同业拆借利率,是货币市场的核心利率,也是很多衍生品定价的基准利率,更是整个金融市场上具有代表性的利率,它能够及时准确地反映货币市场乃至整个金融市场短期资金供求关系。例如,如果同业拆借市场利率持续上升,表明市场资金供给紧张。反之,如果同业拆借利率持续下跌,表明银行的流动性充足,可能存在过多的闲置资金。在我国,同业拆借利率是上海银行间同业拆放利率(SHIBOR),在国际市场上比较有影响的同业拆借利率包括:伦敦银行间同业拆借利率(LIBOR)、美国联邦基金利率、新加坡银行同业拆借利率(SIBOR)和香港银行同业拆借利率(HIBOR)。同业拆借利率构成了流动性不足的银行的资金成本,而由于不同商业银行的信用状况存在差异,银行在同业拆借市场融入短期资金所支付的利率是有所差别的。信用状况较差的银行需要支付较高的利率,而信用状况较好的金融机构所要支付的利率则相对低一些。此外,拆借的期限也会影响利率的大小。拆借期限越长,利率就越高;相反,拆借期限越短,利率也会更低。

二、短期债券

短期债券是指期限在一年以内的债券。短期债券是货币市场最重要的金融工具,无论是财政部还是一般的工商企业,都可能会发行短期债券来满足流动资金的需求。按照发行人属性,短期债券主要有以下几种:国库券、短期融资、中央银行票据。

国库券是政府为弥补国库收支不平衡,满足短期融资需要而发行的一种政府债券。国库券由中央政府发行,获得政府信用背书,还本付息的可靠性高,信用风险极低,流动性强。诸如美国等发达国家的政府经常发行期限为7天的短期国库券,这类国库券满足了基准债券期限特别短和没有信用风险的两个要求,因此可以充当基准债券,所以该类国库券的利率可以被视为无风险利率,成为其他债券利率的基础。货币政策通常首先影响短期国库券利率,然后传导到中长期国债的利率,使得政策传导到其他债券的利率,最终对投资和消费起到宏观调控的作用。对于商业银行,国库券可以作为流动资产进行储备。当商业银行出现流动性不足情况,可以将国库券在二级市场上出售,满足其流动性需求,同时国库券本身作为债券提供利息收入,存在一定的投资价值。对于中央银行而言,国库券市场发展有助于中央银行有效实施货币政策,主要原因为:(1)在西方国家主要通过国债进行公开市场操作,国库券是实施货币政策的金融工具之一,如果国库券市场缺乏流动性,中央银行通过货币政策调节货币供应量和社会融资规模的效果将大打折扣。(2)国库券市场上形成的利率期限结构,通过影响市场参与者的预期有效传达货币政策的意图。(3)国库券存在极低风险和高流动性的特征,可以作为其他金融资产以及金融衍生品资产定价的基准,同时还可以作为对冲金融风险的主要工具。因此,中央银行可以在国债市场上进行公开市场操作传达政策意图,从而影响金融市场运行进行宏观调控,最终影响市场参与者的决策。

短期融资券是指企业在银行间债券市场发行和交易的有价证券,发行期限一般在一年以内。短期融资券是企业主动进入货币市场融资的负债工具。短期融资券存在以下特征:(1)信息透明度高。短期融资券作为债券发行需要经过严格的信息披露和信用评级,投资者可以获得充分的投资信息,并对债券发行人进行约束,有利于降低对发行人约束不足导致恶意违约的情况,并且减少企业风险向银行风险转化的概率。(2)分散社会金融风险。短期融资券的投资者众多,属于共同承担风险的模式,在二级市场流通的过程中,二级市场价格的变化反映了债券发行人的信用状况,通过交易将风险转移给风险承担能力相匹配的投资者,降低了单一投资者的风险,缓解了风险积聚并向系统性风险转化的问题,有利于金融系统的稳定。对于商业银行,短期融资券的发展推动银行调整并优化信贷结构,减少大客户贷款占比过高的风险。因为企业可以通过发行短期融资券在货币市场上融资,融资成本相比银行贷款更低,因此减少了企业对银行的依赖。

中央银行票据是中央银行为调节商业银行超额准备金而向商业银行发行的短期债务凭证,中央银行票据不属于票据而属于债券,中央银行票据的期限较短,大多为三个月和一年期。中央银行票据与国库券的功能类似,它是中国人民银行公开市场操作的一种方式,可以为市场提供基准利率。中国人民银行发行央行票据,会反映在央行的资产负债表上,具体而言,发行中央银行票据后,商业银行资产方增加一定数额的央行票据,而减少等额的存款准备金;而反映在中国人民银行的资产负债表上,则是负债方增加央行票据,同时减少等额的商业银行准备金。由此通过发行央行票据会减少基础货币的供给。当中央银行执行紧缩的货币政策减少货币供应量时,便可以通过发行央行票据帮助实现这一目标。央行反向操作则增加了货币供给,降低了市场利率。

三、票据

票据是由出票人签发,约定自己或委托他人无条件支付一定金额,可流通转让的有价证券,是非标准化的债务工具。广义上的票据泛指各种有价证券和凭证,如债券、股票、提单等;而狭义上的票据即为我国《票据法》中规定的票据,包括汇票、本票和支票。汇票是出票人签发的,要求付款人根据规定时间,对某人或其指定人或持票人支付一定金额的无条件书面支付命令。我们常见的邮政汇款时填写的汇款单,就是汇票。本票是出票人签发的,按照规定时间,对某人或其指定人或持票人支付一定金额的无条件书面承诺。支票是出票人签发的,委托办理支票存款业务的银行或者其他金融机构在见票时向收款人或者持票人支付一定金额的无条件书面承诺。支票分为现金支票和转账支票。现金支票只能进行现金交收,不能用于转账;转账支票只能用于资金的划转,不能用于现金交收。

按照商品交易是否发生为基础,票据可以分为真实票据和融通票据。真实票据是指当商品交易真实发生以后,为了交付贸易价款而使用的票据,常见的真实票据包括商业汇票、商业发票、货物运输单等。假设有一家稀土企业甲,需要从矿石企业乙那里购入价值 5 000 万元的稀土矿用于生产稀土原料(如精矿、氧化物与盐类等)。但甲的银行账户上并无 5 000 万元的现金。面对这一难题,甲可以向乙开出一张商业汇票,承诺半年后收到稀土产品销售款后立即支付给乙。融通票据又称为金融票据,是指不以商品交易是否真实发生为基础,仅用于融通资金而发行的票据。融通票据通常没有担保,如果票据到期时出票人不能偿付,也没有资产来补偿出现的损失,因此融通票据存在违约风险,只有信用资质较好的大企业才能发行融通票据。

还有一种银行作为中介参与的票据,银行对承兑申请人作出保证在汇票到期日向持票人支付票款的承诺。由银行承诺的商业汇票称为银行承兑汇票。在上述例子中,稀土企业甲为了让矿石企业乙相信自己会按时付款,它会通过开户银行为它提供担保,若甲企业无法支付货款,则由丙银行进行支付,所以银行承兑是银行基于对出票人资信的认可而给予的信用支持。如果承兑人不是银行,由企业承诺的商业汇票则称为商业承兑汇票。由于存在违约的风险,商业承兑汇票对企业的信誉要求较高,通常银行的信誉比一般企业更高,因而银行承兑汇票的安全性、流动性要比商业承兑汇票好。

假如食品企业丁持有餐饮公司戊的银行承兑汇票,票据未到期,但企业丁需要使用资金,那能否利用票据进行融资呢?事实上,票据是可以进行流转的。途径之一是票据贴现,即票据持有人在需要资金时,将其持有的未到期的票据转让给银行,银行扣除利息后将余款支付给持票人的票据行为。食品企业丁的另外一种融资方式是票据回购,相当于用票据抵押借钱,到期后再将票据买回的活动。

四、存单

存单是商业银行发行的记账式存款凭证,作为可以流通的金融产品,根据发行对象的不同,面向个人客户发行的称为大额存单,面向金融机构发行的称为同业存单。大额存单与一般存单不同的是,大额存单在到期之前可以转让,以人民币计价。大额存单依然属于一般性存款,银行发行大额存单吸收的存款,同样需要向中央银行缴纳法定存款准备金。不少国外发达国家在存款利率市场化的过程中,都曾以发行大额存单作为推进改革的重要手段,为了有序扩大负债产品市场化定价范围,推进利率市场化改革,我国大额存单于 2015 年 6 月 15 日正式推出。同业存单是指由银行业存款类金融机构在全国银行间市场上发行的记账式定期存款凭证。同业存单的投资和交易主体为全国银行间同业拆借市场成员、基金管理公司及基金类产品。

存单与票据类似,是可以在市场上流通交易的,与此对应,便形成了可转让大额存单市场和同业存单市场。大额存单发行前由发行人约定在发行条款中明确是否允许转让、提前支取和赎回。发行人可以通过第三方平台向非金融机构投资者进行转让。发行人通过营业网点、电子银行等自有渠道发行的大额存单,可以在自有渠道办理提前支取和赎回。另外,通过营业网点、电子银行等渠道发行的大额存单,发行人应为投资者提供相应的登记、结算、兑付等服务。上海清算所对每期大额存单的日终余额进行总量登记,并且对于通过第三方平台发行的大额存单,上海清算所同时提供登记、托管、结算和兑付服务。在同业存单市场上,公开发行的同业存单可以进行交易流通,并可以作为回购交易的标的物。但是,定向发行的同业存单只能在该同业存单初始投资人范围内流通转让。同业存单二级市场交易通过同业拆借中心的电子交易系统进行。全国银行间同业拆借中心提供同业存单的发行、交易和信息服务。上海清算所也对同业存单提供登记、托管、结算服务。

第二节　中长期债券市场

目前,我国资本市场上的中长期债券主要有政府发行的政府债券、金融机构发行的金融债券、非金融企业发行的债券三大类。

一、政府债券

政府债券是由政府向出资者出具并承诺在一定时期支付利息和偿还本金的债券。我国的政府债券包括由财政部发行的国债和省级政府发行的地方政府债券,省级以下的地方政府暂不能发行债券。我国存在无负债或低负债的传统观念,新中国成立之后的很长一段时间,我国停止了所有的债券市场,直到1981年才恢复发行国债。

国债又分为凭证式国债、无记名国债和记账式国债。凭证式国债不印刷实物债券,而用填制收款凭证的方式发行,以国债收款凭单的形式作为债权证明,不可以上市流通转让。在持有期内,凭证式国债的持有人如遇到特殊情况急需现金,可到购买网点提前兑付。无记名国债以实物形式发行,因而又叫作实物券,债券上印有发行年度、券面金额等内容,但不记载债权人姓名或者持有机构名称,也不可以挂失,不过可以上市交易。记账式国债以无纸化方式发行,通过电脑记账的方式记录债权,可以记名、挂失,而且可以上市交易。

国债是我国改革开放后为筹集重点建设资金而引入的标准化金融工具。国家要进行基础设施和公共设施建设,为此需要大量的中长期资金,通过发行中长期国债,可以将一部分短期资金转化为中长期资金,用于建设国家的大型项目,以促进经济的发展。但是,在很长一段时间里,我国仅通过发行国债以平衡财政收支和筹集建设资金,并没有认识到国债对金融市场的意义,早期的国债期限普遍较长,在引入国债余额管理体系后,我国逐步出现短期国债。

国债不仅仅是政府筹集资金的手段,也是政府干预宏观经济、平衡财政收支等的重要途径。尤其是当政府需要扩大基础建设、宏观调控的时候,往往就会大规模发行国债。比如,我国在 2020 年为应对新冠肺炎疫情影响,统筹推进疫情防控和经济社会发展,决定发行抗疫特别国债。通常政府平衡财政收支可以通过增加税收、增发通货或发行国债的办法。然而增加税收可能加重企业和个人的承受能力,不利于经济发展,并会影响以后的税收的调整。增发通货会导致严重的通货膨胀,对经济发展影响最为激烈。在增加税收和增发通货都无法轻易使用的情况下,发行国债是最为可行的措施,政府通过发行债券可以吸收单位和个人的闲置资金,帮助国家度过财政困难时期。但是,如果财政部发行国债,并要求央行购买,相当于央行增发通货去买国债,可能导致通货膨胀,这是财政赤字货币化的表现形式。我国为了消除财政赤字对货币供给的影响,提高央行的信用独立性,在《中国人民银行法》中规定禁止中国人民银行直接认购新发行的国债。国债也是金融机构资产配置的对象之一,由于其信用风险低、流动性高,金融机构往往把它当作二级储备来持有。2018 年底,我国国债余额接近 15 万亿元。

二、金融债券

金融债券指的是由金融机构发行的债券。按照金融机构从事的业务范围,一般把金融债券分为政策性银行金融债券、商业银行债券和其他金融机构债券。其他金融机构债券按照不同的金融机构又分为保险公司债券、证券公司债券等。不同金融机构发行的债券随发行目的、所在经济环境、宏观政策趋势的变化而有所差异。

政策性银行金融债券是由我国的三家政策性银行,也就是国家开发银行、中国农业发展银行和中国进出口银行发行的债券。由于政策性银行不能吸收公众存款,发行债券成为它们的主要资金来源。我国政策性金融债券发行分两个阶段:(1)派购发行阶段,国家开发银行在 1994 年第一次发行拉开了政策性金融债券的发行序幕。(2)市场化发行阶段,国家开发银行于 1998 年 9 月率先进行市场化发行政策性金融债券,中国进出口银行于 1999 年开始尝试市场化发行业务。政策性银行金融债券市场化发行有效地推动了我国银行间债券市场的发展,使政策性银行金融债券占了中国金融债的绝大部分比重。政策性金融债券主要用于支持国家大中型基础设施建设和支柱产业的发展,为调整产业和区域经济结构,促进整个国民经济的健康发展发挥了重要作用。

商业银行债券是由主要经营存贷款业务的商业银行发行的债券。我国商业银行发行金融债券的主要目的是为了提高资本充足率和筹集其他资金,该类金融债券可以分为普通商业银行债券和资本补充债券。普通商业银行债券是为某些特定的贷款筹集资金而发行的债券。虽然商业银行通过吸收公众存款获得大量资金,但由于存款准备金制度的存在,商业银行的普通存款必须向央行缴纳法定存款准备金,而存款准备金的利率又非常低,商业银行会面对非常高的机会成本。普通商业银行债券不受存款准备金制度的约束,商业银行通过发行债券筹集到的资金,可以全部用于贷款的发放。不过,商业银行发行债券更多的是为了补充资本金,通过发行次级债和商业银行混合资本债这类资本补充债券,商业银行可以对资本金进行补充,提高资本充足率。次级债务是指固定期限不低于 5 年(包括 5 年),除非银行倒闭或清算,不用于弥补银行日常经营损失,且该项债务是索偿权排在存款和其他负债之后的商业银行长期债务。混合资本债券是针对巴塞尔协议对于混合资本工具的要求而设计的一种债券形式,所募资金可计入银行附属资本。混合资本债券具有较高的资本属性,当银行倒闭或清算时,其清偿顺序列于次级债之后,先于股权资本。增发普通股和发行优先股也是商业银行补充资本金的重要途径。然而增发普通和优先股票虽可以提高资本充足率,但它会扩大公司注册资本,造成股权稀释效应,发行次级债和混合资本债不会稀释原有股东的权益,是商业银行补充资本金和提高资本充足率的重要手段。

其他金融机构债券是由证券公司、保险公司、信托公司、中国证券金融股份公司等非银行金融机构发行的债券。它们发行债券的目的主要包括:(1)补充资本金。例如,监管部门对保险公司有资本充足率的要求,保险公司也会参照商业银行的方式,通过发行资本补充债券提高资本充足率。(2)参与金融市场的投资,通过发行债券筹集资金用于参与金融市场的项目开发或者产品设计。(3)为提供融资服务。例如证券公司向它的客户提供融资服务时,需要通过发行债券获取足够的资金。融资服务依靠债券利率与融资利率的差额以赚取收益,所以证券公司的债券利率通常低于市场融资利率。

三、非金融企业债券

这是由非金融机构的实体企业发行的债券。根据发行主体的不同,我国非金融企业债券主要分为公司债券与企业债券。公司债券的发行主体一般为股份有限公司或有限责任公司,债券的发行受到中国证监会监管,主要用途包括补充流动资金、新建项目投资、技术创新研发、公司并购和资产重组等,我国公司债只允许在证券交易所交易。企业债券多为央企、国企或国有控股企业发行,由国家发改委审核监管,筹集到的资金主要用于基础设施建设和政府项目。企业债直接按照不高于同期居民定期存款利率的 40% 定价,主要在银行间市场流动。

按照担保方式,非金融企业债券可以分为无担保债券和担保债券。无担保债券也被称为信用债券,是公司发行债券时不提供任何财产留置权或抵押品作担保的债券。通常只有经济实力雄厚、信用风险较低的企业才有能力发行这种债券。担保债券是由另一实体担保债务责任的债券。当企业没有足够的资金偿还债券时,债权人可要求担保债务主体偿还。担保债券又分为保证债券、质押债券和抵押债券。保证债券是由第三者为还本付息提供保证的债券。质押债券是债券发行人以其他有价证券作为担保所发行的债券,比如公司持有的股票或者其他债券作为质押。抵押债券是指债券发行人在发行债券时,通过法律手续将把一部分财产作为抵押,一旦债券发行人出现偿债困难,则出卖这部分财产以清偿债务。

企业有良好的资信能力才能较为容易地发行非金融企业债券,小企业发行债券则相对困难。为了缓解中小企业融资难,我国开发出了针对中小企业的债券品种,包括中小企业集合债券、中小企业私募债券、中小企业集合票据等等。中小企业集合债券是通过牵头人组织,以多个中小企业所构成的集合为发债主体,使用统一的债券名称,统收统付的方式发行的企业债券。它具有以下特点。(1)中小企业集合债券由多家中小企业构成的联合发行人作为债券发行主体,各发行企业作为独立负债主体,在各自的发行额度内承担按期还本付息的义务,并按照相应比例承担发行费用。并且通过第三方为债券提供统一担保,从而实现债券信用增级,提高债券的市场认可度。(2)中小企业集合债券使用统一的债券名称,形成总的发行规模,而不以单一发行企业为债券冠名。(3)由于集合债券的发行主体是多个中小企业的集合体,能联合起来达到一定的发行规模,能产生外部规模经济,对单个企业的要求相对下降,能让更多符合条件的中小企业参与到这一融资方式中来。

中小企业私募债券是未上市中小微型企业以非公开方式发行的公司债券。私募债券的投资风险由投资者自行承担。中小企业私募债发行审批相对便捷,在发行审核上率先实施"备案"制度,接受材料至获取备案同意书的时间周期在 10 个工作日内。中小企业集合票据是指 2 个(含)以上、10 个(含)以下具有法人资格的中小非金融企业,在银行间债券市场以"统一产品设计、统一券种冠名、统一信用增进、统一发行注册"方式共同发行的,并约定在一定期限还本付息的债务融资工具。

第三节　面向我国个人投资者的新型债券市场投资工具

相比于股票市场,大家可能会觉得参与到债券市场交易的个人投资者较少,多为机构投资者在进行交易。其实不然,大量个人投资者经常接触到债券市场,通过间接的方式投资债券市场,只是个人投资者自己没有意识到。个人投资者经常通过以下三类方式参与到债券市场交易。

一、通过银行等渠道销售的理财产品

近年来,银行提供高于存款基准利率的理财产品吸引了众多投资者,为投资者理财提供了更多样化的选择。银行发行的众多理财产品中占有重要地位的一类是债券型理财产品。债券型理财产品是指商业银行将资金主要投资于货币市场工具,一般投资于央行票据和企业短期融资券。因为个人投资者无法直接投资央行票据与企业短期融资券,这类人民币理财产品实际上为客户提供了分享货币市场投资收益的机会。债券型理财产品不是债券产品本身,而是将资金主要投向银行间债券市场、国债市场和企业债市场。在这类产品中,个人投资者与银行之间要签署一份到期还本付息的理财合同,并以存款的形式将资金交由银行经营,之后银行将募集的资金集中起来开展投资活动,投资到不同的债券产品,投资的主要对象包括短期国债、金融债、央行票据以及协议存款等期限短、风险低的金融工具。在付息日,银行将收益返给投资者;在本金偿还日,银行足额偿付个人投资者的本金。

二、宝宝类理财产品

比如蚂蚁金服的余额宝、腾讯的零钱通、工行的现金宝、京东的小金库等。2013年余额宝的横空出世被普遍认为开创了国人互联网理财元年,同时余额宝已经成为普惠金融最典型的代表。上线一年后,它不仅让数以千万从来没接触过理财的人萌发了理财意识,同时激活了金融行业的技术与创新。余额宝这类产品本质上是货币市场基金,货币市场基金是指投资短期货币市场工具的一种投资基金,投资品种包括短期债券、同业存款、商业票据、银行定期存单、银行承兑汇票等债券类短期有价证券。所以,当个人投资者把资金转入余额宝时,就意味着他已经在债券市场做了投资。余额宝是蚂蚁集团下的支付宝公司和天弘基金管理有限公司合作成立的货币市场基金直销平台,其背后对接的是天弘基金旗下的增利宝货币基金。从 2018 年 5 月开始,余额宝新接入了两只货币基金产品,分别为博时基金公司旗下的"博时现金收益货币 A"和中欧基金的"中欧滚钱宝货币 A"。实名认证的支付宝用户可以把支付宝资金余额转入余额宝,快捷地购买天弘基金公司嵌入到余额宝内的增利宝货币市场基金、博时现金收益货币 A 基金以及中欧滚钱宝货币 A 基金,从而获得基金投资收益。至 2024 年 8 月初,余额宝共接入 46 只货币基金产品,其中包括建信基金公司旗下的"建信嘉薪宝货币 A"、汇添富基金"汇添富添富通货币 A"和大成基金"大成现金增利货币 A"等,涵盖高收益高风险、稳健收益、低风险稳健收益的各类产品,为投资者提供多元化选择。同时,余额宝内的资产保持较高的流动性,支付宝用户可以随时用于网上购物、转入支付宝或银行账户,而不影响用户平时的购物消费活动。当个人投资者使用余额宝时,在某种意义上等同于他间接投资了债券市场,余额宝的例子说明个人投资者可以轻易间接投资债券市场。

三、P2P 网络贷款

P2P 网络贷款是指借贷双方个体之间通过互联网平台实现的直接借贷。P2P 网络贷款最初诞生于英国,随后因在美国获得更大发展而引起广泛关注。在最初的 P2P 模式中,网络贷款平台只是起到中介服务的功能。平台确认贷款人身份、信用等级,并把这些信息提供给存款人。存款人根据网络贷款平台提供的信息,自己决定贷款给哪个贷款人,并承担贷款人的违约风险。除了搜集和传递信息,P2P 网络贷款平台还协助完成存款人和贷款人之间的资金转账。作为金融中介服务回报,P2P 网络贷款平台向交易双方收取提供信息和金融支付的服务费。参与这种形式的存款人要独自承担贷款人的违约风险,因此要求的投资回报相对更高,对于风险承受能力较强的投资人,P2P 网络贷款可以满足他们的需求。

2007 年国外网络贷款平台模式被引入中国以后,国内 P2P 网络借贷平台蓬勃发展,迅速形成了一定规模。发达国家的金融市场相对完善,利率市场化改革早已完成,商业银行对中小企业和个人贷款的服务模型和监管框架已经相对完善,因此 P2P 网络贷款虽然起源于发达国家,但在这些国家发展依然有限。2006 年 5 月,我国宜信公司在北京成立,首次将 P2P 网络贷款的模式引入国内。2007 年 8 月,我国第一家基于互联网的 P2P 网络贷款平台"拍拍贷"成立。从此以后,P2P 网络贷款在我国开始生根发芽,并迎来了一段爆发期。

P2P 网络贷款的实质是个人信用债,是债券的一种形式。P2P 中的贷款人是债券的卖出方,而储蓄者则是债券的买入方。P2P 网络贷款平台的作用是撮合储蓄者和贷款人直接进行交易,在传统银行业务中,贷款人和储蓄者通过银行间接交易。P2P 则提供了一种贷款人和储蓄者之间的交易平台。但是,P2P 并没有创造新的投融资关系,并非新创造的金融产品,它本质上还是个人信用债。然而,P2P 网络贷款存在巨大的投资风险。从 2015 年初 P2P 网络贷款平台"里外贷"平台兑付危机开始,近年来 P2P 的风险事件频频爆发,以 P2P 网络贷款形式存在的债券市场会发生系统性危机的原因主要包括以下几个方面:

首先,通过 P2P 平台网络贷款的担保机制非常有限,这也为后期的风险事件埋下了伏笔。P2P 网络贷款公司往往通过三种模式进行担保:(1)由公司注册资本担保,然而一旦坏账超过公司资本,这种担保就会名存实亡。由于网络贷款公司资本金一般是比较有限的,这种担保模式通常比较脆弱。(2)收取网络贷款总额的 1% 作为保险金,用来赔偿遭遇坏账的投资人。一般情况下,网络贷款发放的小额贷款坏账率远高于 1%,所以 1% 的保险金很难覆盖坏账,导致这种保险模式无法长期持续。(3)通过第三方担保公司进行担保。这种模式和用公司注册资本担保面临同样问题,如果坏账规模超过担保公司的担保能力,最后买单的一样是存款人。其次,P2P 网络贷款公司对贷款的担保违背了 P2P 运营模式的本意,加大了 P2P 业务的系统性风险。P2P 运营模式的本意是实现存款人和贷款人的直接配对,形成绕过金融媒介的直接信贷。存款人要承担贷款人的违约风险,因此在决定向谁贷款时会非常谨慎地评估投资的风险,然后再依据自己的风险承受能力做出投资决策。如果 P2P 平台提供了担保机制,贷款人则没有足够的动力去审慎评估风险了,并且投资者会倾向于追逐高收益,而高收益往往伴随着高风险,导致 P2P 的系统性风险越来越高。在业务扩张时期,不断增长的网络贷款业务还可以掩盖之前的坏账,一旦业务扩张速度放缓,坏账则会暴露在投资人面前,投资人才意识到自己正裸泳在沙滩上。最后,P2P 网络贷款的债权转让制度加剧了 P2P 的系统性风险。虽然贷款的可转让似乎增加了市场的流动性,但也给 P2P 平台带来了挤兑风险。一旦有风吹草动,投资者容易竞相踩踏退场,从而造成系统性风险。由此可见,P2P 网络贷款模式存在极大的风险,我国也加强了 P2P 网络贷款风险专项整治工作,由于针对 P2P 网贷的监管趋严,根据最新数据显示,截至 2020 年 11 月,在中国实际运营的 P2P 网络贷款机构完全归零。因此,P2P 网络贷款是否适合个人投资者还有待商榷。

第四节　利率与利率市场化改革

一、利率的影响因素

债券的发行利率会反映金融市场的核心价格,那么该利率是由什么决定的? 通常,债券的发行利率主要受到市场因素、货币政策和宏观经济形势三大方面的影响。

（一）市场因素

市场因素包括债券发行主体的信用等级、债券的发行期限、债券的担保方式、同期的市场利率等因素。首先,发债主体的信用等级高,债券的安全性好,债券的利率就会比较低。比如,国债是以国家信用发行的,几乎不存在信用风险,所以同品种同期限的债券中,国债的利率有可能是最低的。而企业债是以企业的信用发行的,对于信用等级较低的企业,需要用较高的债券利率来吸引投资者。其次,债券的发行期限越长,债券利率一般也会越高。因为期限越长,未来的不确定性越高,购买债券的风险也就越高,投资者要求的债券利率也会相应提高。而短期债券由于期限短,不确定性相对较低,所以债券利率也会比较低。出于安全性原则的考虑,如果发行的债券附有抵押、担保等保证条款,债券利率会适当降低;反之,则会适当升高。然后,同期的市场利率也会影响新发债券的利率。如果同期市场利率水平较高,新发债券的利率则会跟着水涨船高;同期的市场利率水平较低,新发债券的利率也会有所下降。比如,同期的银行存款利率往往是公司债券利率的下限,因为银行储蓄的资信通常高于公司债券,如果公司债券的利率反而低于银行存款利率,那么投资者就不会选择投资公司债券了。此外,同期新发债券的数量、新股发行的规模、国际市场的资金利率等影响市场资金供给水平的因素,也都会对债券的发行利率产生影响。

（二）货币政策

除了市场自身的因素,中央银行的货币政策也会对债券的利率产生影响,主要通过法定存款准备金利率、公开市场业务、外汇市场操作和再贴现四种途径。对银行间债券市场而言,由于准备金利率是商业银行的资金上存中央银行所得到的无风险利率,实质上构成了商业银行资金的最低收益率,所以一旦债券的利率低于准备金利率的水平,投资者将不会进行债券投资,而是直接将资金存到中央银行来获得准备金利率。因此,银行间债券市场的短期利率基本上是以法定存款准备金利率作为下限。

中央银行的公开市场业务主要通过影响市场的资金供给水平对债券利率产生作用。当中央银行持续买入债券,或者进行逆回购的时候,市场上流通的资金量就会增加,资金供给上升,债券的发行利率就会呈现出下降趋势;相反的,当中央银行持续卖出债券,或者进行正回购操作,回笼资金的时候,市场上的资金供给下降,债券的发行利率就会呈现上升的趋势。

中央银行在外汇市场上的操作,也会通过影响市场的资金供给对债券的发行利率产生作用。当中央银行在外汇市场上买入外币,抛出人民币的时候,市场上流通的人民币会增加,资金面变得宽松,债券发行利率降低;当中央银行在外汇市场上抛出外币,买进人民币的时候,市场上流通的人民币减少,资金面紧缩,债券的发行利率就会有上升的趋势。

中央银行的再贴现政策同样会对债券利率产生影响。当中央银行调高再贴现利率,市场资金面趋紧,债券发行利率也会呈现出上升的趋势;当中央银行降低再贴现利率的时候,资金宽松,债券发行利率也会呈现出下降趋势。

（三）宏观经济形势

宏观经济形势也会对债券的利率产生影响。当经济处于繁荣阶段的时候,企业的商品生产能力与产品销量提高,市场投资有利可图,投资增加,市场的资金供给减少,债券的发行利率会提高;当经济处于衰退阶段的时候,企业的产品滞销,利润减少,投资也减少,市场的资金供给增加,债券的发行利率就会降低。

除此以外,相关的政策规定也影响债券利率。比如,金融债券和企业债券的利息所得,要征收 20％的利息税,而国债的利息所得不需要征收利息税,因此,同期限同品种国债的发行利率在一般情况下要低于企业债的发行利率。

二、利率市场化改革

与许多发展中国家一样,中国为了实现赶超战略,曾经长期实行金融抑制政策,对金融机构的存贷款名义利率进行管制,希望以此压低实际利率,促进经济快速发展。但金融抑制的结果却是扭曲了资金价格、损害了市场效率、阻碍了经济长期增长。对金融机构的利率管制,在保证国有企业能够获得较大规模且较为廉价的资金供应同时,也造成一些国有企业的投资依赖和低效率。同时,存贷款利率管制形成的稳定的存贷差,也弱化了商业银行的竞争力。

1996 年,我国的利率市场化进程正式开启,目标是逐步取消对金融机构的利率管制,让市场在人民币利率形成和变动中发挥决定性作用,建立与现代金融市场发展相适应的利率形成机制和利率调控机制,提高货币政策有效性。中国利率市场化是从放开货币市场和债券市场利率开始的。1996 年 1 月,全国范围的银行间同业拆借市场正式成立。同年 6 月,放开银行间同业拆借市场利率,实现了由拆借双方根据市场资金供求自主确定拆借利率。1997 年 6 月,银行间债券市场正式启动,同时放开了债券市场回购和现券的交易利率。1998 年 9 月,两家政策性银行首次通过中国人民银行债券发行系统以市场化的方式发行了金融债券。1999 年,财政部首次在银行间债券市场以利率招标的方式发行国债。至此,我国基本实现了货币市场和债券市场的利率市场化,为各类金融产品市场利率尤其是基准利率的形成提供了良好基础。包括上海银行间同业拆借利率(SHIBOR)、短期回购利率、国债收益率在内的金融市场基准利率,都是在货币市场和债券市场中形成和变动的。

2004 年,我国利率市场化进程加快,初步实现了"贷款利率管下限、存款利率管上限"的阶段性目标。2012 年 7 月,人民银行宣布,金融机构贷款利率可以向基准利率之下浮动,浮动区间为基准利率的 0.7 倍。2013 年 7 月,放开对金融机构贷款利率的下限管制,金融机构可以根据商业原则自行决定贷款利率水平。至此,全部放开了金融机构贷款利率,基本实现了信贷市场利率市场化。2014 年 11 月到 2015 年 5 月之间,存款利率浮动上限逐步扩大至基准利率的 1.5 倍。2015 年 8 月,放开了一年期以上定期存款的利率浮动上限。2015 年 10 月,对商业银行和农村合作金融机构等金融机构不再设置存款利率浮动上限,我国的利率市场化步入全新的阶段。

目前,存贷款利率仍然是我国金融体系中的重要基准利率之一,存贷款利率是债券定价、投资者投资选择的重要参考。债券的利率如果大幅低于存款利率,投资者可以考虑在投资组合中更多选择存款;反过来,如果债券的利率大幅高于贷款利率,发行人可以把贷款作为主要的融资方式。

随着利率市场化的推进,债券市场成为货币政策传导的重要渠道。中央银行通过调整存贷款利率和央行票据发行利率等基准利率的方式,一方面可以直接影响市场的资金融资成本,通过改变市场利率基准来影响直接融资利率,另一方面间接影响了债券市场中的无风险利率,进一步影响金融市场的融资成本,实现货币政策传导的信号效应。

利率市场化的推进,还提高了债券市场对风险资产的定价能力。例如,企业债券的定价一方面要参考同期限的定期存款利率、贷款利率,另一方面也要参考同期限的国债和央票等无风险或者低风险利率。从市场期限结构的角度看,不同期限的国债、央票和政策性金融债等,其收益率差也基本保持在一个较为均衡的水平。所以,总体上,债券的定价要在基准利率的基础上,体现信用风险、市场风险和流动性风险的溢价。由于利率市场化使得不同资产之间的投资组合可实现低成本切换,资金可以在不同资产之间进行选择,如果一只债券在定价时未能充分体现市场信息,出现低估或者高估,投资者会通过他们的投资行为使价格向合理范围回归。因此,利率市场化的发展,使债券市场的定价能力也明显提高。

近年来,人民银行发布的货币政策执行报告多次强调推动存贷款利率"两轨合一轨",可以预见,我国的利率市场化进程还将继续深化,金融市场也会不断地发展和完善。

第五章　债券定价与债券投资组合管理

债券发行后,要进入流通市场,通过二级市场的交易,不仅可提高债券的流动性,而且也形成了债券的价格。本章从金融资产定价的一般原理出发,首先介绍如何评估债券的价值,然后分析利率在债券定价中的作用,最后介绍债券资产组合管理策略。

第一节　债券价格和收益

当投资者对债券进行投资时,关注的是不同债券的收益率,而在债券市场上的交易标的则是债券的成交价格,因此在评估债券价值的时候,通常将债券的收益率与债券的价格相互联系。接下来将介绍如何通过计算收益率对债券定价。

一、债券的收益率

在评估债券的价值时,首先利用的指标是名义收益率,又称作票面收益率,等于债券的票面收益与债券的面值的比率。计算公式如下:

$$r = \frac{C}{F} \tag{5.1}$$

其中,r 是名义收益率,C 为债券的票面收益,通常是债券票面上写明的年化利息收益,F 是债券的面值。

然而,名义收益率没有考虑通货膨胀因素的影响,剔除通货膨胀的影响以后,能得到实际收益率。实际收益率的计算公式为:

$$实际收益率 = 名义收益率 - 通货膨胀率 \tag{5.2}$$

比如,当我国猪肉价格大幅上涨,拉高了 CPI 指数,为了保证债券的实际收益率不变,债券的名义收益率则会出现较为明显的上涨。

除了名义收益率和实际收益率,常用于评估债券价值的指标还有以下三类:本期收益率、持有期收益率和到期收益率。

本期收益率也叫作当期收益率,指的是本期获得的债券利息与本期债券价格的比

率。本期收益率的计算公式为:

$$r = \frac{C}{P} \tag{5.3}$$

其中,r 是本期收益率,C 为债券的本期票面收益,P 是债券的市场价格。

持有期收益率,是指投资者从债券的买入到卖出这段持有期限里得到的收益率,能综合反映债券持有期间的利息收入情况和资本损益水平。持有期收益率的计算公式如下:

$$r = \frac{\dfrac{P_t - P_0}{T} + C}{P_0} \tag{5.4}$$

其中,r 为持有期收益率,C 为持有期间的年化利息收益,P_t 为债券的卖出价格,P_0 为债券的买入价格,T 为债券的持有年数。

另一个更常用到的概念是到期收益率(yield to maturity,YTM),指的是持有债券一直到偿还期后所获得的收益率,包括到期的全部利息,所以到期收益率又称为最终收益率。在进一步计算到期收益率之前,我们需要先考察债券的价格是如何确定的。

二、债券价格的确定

债券的价格分为发行价格和流通转让价格。债券的发行价格由票面金额决定,也可以用折价或者溢价的方式发行。债券在二级市场上的流通转让价格由不同的市场情况确定,但遵循一个基本的"理论价格"决定规则,这个规则由债券的票面金额、票面利率和实际持有期限三个因素决定。

对于到期一次性还本付息的利随本清债券来说,它的定价公式是:

$$P = \frac{F}{(1+r)^n} \tag{5.5}$$

其中,P 为债券交易价格,r 为市场利率,n 为剩余偿还期限,F 为到期日获得的本金和利息。这个公式对于不支付利息、到期兑付票面金额的零息债券也同样适用,而对于零息债券,到期日获得的是票面载明的本金,没有利息。

举一个简单的例子,假设一张面额 100 元,票面利率 5%,剩余偿还期限 2 年的利随本清债券,当持有债券到期则可以获得本金 100 元和剩余两年的总利息 10 元,一共 110 元。如果当前的市场利率为 3%,根据上述定价公式,该债券的价格为:

$$P_1 = \frac{110}{(1+3\%)^2} \approx 103.69(元)$$

而对于一张面额 100 元,剩余偿还期限 2 年的零息债券,如果当前市场利率同样

是3%,根据定价公式该债券的价格为:

$$P_2 = \frac{100}{(1+3\%)^2} \approx 94.26(元)$$

如果当前市场利率上升到5%,之前的利随本清债券的价格则变成:

$$P_1 = \frac{110}{(1+5\%)^2} \approx 99.77(元)$$

此时,零息债券的价格会变成:

$$P_2 = \frac{100}{(1+5\%)^2} \approx 90.70(元)$$

再假设市场利率下降到1%,利随本清债券的价格为:

$$P_1 = \frac{110}{(1+1\%)^2} \approx 107.83(元)$$

此时,零息债券的价格则变成:

$$P_2 = \frac{100}{(1+1\%)^2} \approx 98.03(元)$$

在市场利率为3%时,利随本清债券的价格为103.69元,当市场利率上升到5%,利随本清债券的价格下降到99.77元,零息债券的价格从94.26元下降为90.7元;而当市场利率下降到1%,利随本清债券价格上升到107.83元,零息债券的价格则上升为98.03元。由此可以发现债券的市场价格和当前的市场利率的关系是反向变化的,市场利率的上升会导致债券价格的下降,这是债券市场中债券价格变化的一个重要特征。

除了利随本清债券和零息债券,还有一种常见的债券是附息债券。附息债券在发行的时候会明确付息频率和付息日,发行人在偿还期内定期支付利息,比如每半年或一年付息一次,到期归还本金和最后一期的利息。以按年付息的附息债券为例,按照现金流贴现模型的方法,它的定价公式是:

$$P = \sum_{t=1}^{n} \frac{C_t}{(1+r)^t} + \frac{F}{(1+r)^n} \tag{5.6}$$

其中,F 是债券面额,也就是到期后归还的本金金额;C_t 是第 t 期的利息收入;r 是市场利率;n 是偿还年数。

例如,现在有一张新发行的面值100元的附息债券,票面利率是4%,每年付息一次,3年后还本付息,当前市场利率为5%,根据它的定价公式,其发行价格为:

第1年末收入利息4元,现值是 $4 \div (1+5\%) \approx 3.81(元)$

第2年末收入利息4元,现值是 $4 \div (1+5\%)^2 \approx 3.63(元)$

第3年末收入利息4元,现值是 $4 \div (1+5\%)^3 \approx 3.46(元)$

第 3 年末收入本金 100 元,现值是 $100 \div (1+5\%)^3 \approx 86.38$(元)

总现值 $=3.81+3.63+3.46+86.38=97.28$(元)

所以,这张附息债券的发行价格应该是 97.28 元。根据上述提及的债券价格变化的一个重要特征,债券的市场价格和当前的市场利率的关系是反向变化的,在附息债券的这个例子中依然可以验证这种反向关系。与之前市场利率升高相反,此时验证当市场利率降低时候的结果。当市场利率下降到 3% 的时候,刚才的附息债券的价格则变成:

第 1 年末收入利息 4 元,现值是 $4 \div (1+3\%) \approx 3.88$(元)

第 2 年末收入利息 4 元,现值是 $4 \div (1+3\%)^2 \approx 3.77$(元)

第 3 年末收入利息 4 元,现值是 $4 \div (1+3\%)^3 \approx 3.66$(元)

第 3 年末收入本金 100 元,现值是 $100 \div (1+3\%)^3 \approx 91.52$(元)

总现值 $=3.88+3.77+3.66+91.52=102.83$(元)

用定价公式计算则为:

$$P = \sum_{t=1}^{3} \frac{4}{(1+3\%)^t} + \frac{100}{(1+3\%)^3} = 102.83 (元)$$

根据计算结果显示,当市场利率从 5% 下降到 3%,债券的价格从 97.28 元上升到了 102.83 元,符合债券的市场价格和市场利率的相反关系的特征。

本质上,债券定价是根据市场利率以及债券未来的现金流,计算未来现金流的现值,并由此确定债券当前的理论交易价格。投资者可以利用定价公式计算出任何时点上一张债券的理论价格。在债券发行以后的交易中,债券的交易价格往往与发行价格不再一致,而是由债券的交易时点、剩余到期时间、预期市场利率和投资者期望达到的收益率等因素,共同决定债券的交易价格。

三、到期收益率的计算

在计算债券价格的过程中,市场利率的概念被反复使用,现实中常用债券市场的平均收益率,或者同期的无风险、低风险利率作为市场利率的指标,由此计算出债券的理论价格。在债券市场上,当投资者按照交易系统中显示的价格购买一张债券并持有到期,实际能够获得的收益率水平即是前面提及的到期收益率。下面介绍如何计算到期收益率。

对于利随本清债券,到期收益率的计算公式如下:

$$y = \left(\frac{F}{P}\right)^{\frac{1}{n}} - 1 \tag{5.7}$$

其中,y 是到期收益率,P 是债券的市场价格,F 是债券的面值,n 是债券的剩余期限。该计算公式从利随本清债券的定价公式变形而成。对比前文的利随本清债券的定价公式：

$$P = \frac{F}{(1+r)^n} \tag{5.8}$$

在定价公式当中，将同期的市场利率 r 代入计算。不同的市场利率会计算出债券不同的理论价格，该理论价格可以作为投资者判断当前债券交易价格是否偏高或偏低的依据。当使用债券交易报价系统的时候，可以根据系统给出的市场价格，利用定价公式计算出 r，该结果反映了债券的到期收益率 y。所以，到期收益率实质上是贴现率，它使得债券未来现金流的现值等于债券当前的市场价格。

例如，一张 1 年期的零息债券，债券面额 100 元，如果现在的市场价格是 90 元，经过计算这张债券的到期收益率是：

$$y = \left(\frac{F}{P}\right)^{\frac{1}{n}} - 1 = \left(\frac{100}{90}\right)^1 - 1 \approx 11.1\%$$

债券的市场价格和市场利率之间具有反向变化关系的特征。如果市场利率从 11.1% 上升为 12%，该债券的理论价格为：

$$P = \frac{100}{(1+12\%)^1} \approx 89.29(元)$$

该债券的理论价格低于目前的市场价格 90 元，市场价格被高估了，所以当市场利率上升的时候，到期收益率低于市场利率的债券将会被抛售，债券价格下降，直到债券的到期收益率等于市场利率。

如果市场利率从 11.1% 下降为 10%，该债券的理论价格为：

$$P = \frac{100}{(1+10\%)^1} \approx 90.91(元)$$

该债券的理论价格高于目前的市场价格 90 元，市场价格被低估了，所以当市场利率下降的时候，投资者会购买到期收益率高于市场利率的债券，债券价格上升，直到债券的到期收益率下降到市场利率。所以债券的市场价格和到期收益率之间同样存在反向变化关系。

第二节　利率期限结构

在上一节对债券定价时，为了方便对资产进行定价，假定贴现率或者市场利率是固定的。然而，在现实世界中，利率一般在不停地变化，利率固定不变的情况是非常罕见的。在通常情况下，同一个债券发行人所发行的债券，在同一个时期，它们的收益率会因不同剩余期限而有明显的差异,剩余期限越长,收益率会越高,或者长期债券的利率会比短期债券的利率高,这种情况发生的原因包括两个方面:(1)长期债券风险较大,因此投资者会要求更高的收益率,作为他们应对利率风险的补偿,也就是所谓的"风险溢价";(2)投资者预期利率会上升,因此较高的平均收益率反映了对债券后续寿命期的高利率预期。在特殊情况下,长期债券利率也可能低于短期债券利率。关于这类对不同期限金融工具的收益率与到期期限之间关系的研究,被称为利率的期限结构研究。在本节,将探讨不同期限资产的利率模型,力图挖掘影响模型的各种因素。

首先,为了理解"期限结构理论",需要引入远期利率的概念。远期利率是假设在给定的即期利率的情况下,从未来的某一时点到另一时点的利率水平。确定了收益率曲线后,所有的远期利率都可以根据收益率曲线上的即期利率求得,远期利率是和收益率曲线紧密相连的。短期市场利率和远期利率的定义计算公式非常相似:

$$\text{市场利率公式:} 1 + r_n = (1+y_n)^n / (1+y_{n-1})^{n-1} \tag{5.9}$$

$$\text{远期利率公式:} 1 + f_n = (1+y_n)^n / (1+y_{n-1})^{n-1} \tag{5.10}$$

其中,r_n 为 n 期短期市场利率,f_n 为 n 期远期利率,y_n 为 n 期零息债券的到期收益率。公式(5.10)的经济含义表示为:使得一个 n 期零息债券的到期收益等于 $n-1$ 期零息债券在第 n 期再投资所得总收益的利率为远期利率。虽然,在数学公式上,远期利率与确定情况下的短期利率的计算公式一样,但这两者在经济含义上并不相等。在现实市场中,我们无从得知未来的真实利率,因此只能根据已知的国债利率 y_n 和 y_{n-1} 去推断在未来时点的远期利率 f_n,所以远期利率只是投资者在未来利率不确定下所推断出来的利率。

在现代金融分析中,远期利率应用广泛。它们可以预示市场对未来利率走势的期望,是中央银行制定和执行货币政策的参考工具。在成熟市场中几乎所有利率衍生品的定价都依赖于远期利率。

一、主要的期限结构理论

为了研究不同期限的债券其利率水平出现差异的原因,期限结构理论中主要有三类理论进行了解释:

(一)预期理论

预期理论或称为无偏预期理论。它最早是由欧文·费雪(Irving Fisher)在 1892年提出的,该理论认为利率期限结构完全取决于对未来利率的市场预期,在假定投资者是风险中性的且不同到期期限的债券可以被完全替代的前提下,指出长期债券利率是预期短期债券利率的几何平均。以两期债券为例,对比预期理论的远期利率计算公式与远期利率的定义公式:

$$\text{远期利率公式：}(1+y_2)^2=(1+r_1)\times(1+f_2) \tag{5.11}$$

$$\text{预期理论公式：}(1+y_2)^2=(1+r_1)\times(1+E[r_2]) \tag{5.12}$$

两期债券的到期收益率 y_2，取决于第一期短期市场利率 r_1 和对第二期市场利率 r_2 的期望。预期理论在远期利率公式成立的基础上认为债券的两期收益等于第一期收益加上投资者预期的第二期收益。该理论隐含了无偏预期假设成立：远期利率必须是对未来短期利率的无偏预期，即是 f_2 等于 $E[r_2]$。预期理论认为，如果预期未来利率上升，利率期限结构会呈上升趋势；如果预期未来利率下降，利率期限结构会呈下降趋势。利率期限结构完全取决于对未来利率的市场预期。然而无偏预期假设很难成立，因为在远期利率和预期利率之间存在"溢价"偏差，在随后的"流动性偏好理论"部分会介绍该问题。

预期理论可以解释哪些经济现象呢？（1）预期理论可以解释，随着时间的推移，不同到期期限的债券利率有同向变动的趋势。在历史统计中，短期利率存在这一特征：如果短期利率当天上升，未来将趋于更高。（2）如果短期利率较低，收益率曲线会向上倾斜；如果短期利率较高，收益率曲线则向下倾斜。然而，预期理论也不是十全十美的，它无法解释为何在现实中收益率曲线通常是向上倾斜的。因此经济学家又逐渐发展出其他期限结构理论，其中之一便是市场分割理论。

(二) 市场分割理论

它是由卡尔伯斯通（Culberston）在 1957 年提出的，该理论认为不同期限的债券市场是完全独立和相互分割的，不同期限的债券利率取决于自身的供给与需求，不同期限的债券无法相互替代，因此，不同期限债券的预期回报率无法对各自的需求产生影响。比如，根据分割市场理论，5 年期国债利率的变化不会影响对 2 年期国债的需求。该理论与预期理论的无偏预期假设相反，市场分割理论认为，投资者对证券的选择是有偏好的，比如，对于偏好 2 年期债券的投资者，即便是 3 年期债券的回报率有很大幅度的上升，该投资者依然继续持有 2 年期的债券，而不会购买 3 年期债券。产生偏好的原因包括法律或其他众多因素，这些偏好的产生和限制形成了不同期限的证券市场。投资者和债券的发行者都不能无成本地实现资金在不同期限的证券之间的自由转移。因此，证券市场并不是一个统一的无差别的市场，而是分别存在着短期市场、中期市场和长期市场。根据市场分割理论，如果大多数投资者偏好期限较短的债券，则收益率曲线会向上倾斜；相反，如果更多的投资者偏好长期债券，那么收益率曲线将会向下倾斜。在现实的投资环境中，投资者更偏好期限较短、风险较小的短期债券，使得短期债券利率较低，收益率曲线也就向上倾斜了。不同期限债券回报率的变化可能会引起套利活动，例如，当 3 年期债券的回报率大幅上升时，投资者极有可能卖掉一部分原来持有的 2 年期债券，而购买 3 年期债券，以获得更高的回报率。由于投资者的套利活动,各种不同期限债券的利率会一起波动。然而,市场分割理论无法解释不同期限的利率会有相同的波动。由此可知,市场分割理论只是利率期限结构的一种解释,并非完美的理论。

（三）流动性偏好理论

它是由希克斯(Hicks)在1946年对预期理论进行修正而提出的。该理论假定投资者是风险厌恶的,投资者放弃持有现金而持有流动性差的债券,认为应该获得承担价格波动风险的补偿,所以债券期限越长,补偿越多。流动性偏好理论认为风险厌恶者对高流动性短期债券的偏好,使其利率低于长期债券,在确定远期利率时,除了预期信息外还要考虑流动性溢价的影响,于是对预期理论的远期利率计算公式进行修改,以两期债券为例,得到如下公式:

$$(1+y_2)^2=(1+r_1)\times(1+E[r_2]+LP) \tag{5.13}$$

其中,LP 为流动性溢价(liquidity premium)。流动性偏好理论公式中收益率 y_2 的大小不仅取决于短期利率 r_1 和对未来短期利率 r_2 的预期,还取决于投资者对流动性的偏好 LP。与预期理论相比,流动性偏好理论多考虑了流动性偏好的因素,不仅能解释收益率曲线的趋势特征,还揭示了收益率曲线一般为向上倾斜的原因,弥补了预期理论无法解释的部分。

流动性偏好理论还假定不同期限的债券之间存在一定的替代性,这样,一种债券的预期收益确实可以影响不同期限债券的收益。但是不同期限的债券并非完全可替代,因为投资者对不同期限的债券具有不同的偏好。然而对于流动性偏好理论中投资者偏好期限较短的证券这一假定,在现实金融交易中并不总是成立,比如养老金机构投资者会更偏好长期证券。

理论上认为一般长期债券利率是高于短期债券利率的,但是在现实中也存在相反的例子。2019年8月份,美国市场出现了10年期利率曲线低于2年期利率曲线的现象,这种现象被称为"利率倒挂",利率倒挂往往被认为是一国经济衰退的预警。图5-1是美债长短期利差与GDP同比增速的对比,从中可以明显地看到美债长短期利差在2019年8月份变为负数,而GDP增速也跌入了低谷。

回顾美国国债历史,它在1978、1980、1989、2000与2006年出现利率倒挂后,均发生了经济衰退现象,而衰退期平均发生在倒挂信号后的14个月,最快的一次衰退发生在信号发出后短短7个月后(见表5-1)。可见利率倒挂能够较为准确地预测经济衰退现象。当然此次利率倒挂现象随着10月份美联储"非量宽式"扩表而消失。因此,判断一国经济趋势不能盲目地只关注某一个点,而需要一个全局视野,基于长短期利差数据以及其他宏观经济指标,使用利率期限结构模型,可以对经济体的宏观经济趋势进行初步的判断。

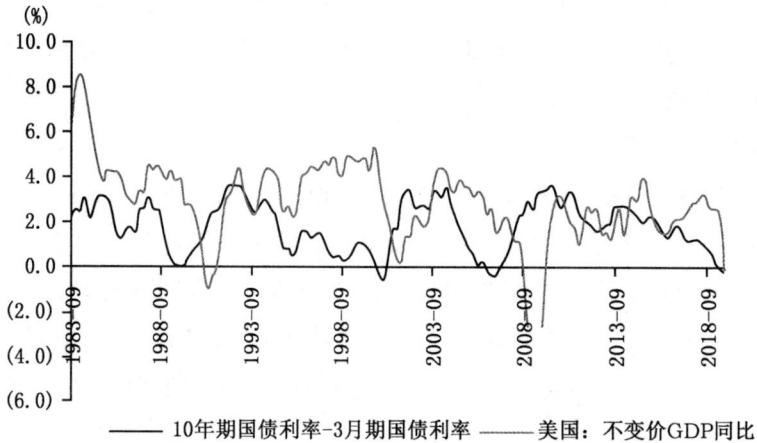

资料来源:WIND。

图 5—1 美债长短期利差与 GDP 同比增速

表 5—1			美债利率倒挂与经济衰退时间点			
衰退开始时间	衰退结束时间	衰退前是否经历了利率倒挂	利率倒挂时间	提前了多少个月		衰退期的情况
1969.12	1970.11	是	1967.12	24		布雷顿森林体系崩溃,美国经济衰退
1973.11	1975.03	是	1973.03	8		标普 500 指数下跌了近 43.3%,为历史较大回撤
1980.01	1980.07	是	1978.09	16		美国发生"双位数"的通货膨胀
1981.07	1982.11	是	1980.09	10		
1990.07	1991.03	是	1989.02	17		道琼斯指数暴跌,单日跌幅超过 22%
2001.03	2001.11	是	2000.04	11		美国短暂衰退,同年第三季度 GDP 负增长
2007.12	2009.06	是	2006.01	23		次贷危机,经济大幅下行
衰退期平均发生在倒挂信号后的 14 个月						

资料来源:WIND。

二、现代期限结构模型

现代期限结构模型通常与高深复杂的数学知识结合,比如二叉树模型。二叉树模型假设当期的利率只有向上和向下两个方向进行变动。在下一期利率上升或者下降的概率是已知的。且假设在整个考察期内,利率每次上升或下降波动的概率和幅度不变。当给定当期的利率水平,在下一期利率可能存在两个分支,取各分支的现值的期望,经过计算可以得到下一期债券的价格,依此类推,第 3 期有四种可能的分支,取这些分支的期望得到第 3 期的利率从而计算出第 3 期债券的价格。该模型的思想是模型将考察期分为若干阶段,根据利率的历史波动率模拟出债券在整个考察期内所有可能的发展路径,并对每一路径上的每一节点计算期望利率,最终算出债券价格。这种方法可以扩展到期限更长的债券。二叉树模型的优点是简单,不需要太多数学知识就可以加以应用。时间段越短,模型就越接近现实。它也有几个缺点:其一,假设未来利率变化均遵循同样的模式存在争议,模型忽略了预期假说中关于未来利率信息的类型,如果类型发生了改变,估计结果会出现偏差。其二,根据过去历史数据模拟估计一段时间的利率变化情况相对困难。2008 年全球金融危机爆发后,世界经济面临巨大的下行压力,以日本和欧元区为代表的多个国家为提振经济而实施的宽松货币政策使得本国的政策利率、市场利率乃至存贷利率均出现了负值,突破了传统货币理论所认为的零利率下限,全球开始进入负利率时代。因此,由于需要考虑负利率的因素,利用过去利率的数据已经难以模拟未来利率的走势,这降低了模型使用的有效性。但是二叉树模型直观简单而受到广泛应用,以后的章节会进一步讨论二叉树模型在衍生品部分的应用。

关于利率期限结构的研究,市场分割理论、流动性理论和预期理论都提供了一些深刻的见解,但是没有一种能够完整解释收益率曲线,本节的内容只是利率期限结构研究体系的冰山一角,大量学者对利率期限结构进行了更深入的研究,例如,杰伯和曼西(Jabbour and Mansi,2002)对静态利率期限结构模型进行了分析,戴和辛格尔顿(Dai and Singleton,2003)对动态利率期限结构模型进行了评述,对于利率期限结构的深入分析可以参考科克伦(Cochrane,2005)的著述。

第三节 债券资产组合管理

债券资产组合管理存在多种策略,一般地,将其分为消极投资策略和积极投资策略。消极投资策略通常是把证券的市场价格当作公平的价格,与那些试图利用优越的信息优势或洞察力来跑赢大盘的策略不同,消极策略的管理者在既定的市场条件下保持适度的风险收益平衡。消极管理中一个特别的例子就是试图将资产组合与利率风险隔离开或豁免资产组合的利率风险的免疫化策略。积极投资策略更倾向于寻求更大的利润,而不考虑相伴而来的风险。在固定收入的管理方式中,有两种积极管理的形式:积极的管理者或者通过利率预测来预计整个固定收入市场的运作情况,或者运用某种形式的内部市场分析来识别那些价格失衡的固定收入市场的特定部门或特定债券。

一、利率风险

在介绍债券管理策略之前,必须先引入"利率风险"的概念。在前文的描述中,可以发现利率风险与债券资产组合管理策略联系紧密。那么,什么是"利率风险"呢?利率风险是债券的价格对利率波动的敏感性,是当利率发生变动后债券价格将受到多大程度的影响,如果敏感性越高那么这种风险越大;相反如果敏感性越低,利率风险越小。根据债券价格与利率存在反向变动的关系,即利率上涨时债券价格下跌,即使是本息支付都有保证的国债,如果不考虑持有债券到期的情况,债券价格也会受到利率波动的影响。图5-2是债券价格与利率的关系图,图中的 A、B、C、D 四种债券的息票利率(coupon)、到期时间(maturity)和初始到期收益率(initial YTM)互不相同,刻画了到期收益率的变动对债券价格变化百分比关系。

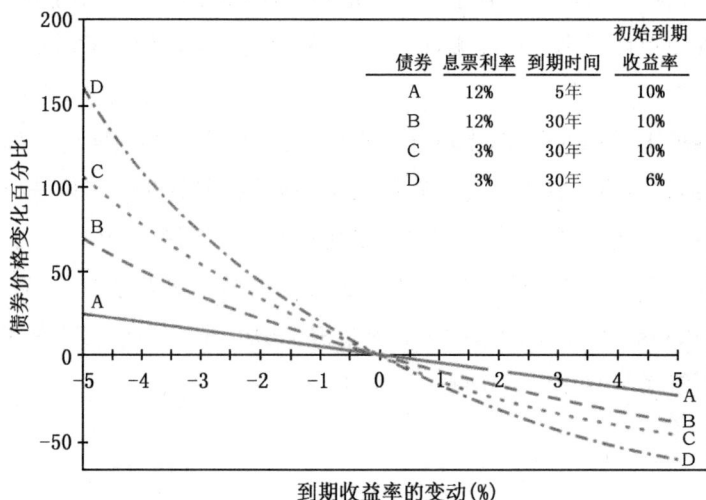

资料来源:WIND。

图5-2 债券价格变化是到期收益率的函数

首先,以上四种债券的变动趋势都表明当收益率上升时债券的价格会下降;同时,价格曲线是向下凸的,说明利率上升时对价格带来的影响相比下降时的影响更不明显。当对四种债券进行对比分析时,可以得出以下结论:(1)长期债券价格对利率变化的敏感性比短期债券更高。(2)当债券期限增加时,债券价格对收益率变化的敏感性增加,但敏感性增加的幅度随债券期限的增加而递减。(3)利率风险与债券票面利率成反比。(4)债券价格对其收益变化的敏感性与当期出售债券的到期收益率成反比。

进一步分析发现:首先,对比 A、B 两个债券时,可以得到上述第一个结论。其次, B 债券的到期时间是 A 债券的 6 倍,而由于价格曲线是向下凸的,B 债券的利率敏感度并不比 A 大 6 倍。虽然利率敏感性随着到期日的延长而增加,但并非按到期时长同比例增加。该结果显示当债券期限增加时,债券价格对收益率变化的敏感性增加,但增幅递减。再次,通过比较 B、C 两债券,可以发现,利率风险与债券票面利率成反比,即高息票利率的债券价格对利率变化的敏感度相对于低息票利率债券更低。最后,通过对比 C、D 两债券,可以发现,债券价格对其收益变化的敏感性与当期出售债券的到期收益率成反比。

二、债券久期

通过介绍利率风险可以发现,债券价格受到市场利率的影响,但是不同债券对市场利率变化的反应是不同的。在现实中,债券久期是衡量债券价格对利率敏感性的重要指标。1938 年弗雷德里克·麦考利将债券的有效期限定义为久期,通过计算债券每次支付息票利息或本金的时间加权平均得出。他认为每次支付时间的相关权重应当与该次支付和债券的"重要性"相互联系,每次支付时间的相关权重等于该次支付金额在债券总价值中所占的比例,即支付现值除以债券价格。由此可见,久期是测度债券产生现金流的平均期限的方法,它能对债券的有效期限进行正确概括统计。而如何使用久期测量利率风险,可以通过久期的推导公式解释该问题:

$$P = \sum_{t=1}^{T} \frac{CF_t}{(1+y)^t} \tag{5.13}$$

$$\frac{\mathrm{d}P}{\mathrm{d}y} = \frac{-1}{1+y} \sum_{t=1}^{T} \frac{CF_t \cdot t}{(1+y)^t} \tag{5.14}$$

$$\frac{\frac{\mathrm{d}P}{P}}{\mathrm{d}y} = \frac{-1}{1+y} \sum_{t=1}^{T} \left[\frac{CF_t/(1+y)^t}{P} \cdot t \right] = \frac{-1}{1+y} \cdot D = -D^* \tag{5.15}$$

其中,P 为债券价格,CF_t 是 t 期债券产生的现金流,y 为债券利率,D 为久期, D^* 表示为修正久期。已知债券价格 P 可以通过现金流贴现模型表示,将 P 对 y 进行求导,两边再同时除以 P,便可得到债券久期和修正久期的计算公式:

$$D = \sum_{t=1}^{T} \left[\frac{CF_t/(1+y)^t}{P} \cdot t \right] \tag{5.16}$$

$$D^* = \frac{-1}{1+y} \sum_{t=1}^{T} \left[\frac{CF_t/(1+y)^t}{P} \cdot t \right] \tag{5.17}$$

通过久期计算公式可以发现,久期能描述债券价格受利率波动的影响。修正久期的公式表示,当债券利率变化一单位时,债券价格变化的百分比。结合之前债券价格与利率的关系图得出的结论,久期越长代表债券的有效期限越长,它所承担的利率风险越大,在公式中表示为,债券久期越长使得利率变化每一单位产生的价格波动更大。但是麦考利久期不适用于具有隐含期权的债券,因为久期模型有一个重要假设,那就是随着利率的波动,债券的现金流不会变化。然而,这一假设对于具有隐含期权的债券,比如可赎回或可卖出债券等而言并不成立。因此,久期模型不应被用来衡量现金流易受到利率变动影响的金融工具的利率风险。

根据久期计算公式可以发现,决定久期大小的因素括三个:到期时间、息票利率和到期收益率。基于这些决定价格敏感性的因素对久期公式进行归纳,总结出以下五个重要法则:

久期法则 1:零息票债券的久期等于其自身的到期时间。推导过程:

T 期零息票债券价格为:

$$P = \frac{CF_T}{(1+y)^T} \tag{5.18}$$

T 期零息票债券的久期为:

$$D_{零息票} = \frac{CF_T/(1+y)^T}{P} \cdot T \tag{5.19}$$

将(5.18)式代入上式得

$$D_{零息票} = T$$

其实,根据久期计算公式,比较两年期息票债券和两年期零息票债券的久期:

$$D_{零息票} = \frac{CF_2/(1+y)^2}{P} \cdot 2 \tag{5.20}$$

$$D_{息票} = \frac{CF'_1/(1+y)}{P} \cdot 1 + \frac{CF'_2/(1+y)^2}{P} \cdot 2 \tag{5.19}$$

两年期息票债券比两年期零息票债券有更短的久期,原因是在最后一期支付前,息票债券还有一次支付息票利息的机会,而那一次的利息支付金额现值作为时间的加权权重,将会分摊掉最后一期的加权权重,从而导致整个加权平均期限减少,久期也比零息票债券更短(即最后支付前的一切息票利息支付都会减少债券的加权平均时间)。

久期法则 2:到期时间不变时,债券的久期随息票利率的降低而延长。

根据上述久期法则 1 的推论结果,将到期时间固定,可以引出第 2 条法则,法则 2 是法则 1 的普遍情况,如果假设息票率下降为零,在这种取极限的情况下,法则 2 可以转化成法则 1。图 5-3 显示了不同债券的久期趋势情况,观察到期收益率相同,息票率分别为 3% 和 15% 的债券久期轨迹,可以发现,息票率低的债券久期曲线位于息票率高的久期曲线上方,这与法则 2 的结论相符。

久期法则 3:当息票率不变时,债券久期随到期时间的增长而增长。该法则也存

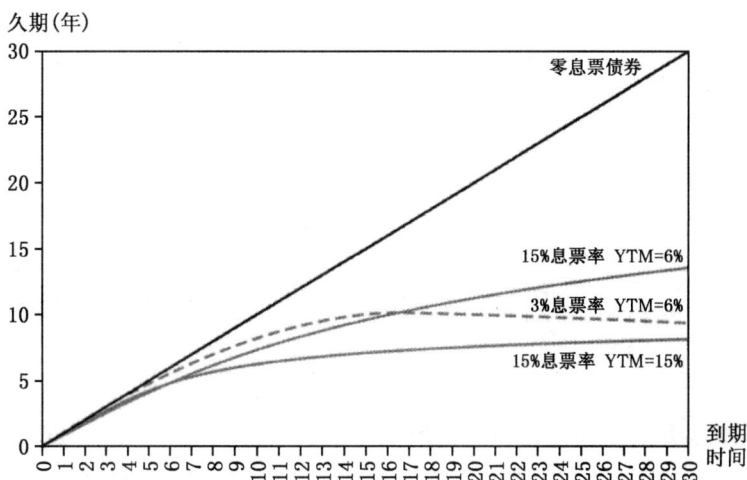

资料来源：WIND。

图 5—3　债券久期趋势

在例外，比如折现率非常高时，债券久期与到期时间成反比，但这类情况在现实中非常罕见。

　　久期法则 4：在其他因素都不变的情况下，债券到期收益率越低，债券久期越长。到期收益率高的债券，期限越往后折现率越高，后期的权重或是支付利息的现值越小，从而导致债券的整个有效期限"往前提前"了，相当于久期缩短。观察图 5—3 的久期趋势，可以发现，息票率相同而到期收益率为 15％的久期轨迹位于到期收益率为 6％的久期轨迹下方，该结果与本法则相符。

　　久期法则 5：无限期债券的久期为 $D=(1+y)/y$。

　　假设久期为无限期，通过无穷级数求和的方法可以推导出法则 5，根据该法则，影响无限期债券久期的因素只有收益率。当收益率为 10％，每年支付固定利息的无限期债券的久期等于 $(1+10\%)/10\%=11$ 年。

　　久期的计算公式看似复杂，但随着信息技术的不断发展，如今的计算机软件都能轻而易举地计算久期，以 Excel 为例，在表格中输入函数"DURATION(支付日，到期日，息票利率，到期收益率，每年息票期)"可以计算出久期，输入"MDURATION(支付日，到期日，息票利率，到期收益率，每年息票期)"可以计算出修正久期。以国内债券市场中"2019 年记账式附息国债"为例，选取债券的起息日、到期日、票面利率、到期收益率以及每年计息次数，再通过 duration 函数计算，计算结果如表 5—2 所示，该债券的久期为 17.9 年。由此可见，2019 年记账式附息国债的付息期限有 30 年，但其有效期限只有不到 18 年。

表 5—2   **2019 年记账式附息国债（190010.IB）久期**

起息日	2019/7/22
到期日	2049/7/22
票面利率	3.86%
到期收益率	3.91%
每年付息次数	2
久期	=DURATION(2019/7/22,2049/7/22,3.86%,3.91%,2)
	=17.9 年

久期在债券组合中有非常重要的地位，它代表了债券的平均生命期，将债券对信用风险的敏感性进行了量化，为投资者在债券组合管理中进行投资决策提供了可靠性的依据。

三、债券凸性

根据上一节的内容可以看到，久期实际上度量的是市场利率或者债券收益率出现一个较小的变化时可能引起的债券价格变动的幅度。但是它也有一定的不足之处，如图 5—4 所示，久期仅能描绘债券价格百分比变动对利率变动的线性关系。真实价格变化曲线是一根向下凸的曲线，说明在衡量利率风险时，久期并不能很好地刻画价格对利率的非线性变化，当收益率下降时，久期低估了债券价格的增长程度；在收益率上升时，它高估了债券价格的下跌程度。当市场利率变动较大时，要再用久期来衡量债券价格的变化，就可能产生较大的误差，债券价格随利率变化的波动性越大，这种误差越大。

为了更精确地刻画价格变化与收益率的关系，引入价格对收益率变化的二阶导数，这就是债券凸性（convexity）的概念，凸性指在某一到期收益率下，到期收益率发生变动而引起价格变动幅度的变动程度。是将凸性量化为"价格—收益率"曲线斜率的变化率，并表示为债券价格的一部分。凸性的推导公式为债券价格 P 对收益率 y 求二阶导数再除以价格 P，公式如下：

$$C = \frac{\mathrm{d}^2 P}{\mathrm{d}y^2} \cdot \frac{1}{P} = \frac{1}{P(1+y)^2} \sum_{t=1}^{T} \frac{CF_t}{(1+y)^t} \cdot (t^2 + t) \tag{5.22}$$

其中，C 表示凸性，P 表示债券价格，y 表示到期收益率，CF_t 表示 t 期的现金流。在债券价格变化时可以利用凸性对久期进行修正，修正方式如下：

$$\frac{\Delta P}{P} = -D^* \cdot \Delta y + \frac{1}{2} C \cdot \Delta y^2 \tag{5.23}$$

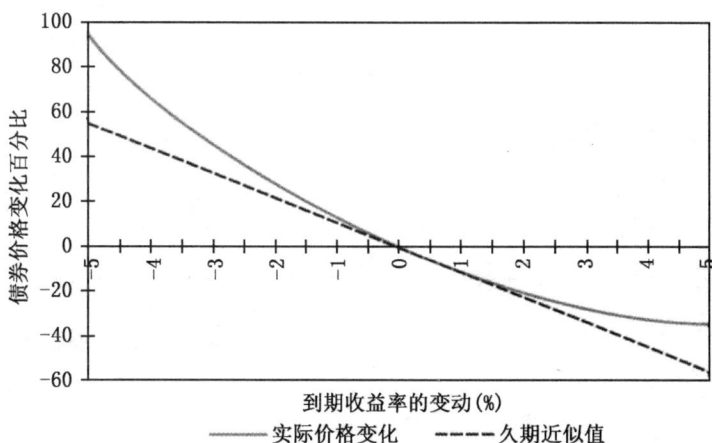

资料来源：WIND。

图5—4 债券价格的凸性

根据上述公式可以发现，虽然久期规则表明当收益率变动时，债券的新价值往往被低估，但是通过凸性的修正，对价格的变动的刻画更加精确了。如果收益率 y 变化幅度很小，则 Δy^2 部分凸性的影响微乎其微；当收益率 y 波动幅度变大，凸性的修正作用才会逐渐凸显。

在现实中，凸性的作用受到广泛关注，图5—5展示了两种不同凸性的债券，可以看出，具有较大曲率的债券在收益率下降时，其价格的增加量大于具有较小曲率的债券的价格增加量。具体而言，在初始收益率下久期相同的 A、B 两债券，两者在(0,0)处相切，也就是敏感性在该点是相同的，但是 A 曲线比 B 曲线更凸，当利率发生较大波动时，比如利率下跌，债券 A 的价格涨得就会比 B 多，如果利率上升，债券 A 跌得会比 B 少。如果利率不稳定，那这个"不对称现象"将大幅增大 A 债券的期望收益率，因为 A 上升时比 B 多，下跌得又比 B 损失少。当然，凸性肯定不是"免费"获得的，投资者若想购买较大凸性的债券，就必须付出更多钱并接受更低的收益率。

债券的凸性具有以下几个特点。第一，当市场利率上升时，债券的凸性将变小；反之，当市场利率下降时，债券的凸性将变大。这种性质被称为债券的正凸性。正凸性意味着债券的久期与市场利率反向变动。当市场利率上升时，债券久期会下降，这就进一步减缓了债券价格随市场利率上升而下降的幅度。反过来，当市场利率下降时，债券的久期将增加，从而加剧债券价格对市场利率变化的反应幅度。第二，给定市场利率和债券的期限时，债券的票面利率越低，则它的凸性越大。第三，当市场利率和修正久期既定时，票面利率越低，则债券凸性越小。

凸性在债券投资中是十分重要的工具，它经常和久期配合使用，提高预测的精度。

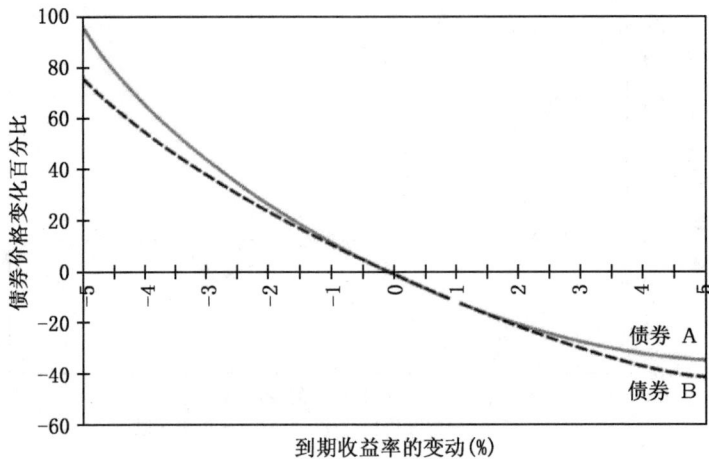

资料来源：WIND。

图5-5　不同凸性的债券

近些年来，久期模型逐渐考虑了信用风险、利率风险、税收风险等各种风险因素，使久期模型得到了更大的发展。

四、债券资产组合管理策略

由于利率风险与债券资产组合管理策略联系紧密，通过运用久期与凸性这两个重要指标精准衡量利率风险，将有助于制定正确有效的债券资产组合管理策略。接下来介绍债券的管理策略，正如前文所述，债券资产组合管理策略主要分为两类：消极管理策略和积极管理策略。

（一）消极管理策略

消极管理策略通常把债券市场价格当成公平的价格，并试图去控制它们所持固收组合的风险。在固定收益市场中，经常出现两类消极管理策略：指数策略和免疫策略。

1. 指数策略

指数策略试图让债券资产组合复制一个已有的市场指数业绩，这种策略的典型代表就是债券指数基金。指数策略主要有两种：一是纯指数化策略；另一种是增强指数化策略。纯指数化策略投资试图完全复制指数，即使自己的投资组合中各类债券的权重与债券指数相一致。因此，这种方法也称为"完全复制法"。理论上，债券市场指数与股票市场指数是相似的，但是在债券市场上要复制指数是非常困难的，因为债券指数都是每日计算总收益的市值加权平均数，指数里包含政府债、公司债、抵押支撑债等等，有些指数只包括一年期以上债券，随着时间推移，低于一年期的债券会不断从指数中被剔除，使得复制一模一样的指数存在以下几个难点：（1）购买头寸与市场一样份额的债券存在困难;(2)由于债券会不断到期,从而被指数剔除,管理者需要寻找新的债券以替换被剔除的债券,然而无法轻易找到特征相似的债券;(3)当债券投资带来收益使得资产管理规模扩大时,增加了债券管理工作的复杂性。因此,在实践中,精确复制债券指数是不可能的,作为替代,债券组合管理者经常采用分层网格的方式来解决上述难题。表5-3将不同的债券按期限和发行者类别进行划分,同一单元内的债券被认为是同质的,然后计算每一单元市值占全部债券市值的百分比,最后建立一个债券资产组合,该组合中每一单元债券所占比例与该单元在各单元的全部债券中所占的比例相匹配。通过此方法,将组合的各个特征与指数相应特征相匹配,因而获得可以跟踪指数业绩的资产组合。

表 5-3 债券分层网格

期限 \ 种类	国库券 (Treasury)	政府机构债券 (Agency)	抵押支持债券 (Mortgage-backed)	工业债券 (Industrial)	金融债券 (Finance)	公用事业债券 (Utility)	扬基债券 (Yankee)
<1 年	12.1%						
1-3 年	5.4%						
3-5 年			4.1%				
5-7 年							
7-10 年		0.1%					
10-15 年							
15-30 年			9.2%			3.4%	
30 年以上							

资料来源:WIND。

增强指数化策略将主要风险因子进行匹配来构建指数组合,该策略将投资组合的风险特征与指数的风险特征进行匹配,基于大量样本的债券进行复制,常用的匹配风险因子包括久期、赎回风险、信用风险、现金流等。当市场发生诸如利率水平改变、收益率曲线变形等巨大变动时,该方法能够保持和基准指数相同的变动趋势。增强指数化策略与纯指数化策略相比,跟踪指数的差异较高,但是实现成本相对较低,如果通过有效的构建方法并选择被低估的债券,增强指数化策略的收益率相比纯指数化策略更高。另外,在风险因子匹配的过程中允许久期以外的风险因素出现微小的匹配误差,使得投资组合倾向于特定的方向,比如期限结构、信用风险、赎回风险等。这种方式的本质是通过暴露部分风险因素而缩小跟踪指数的误差,由此衍生出多种增强策略,包括:赎回风险增强策略、收益率曲线增强策略、选择发行人增强策略、成本增强策略等。

2. 免疫策略

与指数策略不同,许多机构并不试图通过利率预测去追求超额报酬,而是将自己所持资产组合与所面临的利率风险相隔离,在回避利率波动风险的条件下实现既定的目标。比如银行与养老基金,这类投资者对利率风险的厌恶程度非常高,他们的资产净值和未来的支付能力都与利率波动高度相关。所以这些机构会通过适当地调整资产组合的期限结构去摆脱利率风险。他们通过寻找久期相同的资产去投资,以资产价值的变动来对冲由利率波动导致的负债价值的变化。这种想要保护全部金融资产免受利率波动影响的策略称为免疫策略,大部分使用免疫策略的机构将来为偿还负债而需要支付一系列现金流,因此需要构造债券投资组合以实现这个目标。所以免疫策略通常需要满足两个要求:(1)债券资产组合的有效久期和负债的有效久期必须相等;(2)债券资产组合的现金流初始值必须与负债的初始值相等。在满足了上述两个要求的基础上选择凸性最高的债券构建策略尽量减免到期收益率变化所产生负效应。常见的免疫策略分为两种:所得免疫策略和价格免疫策略。

所得免疫策略的目的是保证拥有充足的资金以满足可能随时产生的现金支付要求。养老基金、社保基金这类机构投资者经常选用所得免疫策略。他们对流动性有很高的要求,需要债券组合能随时随地满足支付的需求。所得免疫策略又分为几种。在构建组合时以现金流是否匹配为衡量标准的策略称为现金配比策略。由于为了满足随时可能产生的现金支付需求,所以现金配比策略限制性很强,在选择债券时会剔除现金流特性较差的债券,使得供选择的资产池缩小,增加了构建组合的难度。另一种所得免疫策略是以久期配比为衡量标准的策略,这种策略只考虑负债的久期与资产组合的久期是否相同,因而使得可供选择的资产池相对丰富,同时也存在缺点,为了满足久期的匹配,构建组合时需要抛售价格处于低位的资产,造成损失。为此,部分投资者将两种策略结合使用,即水平配比策略。这种策略吸收了现金配比策略和久期匹配策略的优点,构建的资产组合拥有高流动性,选择资产时拥有较大的弹性。

价格免疫策略构建的资产组合的市场价值需要高于负债的市场价值,通常选择凸性作为构建组合的衡量指标,以组合凸性与负债资产凸性相匹配为标准。例如,一家基金构建资产组合使得组合的市场价值等于未来需要支付的资产总值的现值,并且使得凸性高于负债的凸性,不论利率如何变化,资产组合的到期收益率都高于负债的到期收益率,而且凸性越大,利率波动带来的收益也会越大,以满足最终支付全额负债的目的。

免疫策略本身带有一定的假设条件:(1)要求收益率曲线的变动幅度较小,到期收益率的高低与市场利率的变化之间有一个最优平衡点,一旦收益率发生较大变动,则投资组合策略的免疫作用将失效,需要重新设计策略进行再免疫;(2)免疫严格限定了到期支付日,而在现实中,投资项目存在终止期无法确定的情况,这导致该策略有效性下降;(3)投资组合策略的免疫作用仅对于即期利率的平行移动有效,对于其他变动,则需要进一步拓展研究。

虽然指数策略与免疫策略均意味着市场价格是公平价格,但是它们处理利率暴露风险的方式却大不相同。指数策略的债券组合通过将自身的风险回报与债券市场指数的风险回报进行匹配以跟踪市场总体情况,以赚取目标收益;但免疫策略则不同,它试图建立的是几乎零风险的资产组合,这使得利率变动对公司价值几乎毫无影响。

(二)积极管理策略

积极的债券管理策略主要分为三类:债券互换、水平分析和骑乘收益率曲线策略。

互换也称掉期。债券互换是同时买入和卖出具有相近特征的两种以上债券,从而获得收益级差的策略。不同债券在利息、违约风险、久期、流动性和税收等特征上有一定的差别,这也提高了债券互换获利的可能性。积极的债券组合管理通过使用债券互换提高组合收益率。常见的债券互换类型有四种:(1)替代互换,为两种相似债券的交换。如果投资者相信市场中这两种债券价格暂时失衡,且能带来获利机会,掉期就会出现。(2)市场价差互换,是两个部门债券的交换,例如公司债和政府债被认为价差过大,并认为这只是暂时的,将来会缩小,人们的投资就会从政府债转向公司债。(3)利率预测互换,对预测利率的交换。若投资者相信利率会下降,则他会卖掉久期短的债券转而置换成久期长的债券。(4)获得纯收益互换,出售较低息票率或较低到期收益或两者皆是的债券而购买相对高的债券,目的是获得较高的回报。

水平分析是基于对未来利率预期,从而对债券组合进行管理,以使其保持对利率变动的敏感性。水平分析实质上是预测未来市场利率的波动情况。由于久期是衡量利率变动敏感性的重要指标,这意味着如果预期利率上升,就应当缩短债券组合的久期;如果预期利率下降,则应当增加债券组合的久期。水平分析认为,一种债券在任何既定的持有期中的收益率在一定程度上取决于债券的期初和期末价格以及息票利率。由于期初价格和息票利率都是可知的,水平分析主要集中在对期末债券价格的估计上,并由此来确定现行市场价格是偏高还是偏低。由此可见,水平分析对市场把控能力要求非常高,对未来收益率的预测是水平分析中的关键。

根据水平分析衍生出一种称为骑乘收益率曲线策略的特殊的利率预测形式。骑乘收益率曲线策略又被称为收益率曲线追踪策略。由于债券收益率曲线随期限变化而变化,因此投资者便能够以债券收益率曲线形状变动的预期为依据建立或调整头寸,从而获利。骑乘收益率曲线策略通常分为三类:子弹式策略、两极式策略和阶梯式策略。子弹式策略是集中投资中等期限的债券,由于中间突出,所以叫子弹式。两极式策略是重点投资于期限较短的债券和期限较长的债券,弱化中期债的投资,形状像一个哑铃,所以也叫哑铃型策略。阶梯型组合是当收益率曲线的凸起部分是均匀分布时,集中投资于这几个凸起部分所在年期的债券,由于其剩余年限呈等差分布,恰好就构成了阶梯的形状。

以上是本章债券资产组合管理的全部内容,但是这些内容只是资产管理的基础知识,随着现代金融工具的创新,资产组合中会不断加入新的风险收益特征,这将会给债券资产组合管理者乃至所有市场投资者带来新的机遇和挑战!

第六章　衍生品市场及其定价机制

金融衍生品市场迅速发展,规模不断扩大,金融衍生品交易在全世界都十分活跃。现如今衍生品在金融市场的地位变得越来越重要,这些衍生品已经渗透到金融领域的方方面面。本章首先介绍金融衍生品期权和期货的产生与发展,然后介绍期货、期权和互换的原理和定价方式,最后介绍 2008 年的金融危机和作为导火索的金融衍生品:资产证券化(ABS)和信用违约掉期(CDS)。

第一节　期权和期货的产生与发展

金融衍生品交易的起源可以追溯到公元前 7 世纪,亚里士多德在著作《政治学》中关于古希腊哲学家泰勒斯的故事。橄榄在那个时代是大宗商品,是非常重要的生活必需品。泰勒斯在某个风轻云淡、阳光明媚的日子里,突然觉得第二年橄榄会大丰收,因为橄榄主要用于榨取橄榄油,而橄榄的保存期又比较短,因此对橄榄榨油器的需求会大量增加。泰勒斯于是找到当地拥有橄榄榨油器的农户,支付了一笔权利金,以锁定明年榨油器的使用权,如果到时橄榄没有大丰收,榨油器租金低于约定价格,那么泰勒斯可以放弃这个租用权,但损失一点权利金;如果榨油器的租金高于约定价格,那么泰勒斯可以以预定价格租用榨油器,然后再以更高的市场价转租给其他农户。一年后,橄榄果然大丰收,泰勒斯靠高价转租橄榄榨油器获得了丰厚的利润。泰勒斯购买的榨油器使用权就属于期权合约的早期形式。

现代期权合约雏形产生于 17 世纪 30 年代的荷兰郁金香泡沫中。17 世纪早期,郁金香从南欧被引入荷兰,由于郁金香有较高的观赏价值,并可以用于装饰,因此被上层阶级视为财富与荣耀的象征,郁金香堪称是 17 世纪的奢侈品。而郁金香由于量少,因此价格也较高,就像限量版奢侈品,需要到批发商预定,但对于批发商来,由于不像现代奢侈品有统一的零售价,批发商从农户处收购郁金香的进货成本事先无法确定,需要承担较大的价格变动风险,在这一背景下,郁金香期权应运而生。批发商通过向农户购买认购期权的方式,在合约签订时锁定未来郁金香最高进货价格,收购季到来时，如果郁金香的市场价格比合约价格低，批发商就以市场价格买入郁金香，但是要损失当初购买期权的费用，即权利金；如果市场价格高于合约价格，批发商可以以低于市场价的合约价格买入郁金香。这形成了最早的商品期权。

　　不仅仅是现代期权合约雏形产生于荷兰的郁金香泡沫期间，现代期货合约的雏形也在郁金香泡沫期间出现。1635 年，投机商看中郁金香的商机，开始培育郁金香新品，并囤积郁金香球茎，以此推动价格上涨。同年，炒买郁金香的热潮蔓延为荷兰的全民运动，人们购买郁金香已经不再是为了其内在的价值或作观赏之用，而是期望其价格能无限上涨并因此获利。1637 年 2 月 4 日，郁金香市场突然崩溃，六个星期内，价格平均下跌了 90%。郁金香泡沫是人类史上第一次有记载的金融泡沫经济，泡沫的破裂给荷兰经济造成了沉重的打击。郁金香泡沫的形成和上文提及的期货合约也有很大关系。在 1634 年以前，郁金香和其他花卉一样是由花农种植并直接经销的，价格波动的幅度并不大。在 1634 年底，荷兰的郁金香商人们组成了类似产业行会的组织（college），基本上控制了郁金香的交易市场。这个行会强行规定：任何郁金香买卖都必须向行会缴纳费用。每达成一个荷兰盾的合同要交给行会 1/40 荷兰盾。对每一个合同来说，其费用最多不超过 3 盾。由于这些行会通常在小酒馆里进行郁金香交易，他们所收取的费用常常被称为"酒钱"（wine money）。由于郁金香的需求上升，推动其价格上升，人们普遍看好郁金香的交易前景，纷纷投资购入郁金香合同。郁金香球茎的收获期是每年的 9 月。在 1636 年底，荷兰郁金香市场上不仅买卖已经收获的郁金香球茎，而且还提前买卖在 1637 年将要收获的球茎。这些在 1636 年买卖 1637 年才能收获的郁金香的合约是期货合约。郁金香的交易被相对集中起来之后，买卖双方的信息得以迅速流通，交易成本被大大降低。而在早期的郁金香期货市场上没有很明确的规则，对买卖双方都没有具体约束。郁金香合同很容易被买进再卖出，在很短的时间内几经易手，使得商人们有可能在期货市场上翻云覆雨，买空卖空。在多次转手过程中，郁金香价格也被节节拔高，由此助推了郁金香泡沫的形成。

　　随着时代不断发展，有明确交易规则和监管规则的现代期货期权合约逐渐诞生。1848 年，芝加哥的商人发起组建了芝加哥期货交易所（CBOT），现代意义上的期货交易产生。芝加哥期货交易所在最初的主要职能是将所交易的谷物进行数量和质量标准化。1851 年，芝加哥期货交易所引入了远期合同。1865 年，芝加哥期货交易所推出了标准化合约并实行了保证金制度。随着现货生产和流通的扩大，不断有新的商品期货品种出现。除小麦、玉米、大豆等谷物期货外，伴随新的交易所在芝加哥、纽约、堪萨斯等地出现，棉花、咖啡等经济作物，黄油、鸡蛋以及后来的生猪、活牛等畜禽产品，木材、天然橡胶等林产品期货也陆续上市，农产品商品期货交易蓬勃发展，与此同时，金属期货交易也在英国诞生。1887 年 7 月，伦敦金属交易所（LME）组建。伦敦金属交易所自创建以来,交易活跃,至今伦敦金属交易所的期货价格依然是全球有色金属市场的晴雨表。目前主要交易品种有铜、锡、锌、铝、镍、白银等。美国金属期货的出现晚于英国,19世纪后期到20世纪初以来,美国经济从以农业为主转向建立现代工业生产体系,期货合约的种类逐渐从传统的农产品扩大到金属、贵金属、制成品等。纽约商品交易所(COMEX)成立于1933年,由4家经营皮革、生丝、橡胶和金属交易的交易所合并而成,交易品种包括黄金、白银、铜、锌、水银等,该交易所是世界上最大的黄金交易中心,其黄金价格被认为是国际黄金市场的晴雨表。

20世纪70年代初,世界金融市场发生了巨变。1971年,运行了几十年的布雷顿森林体系正式解体,固定汇率制度逐渐瓦解,浮动汇率制度成为各欧美国家的选择。在浮动汇率制度下,汇率波动幅度较大。与此相伴,各国也在不断推进利率市场化进程。随着欧美国家利率、汇率市场化程度的提升,利率、汇率风险逐渐成为市场风险的主要来源,大家对利率、汇率风险管理的需求大幅增加。金融期货期权在这一背景下产生。1972年,芝加哥商品交易所推出了全球第一个场内标准化股票期权;1975年,伴随着美国利率市场化进程,芝加哥期货交易所推出了全球第一个利率期货品种——国民抵押协会债券期货;1982年,堪萨斯交易所又推出了全球第一个股指期货——价值线指数期货合约。1973年,芝加哥期权交易所(CBOE)成立,大大加快了期货期权产品的推出。在芝加哥期权交易所成立之初,推出了16只股票的认购期权交易。此后,芝加哥期权交易所一直不遗余力地开发新的期权交易品种,在1977年推出认沽期权,在1983年推出市场指数期权,在1990年推出长期期权(LEAPS),在2004年推出了VIX指数期货,2005年开始交易期限为一周的短期期权(weekly options)。如今,在芝加哥期权交易所交易的股票期权已经有近2 000个品种、指数期权30多个品种以及其他ETF期权、利率期权等。伴随着期权交易在美国的迅猛发展,期权交易在全球也日渐活跃。1978年,伦敦证券交易所和荷兰欧洲期权交易所都推出了期权交易,1982年多伦多证券交易所和蒙特利尔证券交易所推出股票期权交易,1995年香港证券交易所推出首只股票期权,成为亚洲第一个为投资者提供期权交易的金融市场。2002年,韩国证券交易所开始交易股票期权。

中国金融衍生品市场是在我国政府直接推动下建立的。新中国成立以后,尤其是改革开放以来中国金融衍生品市场得到快速发展。我国期货市场历史可以分为三个阶段:(1)1988年—1993年的发展探索阶段。1988年七届人大一次会议《政府工作报告》中指出:"积极发展各类批发贸易市场,探索期货交易"。同时成立工作组着手研究。1990年郑州粮食批发市场开业,引入期货交易,是中国期货市场诞生和起步的标志。1992年,万通期货经纪公司和中国国际期货经纪公司成立,是我国最早的期货经纪公司,在推动中国期货交易上发挥了积极作用。(2)1993年—1998年的快速发展与整顿治理阶段。1993年至1994年这两年期间,期货经纪公司和期货交易所大量出现,地下期货交易也随之活跃。1994至1998年期间,国家对国内期货交易进行整顿,规范期货交易的秩序,整顿后的期货交易所为15家。(3)1998年至今的规范发展阶段。2000年12月,中国期货业协会正式成立。2006年9月,中国金融期货交易所在上海成立。2010年4月,沪深300股指期货合约上市,成为中国首个金融期货。2013年9月,5月期国债期货合约上市。截至2024年8月份,在中国金融期货交易所交易的金融期货品种有8个。

在金融期权方面,2011年国内推出银行间市场人民币兑外汇期权,2015年国内正式推出黄金实物期权和上证50ETF期权。2019年11月8日晚,中国金融期货交易所发布公告称,为进一步加强资本市场基础制度建设,经中国证监会原则同意,中金所拟于近期开展沪深300股指期权上市交易。股指期权是管理资本市场风险的重要工具,上市股指期权,有助于完善资本市场风险管理体系,吸引长期资金入市,推动资本市场深化改革,促进资本市场健康发展。截至2024年8月份,在中国金融期货交易所交易的金融期权品种有3个,分别为沪深300股指期权、中证1000股指期权、上证50股指期权。

第二节   期货市场原理和对冲策略

一、期货市场原理

(一)远期合约与期货合约

在本节,我们将解释期货市场的运行细节,在介绍期货合约前,先介绍最简单的金融衍生品远期合约(forward contract),远期合约是交易双方约定在将来的某个时刻按合约约定的价格购买或出售某资产的协议。该协议约定的交易价格是远期价格。如果协议约定今天进行交易,这个协议就是即期合约(spot contract),协议的约定价格是即期价格。期货合约(futures contract)与远期合约在合约内容上一样,都是双方签订一项协议约定在将来的某个时刻按某一价格交易某项资产。然而远期合约是在交易所以外的市场完成交易的,期货合约是在交易所内交易,所以交易所参与其中为期货合约规定了标准化条款,并提供了某些机制保证交易不会违约。

表6-1和6-2分别是纽约商品交易所交易的原油期货合约和大连商品交易所玉米期货合约的合约基本信息。从表中可以看出世界各地的交易所的期货合约制定了标准化合约条款。现在,以大连商品交易所的玉米期货为例子,阐述期货合约是如何运行的。假设在2018年10月18日,一个上海的商人指示经纪人买入10吨玉米,

玉米的交割日期在 11 月。经纪人会马上将这一指令通知交易员买入一份(或一手)11 月到期的玉米期货合约,1 份玉米期货合约规模等于 10 吨玉米的买卖。与此同时,北京的另一个商人指示经纪人卖出 10 吨玉米,玉米的交割日期也是 11 月,经纪人也会马上将客户的指令通知交易员卖出一份 11 月到期的玉米期货合约。当双方同意交易价格后,交易成立。这个交易中,购买玉米期货合约的上海商人承约期货多头方(long futures position),建立多头头寸,而卖出期货合约的北京商人承约期货空头方(short futures position),建立空头头寸,双方所达成共识的交易价格是在 10 月 18 日的在 11 月交割玉米期货的期货价格(futures price)为 1815 元/吨。而这个期货价格是由市场供需关系产生波动的。如果在某一时刻愿意持有 11 月份玉米期货合约空头头寸的投资者多于愿意持有多头头寸的投资者,那么价格将会下跌,这时会有新的买方进入市场,从而使买方与卖方达到平衡;如果愿意持有 11 月份玉米期货合约多头头寸的投资者多于愿意持有空头头寸的投资者,那么价格将会上升,新的卖方进入市场,使买方与卖方达到平衡。

表 6—1 原油期货合约

Contract Size (合约规模)	1 000barrels(1 000 桶)
Minimum Tick (最小变动价位)	$ 0.01per barrel(0.01 美元/桶)
Dollar Value of One Tick (最小变动价值)	$ 10 U. S. Dollars(10 美元)
Product Symbol (产品代码)	CL
Trading Hours (交易时间)	Sunday-Friday 5:00pm—4.00pm CT with a 60-minute break each day at 4:00pm CT(美国中部时间每周日至周五下午 5:00—下午 4:00,每天下午 4:00 停盘 60 分钟)
Contract Months (合约月份)	All(所有月份)
Trading Venue (交易地点)	CME offers electronic trading almost 24 hours/6 days a week(芝加哥商品交易所提供每周六天每天几乎 24 小时的电子交易)
Options Available (交割时间)	Quarterly,Monthly,Weekly(每季、每月、每周)

资料来源:纽约商品交易所。

表 6—2 大连商品交易所玉米期货合约

交易品种	黄玉米
交易单位	10 吨/手

续表

报价单位	元(人民币)/吨
最小变动价位	1元/吨
涨跌停板幅度	上一交易日结算价的4%
合约月份	1月,3月,5月,7月,9月,11月
交易时间	每周一至周五上午9:00—11:30,下午13:30—15:00
最后交易日	合约月份第十个交易日
最后交割日	最后交易日后第3个交易日
交割等级	大连商品交易所玉米交割质量标准(FC/DCE D001—2013)(具体内容见附件)
交割地点	大连商品交易所玉米指定交割仓库
交易保证金	合约价值的5%
交易手续费	不超过3元/手(当前为1.2元/手)
交割方式	实物交割
交易代码	C
上市交易所	大连商品交易所

资料来源:大连商品交易所。

但是,大多数期货合约不会进行实物交割,大部分人会在合约规定的交割期到来之前选择平仓。对一个合约平仓是承约与初始交易头寸相反的头寸。例如,在2018年10月18日买入一份11月玉米期货合约的上海的商人可以在11月14日通过卖出1份11月玉米期货合约进行平仓。而在10月18日卖出1份11月玉米期货合约的北京商人可以在11月14日通过买入1份11月玉米期货合约进行平仓。在这种情况下,商人的总损益等于平仓日期11月14日的期货价格与10月18日的期货价格之差。所以,持有多头头寸时,未来期货价格上涨时,获得收益。持有空头头寸时,未来期货价格下跌时,获得收益。

(二)期货合约的主要条款

当一项新的期货合约被开发出来时,交易所必须对该期货合约的具体条款进行详细的注明。尤其是标的资产、合约规模、交割时间与地点、价格和头寸的限额。

1. 标的资产

当期货标的资产为实物商品时,商品的质量可能存在很大差别。因此,在指定标的资产时,交易所对交割资产的质量标准进行了严格的规定。表6—3是大连商品交易所对玉米期货合约的玉米质量的要求。对于某些商品,在一定品质范围内的商品都可以交割,但是价格会有所调整。表6—4是玉米期货合约替代品质量要求,标准品质量要求是容重大于等于 675g/L,但是根据交易所建立的差别条款,可以选用其他替代品,但是替代品的价格会进行调整。

表 6—3　　　　　　　　　　　　玉米期货合约质量要求

容重(g/L)	杂质含量(%)	水分含量(%)	不完善粒含量(%)	霉变粒(%)	色泽、气味
≥685	≤1.0	≤14.0	≤8.0	≤2.0	正常

资料来源:大连商品交易所。

表 6—4　　　　　　　　　　　玉米期货合约替代品质量要求

项　目	标准品质量要求	替代品质量要求	替代品扣价(元/吨)
容重(g/L)	≥685	≥660 且<685	−40
水分含量(%)	≤14.0	>14.0 且<14.5	0

资料来源:大连商品交易所。

如果期货合约的标的资产为金融资产时,其定义通常很明确,并且没有类似于商品的质量规定。表 6—5 是沪深 300 股指期货合约,其中就包含了该期货的所有合约信息。

表 6—5　　　　　　　　　　　　沪深 300 股指期货合约

合约标的	沪深 300 指数	最低交易保证金	合约价值的 8%
合约乘数	每点 300 元	最后交易日	合约到期月份的第三个周五,遇国家法定假日顺延
报价单位	指数点	交割日期	同最后交易日
最小变动价位	0.2 点	交割方式	现金交割
合约月份	当月、下月及随后两个季月	交易代码	IF
交易时间	上午:9:30—11:30,下午:13:00　15:00	上市交易所	中国金融期货交易所
每日价格最大波动限制	上一个交易日结算价的 ±10%		

资料来源:中国金融期货交易所。

2. 合约规模

合约规模(contract size)明确了在每一份合约中交割资产的数量。针对不同的标的资产,交易所选择合适的合约规模。美国原油期货的合约规模就是 1 000 桶,大连玉米期货的合约规模为 10 吨。沪深 300 股指期货的合约规模为 300 倍的沪深 300 指数,中证 500 股指期货为 200 倍的中证 500 指数。交易所在制定合约规模时需要考虑,如果合约规模过大,希望持有较小规模头寸的投资者则无法使用该期货合约进行交易;如果合约规模过小,使得交易频率增加,导致交易成本上升。一些交易所为了吸引小额投资者会选择相对较小的合约规模,例如,小型纳斯达克100期货的规模为20倍的纳斯达克100指数。

3. 交割时间与地点

如果合约发生实物交割,则交易所需要安排交割时期与交割地点。交割时期是交易所指定的月份中可以进行交割的一个时间段,期货合约通常按交割的月份命名。许多期货合约的交割时期是整个交割月。每个合约对交割日期都有不同的规定,比如玉米期货合约交割月份为1月份、3月份、5月份、7月份、9月份和11月份,而最后交割日为最后交易日的第3个交易日,这份合约最后交易日为合约月份第十个交易日。交割地点必须是交易所指定的地点,如果以交割为前提进行期货交易,由于运输成本的原因,交割价格也会随着交割地点的不同进行调整。一般当期货交割地点与商品生产地越远时,交割价格也会越高。另外有些期货合约并不是实物交割,而是现金交割,比如股指期货。

4. 价格和头寸的限额

大多数合约的价格每天的变动存在限制,交易所规定了每日期货价格变动的上限和下限。类似于中国股票市场的涨停跌停制度,如果当天期货价格下跌或上涨至每日价格限额,该合约将会在当天停止交易。设定每日价格变动限额的目的同样是为了防止由于过多投机活动而造成价格的巨幅波动。但实际是否有利于期货市场仍存在争议。

期货合约价格存在一个重要特征:随着期货合约交割月份的逼近,期货价格会逐渐收敛于标的资产的即期价格,也称为现货资产的当期价格。在达到交割期后,期货价格会等于或非常接近于即期价格。为什么会有这样的性质呢?首先假设交割期内期货价格高于即期价格。此时,交易员存在套利机会。他可以卖出一份期货合约,买入标的资产,进行实物交割。这个交易一定会盈利,收益为期货价格与即期价格的差价。当交易员进行上述交易会导致期货价格下降,当期货价格低于即期价格时,想要获得标的资产的公司会买入期货合约等待交割,使得期货价格上涨,双方的交易行为最终使得期货价格逐渐接近于即期价格。

(三)保证金账户制度

以交割为目的的期货交易本质与远期合约相似,是交易双方以约定的价格在未来进行交易,这之中存在明显的合约违约风险,比如因为后悔想退出交易,或者因为自身财力不足无法完成交易等。而交易所为了避免这种情形发生,于是设立了保证金账户(margin account)制度。期货投资者会拥有一个保证金账户,如果要进行期货交易便需要在保证金账户存放相应的金额,相当于期货交易的担保品。

保证金的运作方式如下:假定投资者在2018年11月19日与经纪人联系要求买

入 1 份 11 月份到期玉米期货合约。假设当时期货价格为 1 827 元/吨,合约规模为 10 吨。投资者最初开仓交易时必须存入的资金量被称为初始保证金(initial margin)。我们假定每份合约的初始保证金为合约价值的 5%,初始保证金为 1 827×10×5%＝913.5 元。在每个交易日结束时,保证金账户的金额数量会得到调整,从而反映投资者的盈亏。这种做法被称为逐日盯市制度。例如,第一个交易日结束时,玉米期货价格从 1 827 元跌至 1 818 元,跌了 9 元,投资者的损失为 9×10＝90 元,投资者以 1 827 元的价格买入 10 吨的 11 月玉米,现在仅能以 1 818 元出售。因此保证金账户的金额要减少 90 元,保证金减至 823.5 元。如果第一个交易日结束时,玉米期货价格上涨至 1 835 元,涨了 8 元,保证金账户会增加 8×10＝80 元,保证金会增至 993.5 元。每笔交易都会以当天闭市时的市场价格来结算。为保证保证金账户的资金余额不会出现负值,交易所会设置维持保证金(maintenance margin),维持保证金一般会低于初始保证金数量。当保证金余额低于维持保证金时,交易所会要求投资者在下一个交易日追加保证金达到初始保证金的水平。若投资者不能或者拒绝按时追加保证金,经纪人将会强制将期货合约平仓。在以上的例子中,可以通过卖出 11 月交割 10 吨玉米的期货合约进行平仓。如果投资者仓位较重并且出现巨大的浮亏造成可用资金不足时,就要交易时间内立刻追加保证金了。在现实中,保证金制度同时对经纪人和客户进行约束,当期货价格下降时,期货多头方投资者减少的保证金通过经纪人支付给交易所,再由交易所支付给期货空头方经纪人并转给空头投资者。因此,经纪人作为中介机构会提高交易所要求的最低保证金比例给予交易双方一个缓冲期。国内大部分期货公司的维持保证金比例和初始保证金比例是一样的。

由于上述这些独特的设计使得期货合约与远期合约有很大的不同,远期合约是在交易所以外的市场进行交易,称为场外交易市场(over-the-counter market,OTC),比如交易双方通过电话联系签订一个合约完成交易。远期合约的约定条款没有固定的格式,比如没有标准化的合约规模和交割安排,远期合约通常会指定一个交割日期,并且一般会持有到期进行交割。而期货合约是在交易所交易的标准化合约,交割日期通常为一段时间,这种合约每天结算,并且一般会在到期日之前就被平仓。由于期货合约受到交易所保证金制度的约束大大降低了违约的信用风险,而在场外市场的远期合约依然存在信用风险。

二、对冲策略

了解远期合约与期货合约的基本情况后,有个问题油然而生,为什么人们会进行远期与期货的交易呢?虽然远期与期货在各个方面都有所不同,但是两种合约都是在将来特定时刻以某种价格买卖某资产的协议。从这点可以看出,远期和期货都可以锁定未来的价格,因此投资者可以利用这两个工具降低原油、汇率、股票等未来价格波动带来的损失,以达到套期保值的目的。以此目的设计的投资组合策略称为对冲策略,接下来介绍利用期货合约进行对冲的原理。

当投资者使用期货合约对冲风险从而套期保值时,目标是选择一定数量的头寸使得风险中性化,并且在相应的时间内平仓获得收益对冲风险。最基本的对冲策略分为空头对冲(short hedge)和多头对冲(long hedge)。

(一)空头对冲策略

空头对冲是持有期货空头的对冲策略。当对冲者目前持有某种资产,并计划在将来卖出资产时,为了锁定未来卖出获得的收益,期货空头对冲策略是一个可行的选择。

现在举个详细的例子说明空头对冲策略的运作方式。假设在 4 月 26 日,一家公司签订了一份卖出 1 万吨玉米的订单。订单约定的交易价格为 7 月 26 日的市场价格。因此在今后的 3 个月内,玉米价格每上涨 1 元/吨,公司的营业收入会增加 1 万元,玉米价格每下跌 1 元,公司的营业收入将会下降 1 万元。假设 4 月 26 日玉米的即期价格为 1 800 元/吨,当前 7 月份交割的玉米期货合约的期货价格为 1 790 元/吨。玉米期货合约规模为 10 吨/手(份),此时公司可以通过承约 1 000 份期货合约空头,或称为卖出期货,来对冲未来价格波动的风险。如果公司在 7 月 26 日选择平仓,该空头对冲策略的效果是将玉米的卖出价格锁定在 1 790 元/吨。

在未来玉米价格变动的情况下,空头对冲策略会有什么效果?假设 3 个月以后,在 7 月 26 日玉米的即期价格下跌至 1 750 元/吨。公司根据订单以市场即期价格卖出 1 万吨玉米获得的收入为 1 750 万元。对于 7 月份交割的期货合约,7 月 26 日的期货价格接近于即期价格 1 750 元/吨,此时公司对该期货合约进行平仓,一份期货合约获得的收益为(1 790－1 750)×10＝400 元,相当于公司通过期货合约从每吨玉米上多赚 40 元。空头对冲策略的总收益为 1 000×400＝40 万元。将该收益加上订单卖出玉米获得的收入,公司的总收入一共为 1 750＋40＝1 790 万元,公司将玉米的收益锁定在 1 790 元/吨。假设 3 个月以后,玉米的需求量增大,玉米的即期价格上涨至 1 850 元/吨。每份期货合约使公司亏损(1 850－1 790)×10＝600 元,相当于公司通过期货合约从每吨玉米上少赚 60 元。这时玉米订单的收入加上期货空头的总收入为 1 850－60＝1 790 万元。在两种情形下,公司的整体收入保持在 1 790 万元,将每吨玉米的收益锁定在 1 790 元/吨,与 4 月 26 日玉米的即期价格接近。

(二)多头对冲策略

多头对冲是持有期货多头的对冲策略。当公司计划在未来的某个时刻需要购入某项资产,但是需要将价格锁定为当前的现货价格,可以采用多头对冲策略。采用这种策略的公司一般担心未来价格会上涨,所以选择持有期货多头,利用期货合约的收益弥补未来现货资产涨价带来的损失。需要注意的是,部分公司会考虑持有期货合约到期进行交割从而获得想要购买的资产,但是由于期货交割存在额外的成本,多头对冲者通常会在交割前选择平仓。以下举例说明多头对冲策略的运作方式。假设在 4 月 26 日,一家炼油企业在 7 月 26 日需要 10 万桶原油,当时的原油现货价格为 500 元/桶,7 月份交割的期货合约价格为 490 元/桶。每份期货合约规模为 1 000 桶,炼油企业通过期货交易所承约 100 份原油期货合约多头,即购买期货合约,而在 7 月 26 日选择平仓。如果在 7 月 26 日原油的即期价格下跌到 450 元/桶,此时在 7 月份交割的期货合约价格与即期价格接近,期货价格为 450 元/桶。则期货合约带来的损失为 (490−450)×1 000×100=400 万元。购买原油现货的支出为 10×450=4 500 万元。所以整体成本为 4 500+400=4 900 万元,相当于每桶原油的价格为 490 元。如果在 7 月 26 日原油的即期价格上涨到 550 元/桶,而 7 月份交割的期货合约价格与即期价格接近。则期货合约带来的收益损失为(550−490)×1 000×100=600 万元。期货合约的收益降低了购买现货原油的成本,总成本变为 5 500−600=4 900 万元,每桶原油的成本同样为 490 元。多头对冲策略最终效果将该炼油企业的原油的购买成本锁定在 490 元/吨,与 4 月 26 日的原油现货价格接近。

(三)基差风险

目前为止,上述例子都是完美对冲(perfect hedge)的情形,对冲者可以确定未来买卖资产的日期,并且利用期货合约消除资产价格波动带来的风险。在现实中,通过完美对冲完全消除风险是很难做到的,利用期货合约设计的对冲策略只是尽可能选择接近完美对冲的方式。其原因在于:(1)期货合约的标的资产与现货资产不一样,比如化工企业需要对冲石油资产,但是只有原油期货合约可以选择。(2)无法确定未来现货交易的具体时间,导致难以选择与交割期限相匹配的期货合约。(3)由于价格波动过高导致期货合约在交割月份前被迫平仓造成损失。上述原因的影响下,使得套期保值者需要面临基差风险(basis risk)。基差(basis)是指需要进行套期保值资产的即期价格和用于套期保值的期货合约价格之间的差,定义公式为:

$$基差＝现货价格－期货价格$$

如果用于套期保值的期货合约的标的资产与需要进行套期保值的现货资产完全相同时,在期货交割月份时基差应当为 0。在期货交割月份之前,由于现货即期价格和期货价格会随着时间的推移各自地波动,双方的波动幅度和方向不一定相同,因而导致基差出现正值或者负值的情况。基差绝对值的增加称为基差增强(strengthening of the basis),比如现货价格的增长大于期货价格的增长,或者现货价格的下跌小于期货价格的下跌。相反,基差绝对值的减小称为基差减弱(weakening of the basis)。

为了进一步说明基差风险的性质,假设公司在 t_1 时刻选择对冲策略进行套期保值,在t_2时刻选择平仓。在刚建立对冲的t_1时刻,即期现货价格为S_1,期货价格为F_1;在对冲平仓的t_2时刻,即期现货价格是S_2,期货价格为F_2。根据基差的定义,在t_1时刻基差为$b_1=S_1-F_1$,在t_2时刻基差为$b_2=S_2-F_2$。

如果公司计划在t_2时刻购买某项资产,于是在t_1选择多头对冲策略。在t_2时刻购买资产支出为S_2,期货合约的损益为F_1-F_2,该对冲策略使得公司购买资产的有效价格为:$S_2+F_1-F_2=F_1+b_2$。

再考虑第二种情况,如果公司计划在t_2时刻卖出某项资产,在t_1选择持有期货空头头寸的对冲策略。在t_2时刻卖出资产的价格为S_2,期货合约的损益为F_1-F_2,该对冲策略使得公司卖出资产的有效价格为:$S_2+F_1-F_2=F_1+b_2$。

可以看出,在两种情形下,公司进行对冲策略后承担的有效价格都是F_1+b_2。如果公司在t_1时刻已经确定b_2,则可以调整策略构造完美对冲,若不能确定b_2,公司最终购买资产的价格需要承担b_2波动带来的不确定性,产生对冲风险,b_2代表了基差风险。在这个例子中,对于选择多头对冲策略的公司,如果基差扩大,最终公司需要支付更高的价格购买资产,而当基差减少时,最终的有效购买价格有所改善。对于选择空头对冲策略的公司,如果基差扩大,最终公司卖出资产的实际有效价格更高,而当基差减少时,最终的有效卖出价格则有所恶化。基差风险可以使得套期保值的头寸得以改善或导致恶化。

期货合约的标的资产不能涵盖世界上所有资产的品种,所以有的投资需要面对现货资产与期货标的资产不相同的情况,这种情况下,对冲策略带来的基差风险更加复杂,不确定性更高。假设公司需要对冲风险的资产,其现货价格在t_2时刻为S_2^*,上述例子中的期货标的资产与该现货资产不同,公司使用对冲策略最终承担的有效价格为:$S_2^*+F_1-F_2$,将该式变形为:$F_1+(S_2-F_2)+(S_2^*-S_2)$,可以发现,最终承担的有效价格增加了$(S_2^*-S_2)$部分对基差造成影响。如果期货标的资产与现货资产相同时,$S_2^*=S_2$,公司最终承担的有效价格与上述例子相同,为$S_2+F_1-F_2$;如果期货标的资产与现货资产不同,$(S_2^*-S_2)$部分使得基差变化出现了更多不确定性。这种情形下进行的对冲策略称为交叉对冲(cross hedging)。此时要引入另一个概念对冲比率(hedging ratio),指的是持有期货合约的头寸数量与需要进行套期保值的现货资产的数量的比率。当期货标的资产与被对冲资产相同时,对冲比率一般取1.0。当采用交叉对冲时,将对冲比率取为1.0可能不是一个合理的选择。为了减少基差风险,对冲者需要考虑期货标的资产的期货价格与现货价格和被对冲现货资产的价格之间的联系从而确定对冲比率,常用的做法是使被对冲后头寸价格变化的方差达到极小以确定对冲比率。

（四）股指期货及其在对冲股票价格风险中的应用

股指期货是以股票价格指数作为标的物的金融期货合约,股票指数(stock index)反映了一个虚拟股票组合的价值变化情况,每个股票在该组合中的占比反映了该股票的权重。将该虚拟股票组合价值变化的百分比定义为股票指数变化的百分比,股票指数的变化不考虑股票分红,只反映虚拟股票组合的资本利得情况。随着股票组合中各个股票价格的变化,其市值也会发生变化,因此股票价格指数中每个股票的权重不会保持固定不变。世界各国知名的股票指数都有对应的期货合约。比如道琼斯工业平均指数的股票组合是基于 30 个美国蓝筹股票所组成的,权重与股票价格成比例。芝加哥商品交易所集团关于这个指数的期货合约提供了两种规模的期货:一种期货的合约规模是每个指数值乘以 10 美元;另一种的合约规模是每个指数值乘以 5 美元。国内的沪深 300 指数是由 300 家中国股票通过按市值加权平均而设计的指数。在中国金融期货交易所有关于沪深 300 指数的合约,合约乘数,或称合约规模,是每个指数值乘以 300 元。需要注意的是,股指期货合约采用现金交割,而不是实际交割标的资产。

股指期货的作用同商品期货一样,可用于对冲风险分散良好的股票投资组合。假设当前一组股票组合的市场价值为 V_A,一份股指期货合约的价值为 V_F,V_F 等于股指期货价格乘以期货合约规模。假定该股票组合完美跟踪了股票指数,该股票组合的持有者为了防止股票价格下跌的风险,需要持有期货空头,期货合约数量为股票组合的当前价值和一份期货合约的当前价值的比率,公式为:$N=V_A/V_F$。举个例子,某股票组合的价值为 1 200 万元,组合跟踪的是一个风险分散很好的股票指数。股指期货的目前价格为 4 000 点,期货合约规模是 300 元乘以股指。这时,$V_A=$ 1 200 万元,$V_F=$ 4 000×300＝120 万元。根据公式,对冲者应该持有 1 200/120＝10 份期货空头合约来对冲这个股票组合。

假设因为股价下跌 10%,上述例子的股票组合价值下降为 1 200×(100%－10%)＝1 080 万元,由于该股票组合完美跟踪了股票指数,股指期货价格同样下跌10%,持有的期货空头的收益为 4 000×10%×300×10＝120 万元。将该收益加股组合的价值等于 1 080+120＝1 200 万元,空头对冲策略对冲了股票组合下跌的风险,将该股票组合的价值锁定在 1 200 万元。考虑另一种情况,如果投资者需要在将来购买一个股票组合,该组合现在的价值为 1 200 万元,但是担心价格上涨增加购买的成本,于是选择持有期货多头头寸,或者说买入 10 份股指期货合约。未来时刻因股价上涨10%,该组合的购买成本增加到 1 200×(100%+10%)＝1 320 万元,持有的期货多头的收益为 4 000×10%×300×10＝120 万元。多头对冲策略将购买该股票组合的成本锁定在 1 320－120＝1 200 万元。

(五)向前滚动对冲策略

除了上述基本的多头对冲策略和空头对冲策略,另一个常见对冲策略是向前滚动对冲策略。当需要套期保值的对冲期限比现有期货合约期限长,并且期货合约有充分的流动性时,投资者会考虑采用向前滚动的策略来进行对冲。这一策略包含了一系列的期货交易,当第1个期货接近到期日时,将该合约平仓,并承约第2个具有更晚到期日的合约;当第2个期货接近到期日时,将该合约平仓,并承约第3个具有更晚到期日的合约。依此类推,将一系列的短期期货合约进行组合生成一个长期的期货合约,将该合约的期限与需要套期保值的对冲期限相匹配。

第三节 期货与远期合约定价

本节将讨论期货和远期合约的定价,通过分析期货价格和远期价格与其标的资产即期价格之间的关系,推导出期货价格或者远期价格与即期价格的关系式。首先介绍一个概念,当同一资产上的远期合约和期货合约有相同期限时,远期价格和期货价格通常非常接近,而且有关远期合约的结论通常对期货合约也适用。本节涉及的理论模型中,假设远期价格等于期货价格。

现实中存在一种称为卖空(short selling)操作的交易策略,卖空是指卖出并不拥有的资产。假如投资者认为近期贵州茅台的股价大幅上升,股票价值已经被高估,接下来会回归理性价值,估计会出现下跌的趋势,为了赚取下跌这部分的收益,该投资者可以选择卖空操作,从证券公司那里借500股贵州茅台的股票以当前市场价1 150元卖出,过3个月后贵州茅台的股价跌到1 100元,投资者再以当前的股票价格1 100元买入500股贵州茅台的股票还给证券公司。该投资者的收益便是(1 150-1 100)×500=2.5万元。但是,如果投资者估计错误,或者说市场情绪热烈,有大量的投资者相继购买贵州茅台的股票从而将股票价格推高至1 300元,为了归还借来的贵州茅台股票,该投资者需要从市场上以1 300元的价格购买贵州茅台股票还给证券公司,该投资者则损失(1 300-1 150)×500=7.5万元。在借入股票这段时间如果该股票派发股利,投资者还要将获得的股利还给证券公司。

在开始分析之前,需要对大部分市场参与者进行基本假设:(1)如果存在套利机会,市场参与者会立即利用套利机会进行套利。(2)市场参与者在借入和贷出资金时选择的无风险利率相同。(3)市场参与者交易后的净利润需要扣税的税率相同。(4)市场参与者交易时不存在交易手续费、交易佣金等费用。

同时,对以下符号进行定义:S_0表示当前远期或者期货合约的标的资产的现货价格;F_0表示当前远期或者期货合约的价格;T表示远期或期货合约的期限,单位为年; r 表示以连续复利计算的零息债券无风险利率,该利率的期限对应于合约的交割日期,无风险利率指在没有信用风险时借入和借出资金的利率,此时进行借贷活动不用考虑违约坏账的情况。

一、远期合约的定价

首先分析远期合约的定价,考虑一个标的资产不提供任何中间收入的远期合约,该类远期合约的定价相对简单,零息债券和不分红的股票属于这类资产。假设有一个远期合约购买 1 股无分红计划的股票,期限 T 为 4 个月。假设当前股票价格 S_0 为 30 元,这段时间的年化无风险利率 r 为 5%。

如果当前远期价格较高时,假设 F_0 为 33 元。此时可以进行一个套利策略,投资者按年化无风险利率 5% 的利率水平借入 30 元用于购买 1 股股票,然后卖出 4 个月期的远期合约,即承约远期合约的空头。4 个月后,远期合约执行交割 1 股股票,将该股票卖出获得 33 元。同时连本带息偿还贷款,按复利计算,需要支付的金额为 $30 \times e^{0.05 \times 4/12} = 30.50$ 元。偿还贷款以后可以获得收益 $33 - 30.50 = 2.50$ 元。可以看出,投资者可以在不用付出任何成本的情况下获得收益,也不用承担任何风险,这种行为称为套利。当投资者进行套利活动,卖出远期合约使得 F_0 下降,购买股票的行为使得 S_0 上升,套利的收益逐渐降低最终使得套利机会消失。

考虑另一种情况,如果当前远期价格较低时,假设 F_0 为 28 元。此时投资者进行套利活动,卖空 1 股股票获得 30 元资金,将该资金按年化 5% 的利率水平进行无风险投资,同时买入一份 4 个月的远期合约,即承约远期合约的多头。4 个月以后,通过无风险投资获得的收益为 30.50 元,履行远期合约以 28 元的价格购入股票,将该股票归还,最终获得收益 $30.50 - 28 = 2.50$ 元。由于投资者的套利活动,买入远期合约使得 F_0 上升,卖空股票的行为使得 S_0 下降,使得股票价格与远期价格逐渐接近,最终套利机会消失。

根据上述例子可以看出,远期价格大于或小于 30.50 元都存在套利策略,只有当远期价格等于 30.50 元时,套利机会才会消失。将这个结果进行一般性推广,考虑一个资产的远期价格时,该资产不存在任何中间收入,资产的当前价格为 S_0,不存在套利机会时,该资产远期价格与当前价格的关系如下:

$$F_0 = S_0 e^{rT} \tag{6.1}$$

其中,F_0 为远期价格,T 为期限,r 为无风险利率。上式便是资产当期价格与远期价格的关系式,或者说是当期价格与未来价格的关系式。如果 $F_0 > S_0 e^{rT}$,投资者可以按无风险利率借入资金买入现货资产并卖出远期合约进行套利。如果 $F_0 <$

$S_0 e^{rT}$,投资者可以卖空现货资产,将资金进行无风险投资,并买入远期合约进行套利。

接下来考虑另一类提供中间收入的资产。比如支付股利的股票和附息债券。假设有一个购买附息债券的远期合约,债券现价为950元,期限10个月,在5个月后债券会给付50元的债券利息,5个月的年化无风险利率为4%,10个月的年化无风险利率为5%。

如果当前远期价格较高时,假设F_0为960元。投资者认为存在套利机会,借入950元去购买债券,然后卖出10个月期的远期合约。5个月以后投资者获得债券的利息50元,投资者将这部分资金偿还一部分借款。为便于计算把该利息贴现,利用上述未来价格和当期价格的关系式,该债券利息的现值为$50 \times e^{-0.04 \times 5/12} = 49.17$元,投资者偿还部分贷款后剩下债务$950 - 49.17 = 900.83$元。这笔欠款在10个月以后的价值为$900.83 \times e^{0.05 \times 10/12} = 939.16$元。10个月后投资者执行远期合约以960元卖出债券,将获得的资金偿还剩余的欠款,余下的收益为$960 - 939.16 = 20.84$元。

如果当前远期价格较低时,假设F_0为930元。投资者进行套利活动卖空债券获得950元现金,并买入10个月期的远期合约。投资者从卖空债券获得资金取49.17元进行5个月的无风险投资用于支付债券的利息,年化利率为4%。剩余部分900.83元进行10个月年化利率5%的无风险投资。10个月后这笔资金变成939.16元,投资者再执行远期合约以930元买入债券,用于归还。此时收益为$939.16 - 930 = 9.16$元。

根据上述例子可以看出,对于提供利息收入的债券,远期价格大于或小于939.16元都存在套利策略。将这个结果推广,当考虑一个资产的远期价格时,若该资产在合约内提供收入的贴现值为I,结合之前无中间收入的远期合约的关系式,可以得出F_0与S_0的关系为:

$$F_0 = (S_0 - I)e^{rT} \tag{6.2}$$

将上述例子的数值代入该关系式计算得出远期价格$F_0 = (950 - 49.17) \times e^{0.05 \times 10/12} = 939.16$元。该结果即为不存在套利机会时的远期价格,如果$F_0 > (S_0 - I)e^{rT}$,投资者可以按无风险利率借入资金买入现货资产并卖出远期合约进行套利;如果$F_0 < (S_0 - I)e^{rT}$,投资者可以卖空现货资产,将资金进行无风险投资,并买入远期合约进行套利。

再考虑一种情况,远期合约的标的资产以收益率为基准提供中间收入,该收益率是已知的,支付收入的总额按支付时刻的资产价格的百分比进行计算。比如某资产提供每年4%的收益率,指的是每年提供一次中间收入,总额为当时资产价格的4%,该收益率4%是按年复利的。如果该资产提供每年4%的收益率,半年复利一次,指的是每年支付两次中间收入,每次支付当时资产价格的2%,在计算价格时需要将收益率换算成连续复利形式的年化收益率 $\ln(1+4\%/2)^2=3.96\%$，将它定义为 q。结合之前的关系式，这类资产的远期合约价格和当期价格的关系为：

$$F_0=S_0\mathrm{e}^{(r-q)T} \tag{6.3}$$

上述套利策略中，当 $F_0<S_0\mathrm{e}^{rT}$ 或者 $F_0<(S_0-I)\mathrm{e}^{rT}$ 时，投资者可以通过卖空操作进行套利，但不是所有的资产都可以卖空，比如国内融券业务在 2015 年股灾以后遭到了限制，使得卖空操作很难执行。对于这类资产，当存在套利空间时，只有持有资产的投资者可以进行套利活动，这部分投资者可以直接卖出资产，将卖出资产的资金进行无风险投资，并且买入远期合约进行套利。

现在讨论如何对远期合约定价，即如何评估一份远期合约本身的价值。一份远期合约在刚签署时的价值为零。然而随着时间的推移，标的资产价格发生波动，使得该远期合约的价值产生变化，可能为正也可能为负。由于投资者每天都进行着大量投资交易，所以对于金融机构，每天评估远期合约的价值是非常必要的工作。现在假设 K 是过去时刻签订的远期合约的资产交割价格，该合约从今日起 T 年以后进行交割，r 是期限为 T 年的无风险利率，F_0 是该远期合约当前的远期价格，如果远期合约在今天签订，该远期价格即是交割价格。f 为远期合约当前的价值。

假定今日是一份远期合约的签订日期，此时 $K=F_0$，合约的价值 f 为 0。随着时间的推移，K 不会产生变化，但是合约的远期价格 F_0 会随时间变动，从而使得合约价值产生变化。由此对于购买远期合约的投资者，合约价值的表达式为：

$$f=(F_0-K)\mathrm{e}^{-rT} \tag{6.4}$$

该表达式可以解释为：投资者在过去某个时刻签署的远期合约以交割价格 K 买入某项资产，如果投资者现在签署相同标的资产的远期合约，相当于以交割价格 F_0 买入该资产，两份远期合约以不同的价格在未来同一个时刻买入相同的资产，相比现在的远期合约，过去签署的远期合约为投资者带来的价格差异即为 F_0-K 部分，该价格差异属于未来价格，通过乘以 e^{-rT} 计算的贴现值即是过去签署的远期合约当前的价值。与之类似，空头方的远期合约价值表示为：

$$f=(K-F_0)\mathrm{e}^{-rT} \tag{6.5}$$

结合远期价格与当期价格的关系式，可以推出三个远期合约价值的表达式，以购买远期合约的多头方为例：

(1)远期合约的标的资产没有中间收入的关系式：

$$f=S_0-K\mathrm{e}^{-rT} \tag{6.6}$$

(2)远期合约的标的资产提供贴现值为 I 的中间收入关系式：

$$f=S_0-I-K\mathrm{e}^{-rT} \tag{6.7}$$

(3)远期合约的标的资产提供 q 的收益率的关系式：

$$f = S_0 e^{-qT} - K e^{-rT} \tag{6.8}$$

二、常见的三类期货的定价规则

基于远期合约定价规则,接下来介绍常见的三类期货的定价规则:股指期货、外汇期货和商品期货。

(一)关于股指期货的定价

根据股票的性质,通常将股票指数看作提供中间收入的投资资产,投资资产是构成指数的股票组合,中间收入是等于股票组合提供的股利收入。通常假设股利是已知的收益率,如果 q 为股利收益率,结合之前的关系式,推导出股指期货的价格为:

$$F_0 = S_0 e^{(r-q)T} \tag{6.9}$$

当上述等式不相等时,投资者可以利用股指期货进行套利,如果 $F_0 > S_0 e^{(r-q)T}$,说明当前股指期货的价格被高估,或者构成指数的股票组合价值被低估,投资者可以立即买入构成指数的股票组合,同时卖出股指期货进行套利。如果 $F_0 < S_0 e^{(r-q)T}$,说明当前股指期货的价格被低估,或者构成指数的股票组合价值被高估,投资者可以卖空构成指数的股票组合,同时买入股指期货进行套利。然而这种套利操作需要大量的资金购买多种股票或者少量但具有代表性的股票来实现,一般的个人投资者难以实现,多为机构投资者选择的策略。

(二)关于外汇期货的定价

由于目前国际上大部分货币的即期和远期汇率报价通常是以美元计价,这里从美国投资者的角度来考虑外汇远期和期货合约。假设 S_0 为一单位外币的美元价格,F_0 为一单位外币的美元远期或期货价格。然而现实中,有些货币比如英镑、欧元等不是以美元计价的报价方式,在实际应用中需要根据标的资产的不同选择合适的计价单位。通常投资者投资外币的方式是购买以外币计价的债券以赚取外币发行国的无风险利率。所以假定 r_f 为期限 T 的外币无风险利率,r 为相同期限 T 的美元无风险利率。外汇期货的定价公式为:

$$F_0 = S_0 e^{(r-r_f)T} \tag{6.10}$$

如果把外币当作提供收益率的资产,将外汇无风险利率视为投资外币资产的已知收益率,将 r_f 与 q 替换,可以得到之前的表达式:$F_0 = S_0 e^{(r-q)T}$。

(三)关于商品期货的定价

首先要对标的资产进行区分,通常分为投资品资产和消费品资产。投资资产是投资者仅为了进行投资而持有的资产,投资者无法对这类资产进行直接消费,比如黄金、白银等。消费资产是投资者主要为了消费而持有的资产,该类资产可以直接作为消费品,比如石油、猪肉等。首先以黄金期货为例介绍商品期货定价。

黄金作为实体商品,持有者持有黄金时需要贮存黄金,会产生贮存费用。假设没有贮存费用时,投资资产的远期价格表示为:

$$F_0 = S_0 e^{rT} \tag{6.11}$$

有贮存费用时,贮存费用对投资者的收益产生负向影响,可以将贮存费用视为负收入。假定 U 为期货期限之间贮存费用的贴现值。投资资产的远期价格表示为:

$$F_0 = (S_0 + U) e^{rT} \tag{6.12}$$

有时贮存费用与商品价格之间存在固定的比值,由于将贮存费用视为负收入,假定贮存费用占即期价格比例为 u,投资资产的远期价格可以表示为:

$$F_0 = S_0 e^{(r+u)T} \tag{6.13}$$

消费商品往往不提供中间收入,而这类商品同样可能存在很高的贮存费用。首先考虑当商品期货价格和即期价格不相等,商品期货存在套利机会的情况。如果 $F_0 > (S_0 + U) e^{rT}$,投资者会以无风险利率借入总额为 $S_0 + U$ 的资金,用该资金买入一单位的商品,支付相应的贮存费用,同时卖出该商品为标的资产的远期合约,远期合约到期后交割资产,将交割获得的资金归还借款,完成套利活动。这个过程会使得 S_0 上升,F_0 下降最终使得 $F_0 = (S_0 + U) e^{rT}$ 成立。

如果 $F_0 < (S_0 + U) e^{rT}$,投资者可以卖出商品,将卖出商品所得资金进行无风险投资,同时买入远期合约,当远期合约交割时重新获得商品,完成套利活动。该套利行为不仅使得 S_0 下降,F_0 上升,同时节省了贮存费用。但由于有些投资者持有商品的主要目的不是投资而是消费,如果卖出商品买入远期合约,在交割前投资者没有商品进行消费,所以投资者便不会进行套利活动,而这种情况下的远期价格与当期资产价格的不等式关系依然成立,$F_0 < (S_0 + U) e^{rT}$ 可能会持续下去。因此,对于消费商品可以确定以下关系式:

$$F_0 \leqslant (S_0 + U) e^{rT} \tag{6.13}$$

第四节　互换合约简介

一、互换合约概述

互换合约(swap contracts)是指两个公司之间达成的将来交换现金流的合约。在合约中,双方约定现金流的交换时间与现金流的计算方法。通常对于现金流的计算会涉及利率、汇率及其他市场变量在将来的值。第一笔互换合约是由 IBM 和世界银行在 1981 年 8 月签署的货币互换合约,由所罗门兄弟公司安排成交。当时世界银行需要募集固定低利率的德国马克和瑞士法郎,但是瑞士和西德政府对世界银行的借贷额度存在限制,世界银行无法从国际上大量募集德国马克和瑞士法郎。而在 20 世纪 70 年代中期,IBM 已经发行了以瑞士法郎和德国马克计价的债券,在 1981 年,由于美元相对于瑞士法郎和德国马克大幅升值,IBM 的外币债务以美元计价的方式价值下降,IBM 因此获得预期外的收益,然而 IBM 依然承担了外汇波动的风险。此时世界银行能够以最优惠的利率借入美元,因此世界银行发行美元计价的债券并将该美元债务与 IBM 的瑞士法郎和德国马克债务互换。互换合约使得世界银行获得瑞士法郎和德国马克,也使得 IBM 确保了美元升值获得的资本收益并避免了外汇风险。

通常国家政府为保持双方贸易正常发展,避免周边金融不稳定带来的不利影响,会选择以互换合约为基础与其他国家签订双边货币互换协议。2008 年 12 月,我国央行首次和韩国银行签订了 260 亿美元货币互换协议。之后,央行陆续和 39 个国家的银行签署了货币互换协议。

互换合约具有五大特点:(1)互换是一种建立在平等基础之上的合约;(2)互换是以交易双方互利为目的;(3)互换交易具有极大的灵活性;(4)互换不在交易所交易,主要是通过银行进行场外交易;(5)互换所载明的内容是同类商品之间的交换,但同类商品必须有某些品质方面的差别。由于互换是两个公司之间的私下协议,因此包含信用风险。当互换对公司价值为正时,互换实际上是该公司的一项资产,同时是合约另一方的负债,该公司将面临合约另一方不执行合同的信用风险。

互换合约随着金融创新的发展,在金融衍生品市场中的地位越发重要,衍生出商品互换、股票指数互换、信用违约互换等。在此,将具体介绍主要的互换合约:利率互换与货币互换。

二、利率互换

利率互换是场外市场上最流行的衍生产品。第一笔利率互换发生在 1981 年,由美国花旗银行和大陆伊利诺伊公司安排的美元 7 年期债券固定利率与浮动利率的互换。在利率互换中,一家公司同意向另一家公司在今后指定的若干年内支付在指定名义本金上、由指定的固定利率所产生的现金流。作为回报,这家公司将从另一家公司收取在相同时间内和相同名义本金上按浮动利率产生的现金流。在我国,人民币利率互换浮动利率包括最优贷款利率(LPR)、人民银行定期存贷款利率、上海银行间同业拆借利率(SHIBOR)、银行间 7 天回购定盘利率(FR007)等。在国际上,大多数利率互换合约中的浮动利率是伦敦同业银行间拆借利率(LIBOR)。

为进一步理解利率互换,假设现有一份在 2019 年 1 月 1 日开始、为期 3 年的利率互换合约。图 6-1 为 A 公司与 B 公司之间签署互换合约的情况。A 公司同意向 B 公司支付年息 3%、本金 1 亿元的利息;作为回报,B 公司向 A 公司支付 6 个月期并且由同样本金所产生的浮动利息,参考利率为 SHIBOR。A 公司为定息支付方,B 公司为浮息支付方。合约规定双方每 6 个月互相交换现金流。

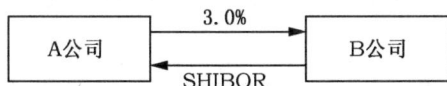

图 6—1　利率互换合约

第一次利息互换时间是 2019 年 7 月 1 日,即合约达成 6 个月之后。A 公司向 B 公司支付 150 万元,这笔资金来自 1 亿元本金在 6 个月时间内产生的利息。B 公司向 A 公司支付浮动利息,其金额等于按照 2019 年 1 月 1 日时市场上 SHIBOR 的利率水平,1 亿元产生的利息。假定在 2019 年 1 月 1 日,6 个月期的 SHIBOR 为 2.2%,这时 B 公司向 A 公司支付浮动利息为 110 万元。

第二次利息互换发生在 2020 年 1 月 1 日,即合约签署一年后。A 公司将向 B 公司支付 150 万元。B 公司向 A 公司支付浮动利息,其金额等于按照 2019 年 7 月 1 日时市场上 SHIBOR 的利率水平,1 亿元产生的利息。假定 2019 年 7 月 1 日 6 个月期的 SHIBOR 为 2.8%。因此,B 公司向 A 公司支付的浮动利息为 140 万元。

这一互换总共包括 6 笔利息的交换,其中固定利息始终是 150 万元,并利用付款日 6 个月前确定的 6 个月期 SHIBOR 计算出付款日浮动利息。在实际中,利率互换通常只需要一方支付互换现金流的差额。上述例子中,在 2019 年 7 月 1 日 A 公司向 B 公司支付 40 万元,在 2020 年 1 月 1 日 A 公司向 B 公司支付 10 万元。

利率互换合约在市场上为什么如此流行呢? 一种解释是互换双方存在相对优势。相对优势是指一家公司在一种债务市场里比在其他债务市场里具有相对优势。某些公司在固定利率市场贷款具有相对优势,而另一些公司在浮动利率市场贷款具有相对优势。当需要一笔新的贷款时,公司会在自身具有相对优势的市场借入贷款。因此,本想借入固定利率贷款的公司可能会借入浮动利率贷款,而本想借入浮动利率贷款的公司可能会借入固定利率贷款。互换合同可以用来将固定利率贷款转化为浮动利率贷款,反之亦然。另一种解释是某些公司之间存在信用利差,公司可以利用利率互换合约降低负债成本,比如某公司的信用资质相对较低,无法从市场上借入长期债务,但是公司可以通过短期货币市场借入资金,并通过利率互换合约将短期利率换成长期利率,为公司进行长期项目融资提高了确定性,确保项目的有序实施。

三、货币互换

货币互换是另一种较为流行的互换合约,是将一种货币下的利息和本金与另外一种货币下的利息和本金进行交换。货币互换合约要求指明在两种不同货币下的本金数量。互换中通常包括开始时和结束时两种货币下本金的交换。通常在互换开始时，基于兑换率，两种货币本金数量的价值相同。但在最后交换时，两者的价值可能大不一样。

图 6-2 为一个 5 年期 A 公司与 B 银行之间的货币互换合约，互换的开始时间为2019 年 2 月 1 日。假设 A 公司向 B 银行支付 3% 的美元利率，同时从 B 银行收入 4% 的英镑利率。现金流交换频率为一年一次，本金数量分别为 1 500 万美元与 1 000 万英镑。由于每个货币下所对应的利息均为固定利息，这类互换属于固定利息与固定利息的货币互换。在互换开始时，A 公司首先支付 1 000 万英镑，同时收取 1 500 万美元。在互换期间的每一年，A 公司收取 40 万英镑并支付 45 万美元。在互换结束时，A 公司支付 1 500 万美元的本金并同时收取 1 000 万英镑的本金。

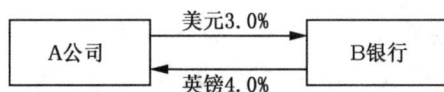

图 6-2　货币互换合约

另外两种比较流行的货币互换分别是：(1)不同货币下浮动利息与固定利息的货币互换；(2)不同货币下浮动利息的货币互换。对于第一种互换，假设一个互换合约要求支付 700 万英镑面值按英镑 LIBOR 与收入 1 000 万美元面值按 3% 固定利率之间交换，期限为 10 年，每半年交换一次。类似于固定利息与固定利息的货币互换，该互换同样涉及最初和最末的本金互换：最初的本金交换方向与利息交换方向相反，而最末的本金交换与利息交换方向相同。固定利息与浮动利息货币互换相当于一个固定利息之间的货币互换和一个固定利息与浮动利息利率互换的交易组合。对于第二种互换，假设一个互换合约要求将 700 万英镑面值以英镑 LIBOR 计算的利息与 1 000 万美元面值以美元 LIBOR 计算的利息进行交换。该互换涉及本金的互换。不同货币下浮动利息的货币互换相当于不同货币下固定利息互换和不同货币下利率互换的组合。

四、其他互换合约

此外，在市场上还交易着其他各种类型的互换合约：(1)基于标准利率互换的变形。此时，浮动利率的期限不一定与固定利率的期限一致，可以是 1 个月、3 个月和 12 个月。其次，为满足交易对手的需要，还可以使本金数量在互换期限内变化。(2)跨货币互换，将在某一种货币下观察到的利率用于另一种货币的本金上计算互换金额。

（3）股权互换。股权互换是将某个股票的总收益与某固定或浮动利率进行交换。（4）期权互换。在互换合约中嵌入期权条款。（5）商品互换。商品互换等价于一组具有不同期限却具有同一交割价格的商品远期合约。（6）波动率互换。在波动率互换中,首先要阐明一定的时间段序列,在每一个时间段,互换的一方支付预先指定的固定波动率,而另一方支付在这一时间段内所实现的历史波动率。

第五节　期权市场原理

期权被誉为金融衍生品皇冠上的明珠,因为期权是风险等级最高、最复杂的金融衍生品,也是目前国际金融市场上交易最活跃的品种。期权有两种基本类型：（1）看涨期权（call option）,给期权持有者在将来某个日期以一定价格买入某种资产的权利。（2）看跌期权（put option）,给期权持有者在将来某个日期以一定价格卖出某资产的权利。期权合约中注明的日期叫到期日（expiration date）或满期日（maturity date）,合约中所注明的价格叫执行价格（exercise price）或敲定价格（strike price）。

期权又分为美式期权（American option）和欧式期权（European option）,美式期权的买方可以在到期日之前的任何时候提出执行合约,而欧式期权只能在到期日才能行使,美式期权的买方权利相对较大。由于这种性质,在分析期权的时候,欧式期权比美式期权更容易分析,并将欧式期权的性质类推到美式期权当中。

举一个例子分析看涨期权的性质：某投资者认为某股票未来价格会大概率上涨,计划买入执行价格为 100 元、购买 100 股该股票的看涨期权。假定股票的当前市场价格为 98 元,期权到期日为 4 个月,该期权的购买费用为 500 元/张,投资者购买了 1 张看涨期权,相当于购买 1 股看涨期权的期权费为 5 元。由于期权为欧式期权,因此期权持有者只能在到期日才能行使期权。如果在到期日,股票价格低于 100 元,由于以 100 元的执行价格买入市场价格低于 100 元的股票不能为投资者带来收益,所以投资者不会行使期权,此时投资者最终损失为最初购买期权的 500 元。如果在到期日,股票价格大于 100 元,期权将会被行使。假定在到期日股票价格为 115 元。通过行使期权,期权持有人可以按每股 100 元的价格买入 100 股股票,如果投资者马上将股票卖掉,则每股可以赚 15 元。忽略交易费用,投资者可以挣得 1 500 元。将最初的期权费用考虑在内,投资者的盈利为 1 000 元。图 6—3 为买入看涨期权的净盈利与最终股票价格之间的关系,可以看出看涨期权能为投资者提供获得较高收益的可能性。

考虑另外一种情况,某投资者认为某股票未来价格会大概率下跌,计划购买以 70 元执行价格出售 100 股股票的看跌期权。假定股票的当前价格为 65 元,期权到期日

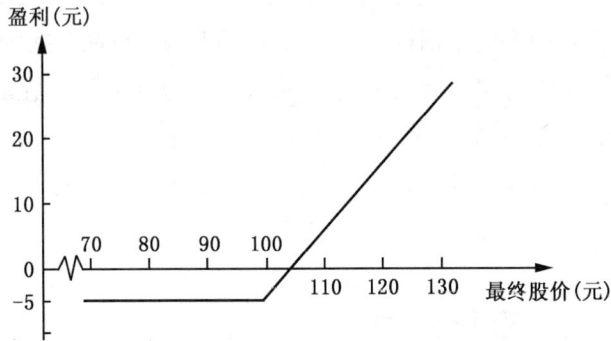

图 6—3　看涨期权

3 个月,该期权的购买费用为 700 元/张,投资者购买了 1 张看跌期权,相当于购买 1 股看跌期权的期权费为 7 元。因为该期权是欧式期权,因此在到期日且股票价格低于 70 元时投资者才会行使期权。假定在到期日股票价格为 55 元,投资者能够以 55 元的价格买入 100 股股票,而按照期权的约定,期权持有人可以按每股 70 元的价格卖出股票,因此投资者每股收益为 15 元,总收益为 1 500 元。将最初的期权费用 700 元考虑在内,投资者的净盈利为 800 元。如果在到期日股票价格高于 70 元,看跌期权在到期日会一文不值,投资者会损失 700 元。图 6—4 为买入看跌期权的净盈利与最终股票价格之间的关系。

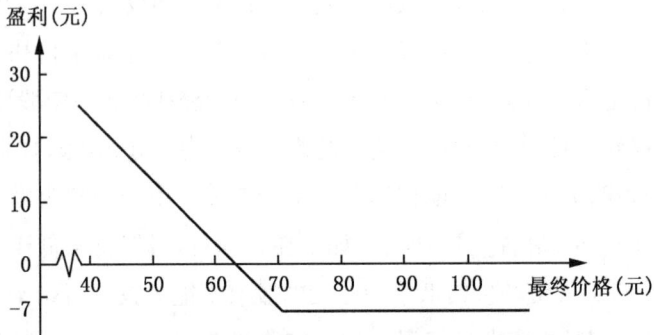

图 6—4　看跌期权

　　任何一个期权合约都有两方:一方为期权的多头(即买入期权方),另一方为期权的空头(即卖出期权方)。卖出期权的一方在最初收入期权费,但这一方在今后有潜在义务,其盈亏与买入期权一方的盈亏刚好相反。

　　期权交易共有 4 种头寸形式:看涨期权多头、看跌期权多头、看涨期权空头和看跌期权空头。假设不考虑购买期权的最初费用,图 6—5 展示了上述四种期权头寸为投资者带来的收益情况。以欧式期权为例,如果 K 为执行价格,S_t 为标的资产的最终价格,欧式看涨期权多头的收益为 $\max(S_t-K,0)$,这反映了在 $S_t>K$ 时期权会被行使,而在 $S_t\leqslant K$ 时期权将不会被行使。欧式看涨期权空头的收益为 $-\max(S_t-K,0)$;欧式看跌期权多头的收益为 $\max(K-S_t,0)$;欧式看跌期权多头的收益为 $-\max(K-S_t,0)$。

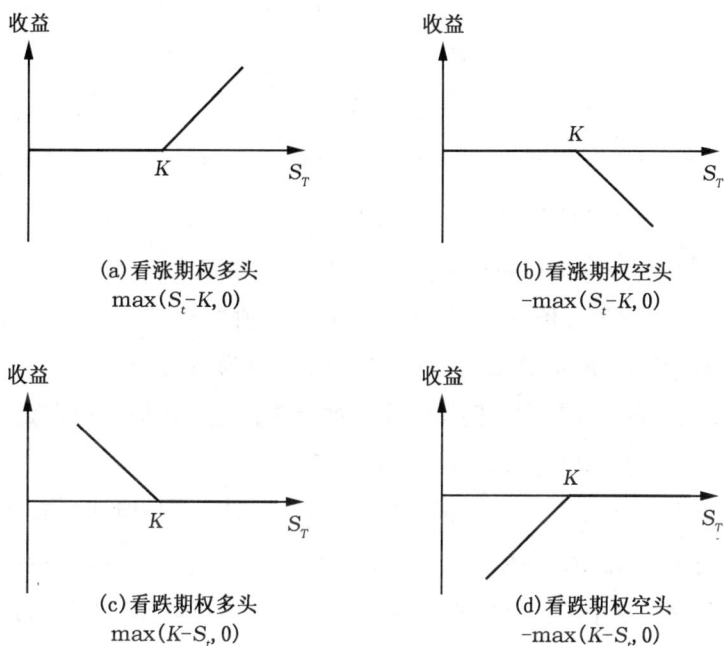

(a)看涨期权多头
$\max(S_t-K,0)$

(b)看涨期权空头
$-\max(S_t-K,0)$

(c)看跌期权多头
$\max(K-S_t,0)$

(d)看跌期权空头
$-\max(K-S_t,0)$

图 6—5 四种期权头寸

对于任何资产,在任何给定的时刻,市场上都可能有许多不同的期权在进行交易。考虑上证 50 交易型开放式指数证券投资基金(50ETF),市场上以该指数基金为标的资产的期权有 4 个到期日和 9 个不同执行价格。如果对于每个到期日与执行价格均有相应的看涨期权与看跌期权交易,将到期日与执行价格进行组合会得到 72 种不同的期权合约。所有类型相同的期权(看涨或看跌)都可以归为一个期权类(option class)。例如,上证 50ETF 的看涨期权为一类,上证 50ETF 的看跌期权为另一类。一个期权系列(option series)是具有相同标的资产、相同到期日但不同执行价格的某个给定类型的所有期权,是指市场交易中某个特定合约。例如,50ETF 购 10 月是一个期权系列。表 6—7 展示了上证 50ETF 为标的、2024 年 9 月份到期的欧式期权 T 形行情表。左侧是看涨期权类,右边是看跌期权类,中轴线上为对应的行权价。每一行对应着看涨看跌两个相同行权价的期权系列。在国内通常将看涨期权称为认购期权,将看跌期权称为认沽期权。

表 6—7　　　　　　　　2024 年 9 月份到期的上证 50ETF 欧式期权行情表

认购					9月份	认沽				
合约交易代码	买价	卖价	涨跌幅	最新价	行权价	合约交易代码	买价	卖价	涨跌幅	最新价
10006901	0.000 3	0.000 5	−0.000 1	0.000 4	2.650 0	10006902	0.280 0	0.282 8	−0.004 9	0.283 1
10006889	0.000 6	0.000 7	−0.000 1	0.000 6	2.600 0	10006890	0.230 1	0.232 5	−0.005 7	0.232 3
10006819	0.000 8	0.000 9	−0.000 2	0.000 8	2.550 0	10006820	0.181 7	0.185 0	−0.005 5	0.182 5
10006737	0.001 8	0.001 9	−0.000 1	0.001 9	2.500 0	10006746	0.130 2	0.134 9	−0.003 7	0.134 3
10006736	0.004 8	0.005 0	−0.000 3	0.004 8	2.450 0	10006745	0.086 4	0.087 1	−0.002 6	0.086 9
10006735	0.014 4	0.014 7	−0.000 4	0.014 6	2.400 0	10006744	0.046 2	0.046 5	−0.003 1	0.046 1

期权又可以分为实值期权（in-the-money option）、平值期权（at-the-money option）、虚值期权（out-the-money option）。如果 S 为股票价格，K 为执行价格，对于看涨期权，当 $S>K$ 时为实值期权，当 $S=K$ 时为平值期权，当 $S<K$ 时为虚值期权。对于看跌期权，当 $S<K$ 时为实值期权，当 $S<K$ 时为平值期权，当 $S<K$ 时为虚值期权。显然，只有在期权为实值期权时才会被行使。一个实值期权在到期时，如果没有提前行使，也没有交易费用，通常会自动被行使。

期权的内含价值（intrinsic value）定义为期权立即被行使时所具有的价值。看涨期权的内含价值为 $\max(S-K,0)$，看跌期权的内含价值为 $\max(K-S,0)$。实值美式期权的价值至少等于其内含价值，因为该期权持有者可以通过马上行使期权来实现其内含价值。通常一个实值美式期权的持有者最优的做法是等待而不是立即执行期权，这时期权具有时间价值（time value）。期权的整体价值等于内含价值与时间价值之和。

在传统的期权交易中，交易所必须给投资者提供一个见面并进行期权交易的空间。但这种情况有所变化。大多数衍生产品交易所已完全电子化，因此交易员之间并不需要见面。国际证券交易公司在 2000 年 5 月推出了第一个将股票期权交易完全电子化的市场。

此外，大多数交易所都采用做市商制度以提高流动性来促成交易的进行。期权的做市商是当需要时会报出买入价与卖出价的参与者。买入价是做市商准备买入期权的价格，卖出价是做市商准备卖出期权的价格。在报出买入价与卖出价时，做市商并不知道问询价格一方是要买入还是要卖出期权。卖出价一定会高出买入价，高出买入价的差额就是买卖差价（bid-offer spread）。做市商本身可以从买卖差价中盈利，而交易所也会设定买卖差价的上限。做市商的存在保证了买卖指令在没有延迟的情况下，交易总是可以在某一价格上立即执行，因此，做市商的存在增加了市场的流动性。

在进行期权交易时,购买期权的投资者可以通过发出一个出售相同期权的冲销指令(offsetting order)来结清他的头寸。类似地,出售期权的投资者可以通过发出一个购买相同期权的冲销指令来结清他的头寸。当一个期权合约正在交易时,如果交易的任何一方都没有冲销其现存交易,则持仓量(open interest)增加一单位;如果某一方冲销了现存头寸而另一方没有冲销其头寸,则持仓量保持不变;如果双方投资者都冲销头寸,则持仓量减少一单位。

与期货合约的保证金类似,如果交易员卖出期权,由于在将来当期权被行使时交易员会有债务,因此需要提供保证金。保证金的数额与投资者头寸有关,分为初始保证金和维持保证金。当计算表明所需保证金比保证金账户中的数量低时,可以从账户中提取资金;当计算表明需要更高保证金数量时,将会有追加保证金的通知。

最后,介绍四种非常规的期权:

(1)认股权证(warrant),是由金融机构或非金融机构发行的期权。持有者在一定期限内可以按事先约定的价格购买发行机构的一定股份。

(2)雇员股票期权(employee stock option),是公司发给雇员的看涨期权,这样做的目的是促使公司雇员与公司股东的利益一致。在发行时,期权通常为平值期权。

(3)累计期权(accumulator),是国际投资银行与投资者进行对赌,以合约方式买卖资产的金融衍生工具,是国际投行针对我国等新兴金融市场投资者特点而开发出来的新的金融衍生产品。累计期权设置取消价格(knock out price)和执行价格,执行价格通常比签署合约时的标的资产价格低5%—10%,取消价格通常高于执行价格。比如签署合约以后,当标的资产价格高于执行价格并且低于取消价格,投资者可定时以执行价格从国际投资银行买入指定数量的标的资产。当标的资产的市场价格高于取消价格时,合约终止,投资者不能再以执行价格买入标的资产。如果标的资产的市场价格低于执行价格时,投资者必须定时以执行价格买入双倍甚至四倍数量的标的资产,直至合约结束为止。可以看出,累计期权为投资者设立了收益上限,同时如果投资者市场价格判断失误,合约没办法止损,投资者需要承担较大的资产价格下跌风险。累计期权是一种收益和风险不对称的金融投资产品,也是一种复杂的结构期权。合约的设计违背了套期保值的目的,通常投资者购买期权进行套期保值,选择权在自己手里,而累计期权的选择权在对方手里。

(4)可转换债券(convertible bond),常常简称为可转换产品(convertibles),这是由公司发行的一种债券,持有者在将来可以按照某个预定的比例将这种债券转换为股票。这些产品是含有公司股票看涨期权的债券。这种期权的一个特性是事先已经确定期权的发行数量。与这一特性相反,交易所交易的期权数量并不能事先确定。

第六节 期权定价

对期权定价时,通常使用二叉树模型评估期权的价值。二叉树(binomial tree)是指在期权内可能会出现的股票价格变动路径图形。这种方法假设股票价格服从随机游走(random walk):在树形上的每一步,股票价格以某种概率会向上移动一定比率,同时以某种概率会向下移动一定的比率。

图6-6是利用二叉树模型对股票期权定价的例子。假设一只股票的当前价格为20元,并且已知在3个月后股票的价格将会变为22元或者18元。投资者希望对3个月后行权价为21元的期权定价。这个期权在3个月后的价值将出现两种变化:如果股票价格变为22元,期权价值将为1元;如果股票价格为18元,期权价值将为0。

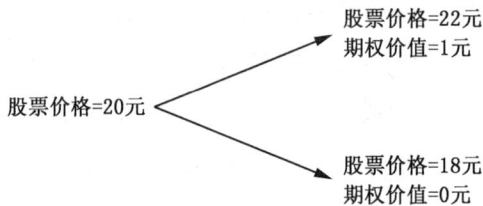

图6-6 二叉树模型对股票期权定价

在假设市场不存在套利机会的前提下,可以利用另一种较为简单的方式对此例中的期权定价。由股票和期权可以构造一个在3个月后价值不存在不确定性的投资组合。因为这一投资组合没有任何风险,所以其收益率等于无风险利率。基于此,可计算出构造这一投资组合的成本,并由此计算出期权的价格。本例中只有两个证券,并且只有两种不同的可能性,因此总是可以构造出无风险投资组合。

于是我们考虑一个由 Δ 个单位的股票多头和一份看涨期权空头所构成的投资组合,然后求出使得投资组合成为无风险的 Δ。当股票价格由20元变为22元时,所持股票的价值为 $22 \times \Delta$,期权的价值为1元,投资组合的总价值为 $22 \times \Delta - 1$;当股票价格由20元变为18元时,所持有的价值为 $18 \times \Delta$,期权的价值为0,投资组合的总价值为 $18 \times \Delta$。当投资组合在以上两种可能性下价值相等时,投资组合没有任何风险,这意味着:$22 \times \Delta - 1 = 18 \times \Delta$,计算得出 $\Delta = 0.25$。因此,无风险投资组合为:0.25个单位的股票多头和1份看涨期权空头。如果股票价格上涨为22元,投资组合价值为 $22 \times 0.25 - 1 = 4.5$ 元,如果股票价格下跌到18元,投资组合的价值为 $18 \times 0.25 = 4.5$ 元,可以看到,无论股票价格上涨还是下跌,在期权到期时投资组合的价值总是4.5元。

在无套利机会时,无风险投资组合的收益率等于无风险利率。假设当期无风险利率为每年 4%,对期权到期时投资组合的价值进行贴现,按复利计算贴现值为 $4.5 \times e^{-0.04 \times 3/12} = 4.455$ 元。已知股票在今天的价格为 20 元,如果将期权的价值记为 f,投资组合在今天的价值为 $22 \times 0.25 - f$,令两式相等得 $22 \times 0.25 - f = 4.455$,计算出期权的价值 $f = 0.545$ 元。根据以上讨论,在无套利机会时,期权的目前价值必须为 0.545 元。

将上述例子进行推广。如图 6—7 所示,假定股票当前的市场价格为 S_0,股票期权的价值为 f,期权的期限为 T,在期权有效期内,股票价格存在两个方向的变动,可能会上涨到 $S_0 u$,可能会下跌到 $S_0 d$,其中 $u > 1, d < 1$。股票价格上涨的增长率为 $u - 1$,股票价格下跌的比率为 $1 - d$。假设股票价格上涨变为 $S_0 u$ 时相应的期权价值为 f_u,而股票价格下跌变为 $S_0 d$ 时期权价值为 f_d。

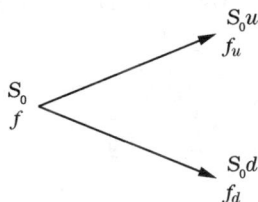

图 6—7 二叉树期权定价模型

参照上述的例子,考虑一个由 Δ 个单位股票的多头与一份期权的空头所组成的投资组合。可以根据计算找到一个使投资组合没有任何风险的 Δ:如果股票价格上涨,在期权到期时投资组合的价值为 $S_0 u \Delta - f_u$。如果股票价格下跌,组合的价值为 $S_0 d \Delta - f_d$,然后令两者相等,经过计算得出 $\Delta = (f_u - f_d)/(S_0 u - S_0 d)$。此时投资组合是无风险的,并且没有套利机会,因此其收益率必须等于无风险利率。如果将无风险利率记为 r,那么投资组合的现值为 $(S_0 u \Delta - f_u) e^{-rT}$,而构造投资组合的起始成本为 $S_0 \Delta - f$,令两者相等可以得出 $f = S_0 \Delta (1 - u e^{-rT}) + f_u e^{-rT}$,将 Δ 代入式中并化简,得到期权价值的最终表达式:

$$f = e^{-rT}[p f_u + (1-p) f_d] \tag{6.14}$$

其中 $p = (e^{rT} - d)/(u - d)$,该表达式被称为单步二叉树定价公式。

在对衍生品定价时,通常进行风险中性定价(risk-neutral valuation),假设参与市场的投资者是风险中性的(risk-neutral)。风险中性是指投资的风险增长时,投资者并不需要额外的期望收益率。所有投资者都是风险中性的世界称作风险中性世界(risk-neutral world)。在现实中,投资者并不都是风险中性的:大多数投资者所承受的风险越大,他们要求的回报也会越高。但是,假设世界是风险中性时对衍生产品进行价值评估的结果与现实世界的结果相符。由于交易双方的偏好各有不同,买方与卖方的风险厌恶程度难以评估,而风险中性定价方式可以避免风险厌恶程度的影响,正确地评估衍生品的价值。可是期权是风险投资,难道一个人对风险的态度不应当影响对它们的定价吗? 这里的答案是当利用标的资产的价格对期权定价时,投资者对风险的态度是不重要的。当投资者对风险更加厌恶时,股票价格将会下跌,但是将期权价值与股票价格联系起来的公式是不变的。

风险中性世界的两个特点可以简化对衍生产品的定价:(1)股票的期望收益率等于无风险利率;(2)对期权的期望收益贴现的利率等于无风险利率。在上述例子的一般形式的推广中,用单步二叉树定价公式来计算期权的价值,其中参数 p 可以理解为在风险中性世界里股票价格上涨的概率,而 $1-p$ 是在风险中性世界里股票价格下跌的概率。因此,$f=e^{-rT}[pf_u+(1-p)f_d]$可以表达为期权今天的价值等于将其收益在风险中性世界里的期望值以无风险利率贴现所得的现值。这是风险中性定价的一个应用。

对衍生产品定价时,风险中性方法是非常重要的结果。这个结果说明当假设世界是风险中性时,得到的价值不但在风险中性世界里是正确的,在所有世界里也都是正确的。根据上述分析已经证明了当股票价格按简单二叉树的方式变化时,风险中性定价的正确性。可以证明,即使不做此假设,结论依然成立。

在利用风险中性方法对衍生产品定价时,首先计算在风险中性世界里各种不同结果发生的概率,然后由此计算衍生产品的期望收益值。衍生产品的价值等于这个期望值在无风险利率下的贴现值。

现在将单步二叉树的分析推广到两步二叉树情形中。图 6-8 为两步二叉树模型中股票价格变动路径图形,此时股票起始价格为 20 元,在树中的任意一步之间,股票价格或上涨10%或下跌10%。假定树中每一步的步长为 3 个月,无风险利率为 4%。与上述例子一样,假设期权的期限为 6 个月,执行价格为 21 元。

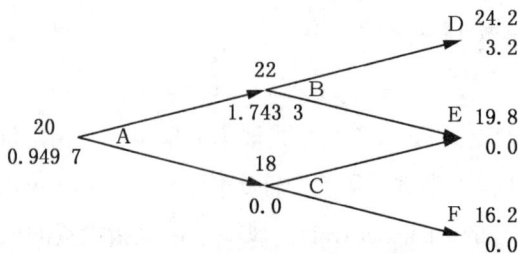

图 6-8 两步二叉树模型

这里分析的目的是计算在起始点时的期权价格,重复利用单步情形的定价原理对这个期权定价。图中两步二叉树显示了股票价格也显示了期权价值,其中节点上面的数字为股票价格,下面的数字为期权价值。树中最后一层节点上的期权价值很容易求得,它们等于期权的收益:在节点 D,股票价格为 24.2,期权价值为 24.2-21=3.2;在节点 E 及 F 上期权处于虚值状态,即股票价格低于期权执行价格,没有行权的价值,因此相应的期权价值为 0。在节点 C,期权的价值为 0。这是因为节点 C 的价值来自节点 E 和 F,而在这两个节点上期权价值均为 0。

为求得在节点 B 上的期权价值,引入前面用到的符号,$u=1.1$,$d=0.9$,$r=4\%$ 和 $T=0.25$,将这些数值代入 $p=(\mathrm{e}^{rT}-d)/(u-d)$ 计算得到 $p=(\mathrm{e}^{4\%\times0.25}-0.9)/(1.1-0.9)=0.5503$,因此风险中性世界里股票价格上涨的概率是 0.550 3。由 $f=\mathrm{e}^{-rT}[pf_u+(1-p)f_d]$ 可以计算出在节点 B 上,期权价值为 1.743 3。最后要计算最初始节点 A 上的期权价格。为此考虑二叉树的第一步。我们已知期权在节点 B 上的价值为 1.743 3,在节点 C 上的价值为 0,继续使用单步二叉树定价公式得出节点 A 上的期权价值为 $\mathrm{e}^{-0.04\times0.25}\times[0.5503\times1.7433+0.4497\times0]=0.9497$。

到目前为止,上述的分析都是基于欧式期权。接下来考虑如何利用二叉树定价模型对美式期权进行定价。定价的过程是从树的末尾出发以推导的形式推算到树的起始点,在树的每一个节点上都需要检验提前行使期权是否为最优决策。在树的最后节点上,期权的价值等于欧式期权的价值,之前任何一个节点上期权的价值等于以下两个数量的最大值:第一个是由单步二叉树定价公式 $f=\mathrm{e}^{-rT}[pf_u+(1-p)f_d]$ 所计算的值;第二个是提前行使期权的收益。

图 6-9 显示了在两步二叉树中美式看跌期权的情况。假定一个 2 年期,执行价格为 52 元的美式看跌期权,股票的当前价格为 50 元。在二叉树的每一步上,股票价格或者上涨 20%,或者下跌 20%,假定无风险利率为 5%。树中最后一层节点上的美式期权价值与欧式期权计算方式一样:在节点 D,股票价格为 72,高于看跌期权执行价格,没有必要以 52 元的价格卖出股票,因此相应的期权价值为 0;在节点 E,股票价格为 48,期权价值为 52-48=4;在节点 F,期权价值为 20。在节点 B 上,由单步二叉树定价公式计算得出期权的价值为 1.414 7,而提前行使期权的相应收益为 -8。显然在节点 B 上提前行使期权不会是最优的,因此在该节点上,期权价值为 1.414 7。在节点 C 上,由单步二叉树定价公式计算出的期权价值为 9.463 6,提前行使期权的收益为 12。这时,提前行使期权为最优,因此在该节点上期权价值为 12。在最初的节点 A 上,单步二叉树定价公式所计算的数值为 $\mathrm{e}^{-0.05\times1}\times[0.6282\times1.4147+0.3718\times12]=5.0894$,提前行使期权的收益为 2,这时提前行使期权不是最优。因此,期权价值为 5.089 4 元。

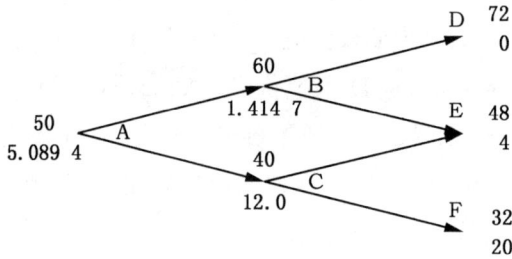

图6—9　美式看跌期权的二叉树模型

第七节　衍生品与 2008 年金融危机分析

2008 年,由美国次贷危机引发的金融危机如同暴风骤雨般席卷全球,企业崩盘、经济倒退,无数家庭财富蒸发、家庭破碎,各个国家的经济情况苦不堪言,金融危机整十年,以美国为首的所有国家都在进行着自己经济复苏的脚步,但依然步履蹒跚,欧洲经济依然复苏乏力;包括现在的反全球化、贸易保护以及欧美民粹主义的兴起,甚至中美贸易战,都和 2008 年金融危机引发的全球经济衰退紧密相关。美联储前主席格林斯潘撰文指出:"有一天,人们回首今日,可能会把美国当前的金融危机评为第二次世界大战结束以来最严重的危机"。经济学界也认为 2008 年金融危机引发的经济危机是 20 世纪 30 年代美国大萧条后最严重的经济危机。

对全球经济影响这么大的金融危机是如何产生的呢? 简而言之,房地产泡沫引发了金融危机。20 世纪 70 年代,美国证券之父刘易斯·拉涅利提出将房贷证券化,这个简单的点子历史性地改变了金融业。房贷证券化是资产证券化的主要产品,是将放贷打包成债券,可以放在金融市场进行交易买卖。资产证券化是以特定资产组合或特定现金流为支持,发行可交易证券的一种融资形式。对于银行,如果只收取放贷的原始利息,获得的收益有限,债券提供的现金流相对更高,如果有买方愿意购买房贷证券化的债券,提前支付资金给银行,银行的流动资金会提高从而扩大业务规模,增加营收能力。银行还可以请评级机构给这些债券评级,按照不同的价格卖出去。银行也可以把不同评级的债券打包在一起,追加担保,再按照 AAA 级的衍生品推出市场。这些通过将房贷证券化衍生的金融产品称为担保债务凭证(collateralized debt obligation,CDO),银行将房贷打包在一起出售,收回贷款后继续增加信贷投放规模,使得杠杆率不断被放大。对于银行 CDO 是可以提高银行营收水平的产品,但是 CDO 在市场上受欢迎吗? 大家是否愿意买呢? 事实上,随着房价不断上涨,CDO 逐渐成为相当热门的投资商品,这是金融危机爆发前的基本情况。

银行家为增加房贷证券化产品的流动性和吸引力,推出了另一种金融衍生产品:信用违约掉期(credit default swap,CDS),即信用违约互换,是买方将某资产的信用风险转移给卖方的信用风险交易形式。信用违约掉期实质上是一种对赌协议,交易双方对市场未来发展趋势持相反观点而签订的协议。为说明对赌协议,以标的物为黄金的掉期合约为例,某一投资者认为在未来 2 年内黄金价格会上涨,而另一位投资者持有相反的意见认为黄金价格会下跌,于是双方约定,每个季度根据黄金的价格变化情况相互支付现金,如果第一季度黄金价格上升,持黄金价格下降观点的投资者向持黄金价格上升观点的投资者支付特定的金额,如果第二季度黄金价格下跌,持黄金价格上升观点的投资者向持黄金价格下降观点的投资者支付特定的金额,依此类推,直到对赌协议到期。

将上述对赌协议例子中的标的物替换为特定的信用风险事件,买方的观点替换为认为会发生信用风险事件,相反,卖方的观点认为信用风险事件不会爆发,于是双方签订对赌协议。如果每季度信用风险事件没有发生,买方向卖方支付一笔费用,信用风险事件爆发了,卖方向买方支付一笔费用。买卖双方对支付金额进行差异化制定并签订合约便产生了信用违约掉期,因此它可以被看作是一种金融资产的违约保险。信用风险保护的买方在合约期限内或在信用事件发生前定期向信用风险保护的卖方就某个参照实体的信用事件支付费用,以换取信用事件发生后的赔付。

回到房贷证券化,信用违约掉期相当于房贷证券化产品违约的保险,如果投资者购买了房贷证券化产品,同时购买信用违约掉期,如果房贷发生了违约事件,投资者将会损失购买房贷证券化产品的本金,但信用违约掉期的卖家将会补偿房贷违约的损失部分。如果直到信用违约掉期前,房贷违约事件没有发生,其间投资者需要按期支付一定数量的权利金给信用违约掉期的卖家,这部分费用相当于保险费。举一个例子,某投资者购买某一企业债券,但是该企业可能因为经营不善无法按期支付债券利息,投资者为对冲信用风险与某卖方签订了信用违约掉期。该信用违约掉期约定,在合约的期限内或者到信用违约事件发生为止,信用违约保护的买入方要向信用违约保护的卖出方支付被称为信用违约掉期溢差的保险金。假定该信用违约掉期合约的规模为投资者持有的所有企业债券面值的总额 1 亿元,期限为 5 年,信用违约掉期溢差为120 个基点,保险金数量为 1 亿元的 120 个基点,即每年 120 万元。如果信用违约事件在 5 年内没有发生,保险金支付方将不会收到任何赔偿;但当信用违约事件发生时,假定投资者购买的企业债券因为企业违约导致债券每 100 元面值只值 40 元,折价60%,这时信用违约保护的卖出方要向信用违约保护的买入方支付 6 000 万元。这种赔偿机制的意义是对于信用违约保护的买入方拥有面值为 1 亿元企业债券,那么违约保护的收益使得交易组合的价值不会低于 1 亿元。

　　由于信用违约掉期可以弥补房贷违约产生的资产损失，投资者可能不会谨慎地评估证券化产品的风险，而通过信用违约掉期将风险转移，由此房贷证券化产品的市场逐渐扩大，其流动性也不断提高。对于银行，房贷证券化产品不仅使得资金回流速度更快，信用违约掉期又将风险都转移出去，导致银行在贷款发放时，缺乏审慎评估风险的动力，他们甚至把房贷发放给无工作、无信用记录和无资产的次级贷款者，这些人并没有创造足够收入偿还房贷的能力。在房价上涨的时候，信用风险还未大规模爆发，风险尚在可控范围，一旦房价下跌，这些次级贷款者由于无法偿还贷款，使得银行出现大规模坏账，从而引起房地产市场的危机。

　　在 2008 年金融危机爆发前的几年里，美国处在降息通道，利率的下降以及经济增长给房地产市场带来了繁荣，次级贷款越来越多，银行杠杆也越来越高，但在危机到来前，美国货币政策开始转向，利率开始上升，房地产市场泡沫破裂，过高的杠杆急剧地放大了这场危机，从而引发了全球的金融危机，并引发了全球经济危机。

　　值得注意的是，虽然滥用资产证券化和信用违约掉期引发了全球金融危机，但不能因此否认其积极的一面，它有助于拓宽银行和实体企业的融资渠道、提高发起人的资产流动性、将标的资产的风险转移、拓展投资组合范围，因此，我国在金融危机后依然推动资产证券化和信用违约掉期试点。2013 年，我国重新批准发行资产证券化产品，针对性地将其作为"盘活存量资产"的突破口，鼓励实体企业通过发行资产证券化证券实现存量资产的市场价值，优化资源配置，降低杠杆率。截至 2018 年末，我国企业资产证券化市场的累计发行金额达到 5.6 万亿元，存续期内的证券余额达到 3.2 万亿元。资产证券化的发行笔数以每年约 30% 的速度增长，是债券市场近年来最重要的金融创新之一。并且，随着国务院在 2018 年 10 月《关于加强国有企业资产负债约束的指导意见》的发布，或许意味着未来资产证券化市场还有巨大的发展空间。

　　关于信用违约掉期，2016 年 9 月 23 日，中国银行间市场交易商协会正式发布了《银行间市场信用风险缓释工具试点业务规则》及相关配套文件，在原有两项产品的基础上，推出了包括信用违约掉期在内的两项新产品。虽然信用违约掉期的本质是对赌协议，但是它依然有利于金融市场发展：

　　(1)对冲信用风险、增加债券市场流动性。信用违约掉期的最初功能是债权人的信用风险管理。通过购买以债务人为参照实体的信用违约掉期，债权人可以进行套期保值，如果债务人最终违约，则在信用违约掉期上获得的赔付可以抵消部分债权损失，从而对冲风险。信用违约掉期能够增加债券市场的流动性。一般来说，信用资质低的债券因其信用风险而流动性较差，信用违约掉期为投资者提供了一剂"定心丸"，投资者在信用违约掉期的"保护"下会更愿意持有标的债券。

（2）揭示信用风险、价格发现。信用违约掉期卖方征收的费用是"点差"，反映了公司的违约概率。信用违约掉期价格的上涨往往由债券市场或股票市场的走低造成。

在中国，信用违约掉期对金融市场的正面影响包括：（1）配合债转股、资产证券化，化解银行不良资产。解决商业银行不良资产包括两个方面的内容：一是对已经沉淀的不良资产要进行处置；二是要防范新的不良资产的形成。这两方面的内容实质上也都可以归结为信用缺失问题，发展信用违约掉期将有助于这两方面问题的解决。（2）缓解银行"惜贷情绪"，盘活银行资产。商业银行"惜贷"严重阻碍了资金的合理流动，降低了资金的使用效率，进而减缓了经济发展。由于"惜贷"的根源是信用缺失，解决这个问题也应该从信用入手。

第七章　中国房地产市场概述

第一节　房地产市场对于中国投资者的重要性

房地产市场是中国资本市场上一个重要的组成部分,是中国投资者投资的重要方向。比较经典的西方投资学教材里一般不会包括房地产市场,因为房地产是一种比较特殊的投资品,既有投资属性,又有消费属性。本书包括了房地产市场部分,是因为房地产市场在我国是一个非常重要的市场,房地产资产是我国居民家庭资产组合中的一项重要的投资品。

我们首先要了解为什么要研究房地产市场。图 7-1 描述的是我国房地产业对GDP 总额的贡献,这里的房地产业按照 2017 年国民经济行业分类,包括房地产开发经营、物业管理、房地产中介服务、自由房地产经营活动以及其他房地产业。我们可以看到自 1998 年的住房制度改革之后,房地产业从占 GDP 总量的 4％增长到了 2018年的 6.7％。据国际货币基金组织(IMF)在 2014 年的报道,房地产行业占我国 GDP增长的 1/6,总固定资产投资的 25％,城市就业率的 14％以及银行贷款的 20％。

一般来说,房地产资产占国家财富的比例对国家和地区整体社会经济的协调与稳定发展起着非常重要的作用。房地产资产价值受区域内基础设施条件、城市化水平等因素的影响,基础设施越完善,城市化水平越高,则房地产资产价值越高。但是如果房地产资产占财富的比例过高,就会导致生产和生活成本的上升,影响生产型投资者的积极性,降低国家经济的活力和竞争力。我国房地产业的发展推动了金融行业和一些相关产业的快速发展,房地产投资作为经济增长"三驾马车"之一的固定资产投资的重要组成部分,对中国改革开放 40 多年来的经济增长起到了重要的作用。对于我国的地方政府而言,土地出让收入和相关房地产税费收入占地方政府财政收入相当大的比例。由地方政府"土地财政"的激励带来的长期超额货币供应量以及 2005 年以来人民币升值等诸多因素促使我国房地产资产价格不断上涨,在大部分城市超过了城市居民收入的增长幅度。

贡献率(%)

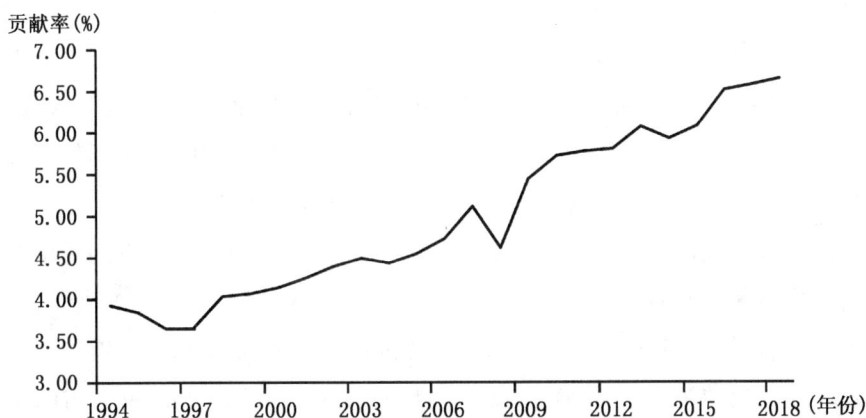

图 7—1　房地产业对 GDP 总额的贡献

在图 7—2 中,我国居民家庭住房资产占家庭总资产的比例在 2013 年和 2015 年分别为 62.3％和 65.3％,2016 年这一比例进一步上升至近 70％。相比 2011 年时,2016 年这一比例的增幅显著。此外,在我国的二线及三线城市中,房价达到了居民年可支配收入的大约 8 倍,在一线城市中,这个数字更是高达 10 倍。2013 年,美国家庭配置在房产上的比重为 36％,大约只有中国家庭房产占比的一半。因此,中国房地产资产价值的变动对我国居民的重要性不言而喻。

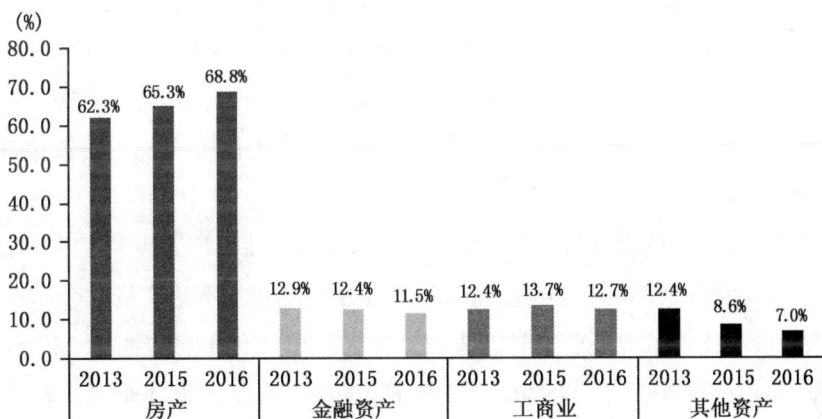

资料来源:家庭金融资产配置风险报告。

图 7—2　各类资产占家庭总资产的比例

房地产资产也是企业经营中重要的生产设施资产,现代企业的实物资产中相当大的一部分是土地和房产。因此,在企业经营中,对房地产资产的管理是企业的重要工作。企业通过房地产进行投资和经营活动,可以分散行业经营的风险。比如格力集团的格力地产、华润集团的华润置地等。其次,在企业兼并重组活动中,对房地产资产的投资价值的正确判断常常会起到决定性的作用。企业的房地产资产是企业价值的重要内容,是公司在估值时的重要价值增加部分。再次,对企业的房地产资产的良好管理能够提高企业的盈利水平和抗风险能力,比如,东南亚金融危机中,泰国的正大集团通过出售在中国的房地产资产为挽救泰国经济做出了重要的贡献。最后,企业持有房地产也是进行资本经营和融资创新的重要资源。比如,公司可以将持有的写字楼物业作为资源来发行融资产品。

陈婷、刘晓雷、熊伟和周利安(音译,Ting Chen,Laura Xiaolei Liu,Wei Xiong and Li-An Zhou,2017)使用 2000 年到 2015 年的数据,分析了我国 2 687 家上市的制造业和服务业公司在非土地投资、商业土地投资、住宅土地投资和工业用地投资这四种投资上的平均投资额。这些公司的平均投资额从 2000 年的 1.06 亿元人民币增长到 2011 年的 5.53 亿元人民币。商业土地投资在 2006 年以前几乎没有,但是在 2010 年增长到了 1.92 亿元,占总投资的 40% 左右。同时,住宅用地投资增长也十分迅速,在 2011 年达到了 0.7 亿元人民币左右。工业用地投资在此期间也有所增长,但是占比较小,不超过总投资的 7%。

房地产业属于资金密集型行业。房地产投资运营对金融行业的依存度很高,因此房地产业与银行、保险、证券等行业的关系较为紧密。从国际上主要发达国家的经验来看,房地产业的投资和开发管理水平与金融业的繁荣程度有很大的关系,房地产金融市场是现代金融体系的重要组成部分。房地产资产的投资开发过程具有融资量大、运转周期长、回收资金慢等特点,因此公司对房地产资产投资开发必须得到金融业的支持。从表 7-1 中可以看出,2017 年第一季度末中国人民币房地产贷款余额 28.39 万亿元,同比增长 26.1%,占人民币贷款余额的 25.62%。其中,中国房产开发贷款余额 6.13 万亿元,个人住房贷款余额 19.05 万亿元,保障性住房开发贷款余额 2.75 万亿元,地产开发贷款余额 1.41 万亿元。表 7-1 中这三年的房地产贷款余额占当期人民币贷款余额的比重呈现平稳上升态势,2017 年比 2015 年年底提高 3.26 个百分点。由此可见,房地产投资占贷款余额的比率比较大,且平均而言贷款期限比较长。为了降低资产流动性不足的风险,金融机构需要进行金融产品创新,关于金融产品创新这部分的内容我们会在后面的内容中进一步学习。

表 7-1　　　　　　　房地产贷款余额及占同期人民币贷款余额的比率

	房地产贷款余额(万亿元)	占同期人民币贷款余额的比率(%)
2015-03	18.41	21.43
2015-06	19.30	21.74

续表

	房地产贷款余额（万亿元）	占同期人民币贷款余额的比率（%）
2015—09	20.24	21.97
2015—12	21.01	22.36
2016—03	22.51	22.84
2016—06	23.94	23.59
2016—09	25.33	24.33
2016—12	26.68	25.03
2017—03	28.39	25.62

在中国，全国性的房产登记制度早有体现。土地登记制度在周朝就已经开始了，当时的目的是为了征收税赋，土地的所有权掌握在周天子手里，其他诸侯对自己所分得的土地只享有使用权。房产登记制度最早可以追溯到唐代，在当时，中国在土地管理方面有立契、申牒和过割制度，土地买卖需要通过官府，否则不仅交易无效还会受到法律的制裁。宋朝时期，当时的社会基础是宗族制度，朝廷规定，在买房前一定要先征得亲属的同意。总体而言，古时候的土地房屋登记制度的目的主要是为了征税，管理难度很大，而且历代朝廷对于房屋的出售、购买都有非常严格的规定，即使能够交易，也会产生沉重的赋税，因此，在当时，房屋无法自由交易。鸦片战争之后，帝国主义入侵中国，1845 年上海的地方官员将黄浦江下游外滩的居住权租给洋人，我国近现代的商品房就在这里初步诞生。"租界"的诞生将私有产权和自由交易为前提的房地产业带入了清帝国，上海租界在短短十年间地价暴涨十余倍。新中国成立以后，消除了以私人经营为特征的房屋租赁活动，城市土地所有权属于国家。城市职工的住房依靠的是实物福利分房制度，房屋的建设资金来源于国家财政和企业福利，事后不收回投入资金，以员工的级别、工龄和家庭人口为依据进行福利分房。1977 年全国人均住房面积仅有 3.6 平方米。住房配给的直接后果是抑制了人口自由流动和选择工作变动的自由，并导致了住房开发不足。1994 年 7 月，国务院下发《关于深化城镇住房制度改革的决定》，提出建立住宅公积金制度，是住宅分配货币化的起点。1998 年 6 月，一系列刺激房地产发展的政策相继出台，包括停止全国城镇住宅实物分配，实行住宅货币化，这意味着居民需要通过购买途径取得住宅，住宅问题需要通过市场解决。个人成为购买房地产的主体，并掌握了房屋选择的自由，从此中国房地产业进入了高速增长期，城市居民的人均住房面积在 2012 年提高到了 32.9 平方米。随着住房的市场化和商品化的发展，我国的房地产市场也出现了房价过高、结构不合理等问题，那么接下来我们从理论结合中国实践来学习房地产市场有哪些特征以及究竟房价为什么会发生变动。

第二节　房地产市场的特征

在学习房地产价格的决定因素之前,我们首先回顾一下经济学的一个基本模型,就是供给－需求模型。在图 7－3 中,横轴代表了某种商品的数量,纵轴代表了某种商品的价格。需求就是指消费大众因为需要一件产品而产生的购买要求,供给指的是企业为了响应大众购买需求而提供的产品供给。供给曲线向上倾斜,上面的每一个点都代表了生产者愿意在某一价格水平下出售的物品数量,它描述了假设其他因素不变,当一件物品的相对价格上升时,其供给量会上升,也就是价格和数量成正比。需求曲线代表了消费者愿意在某一价格水平下购买的数量,这条曲线上的每一个点代表了随着价格升降,个体在每段时间内所愿意购买的某商品的数量。需求曲线向右下倾斜,代表了商品的价格越高,消费者愿意购买的货物数量就会越低,也就是假设其他因素不变,价格与需求量成反比。两条曲线的交点代表了在竞争性市场下的某种商品的均衡价格和均衡产量。因此,长期均衡的价格就是在供给和需求两种因素的共同作用下决定的。这个经典的经济学供给－需求模型,是否也可以直接适用于房地产市场?

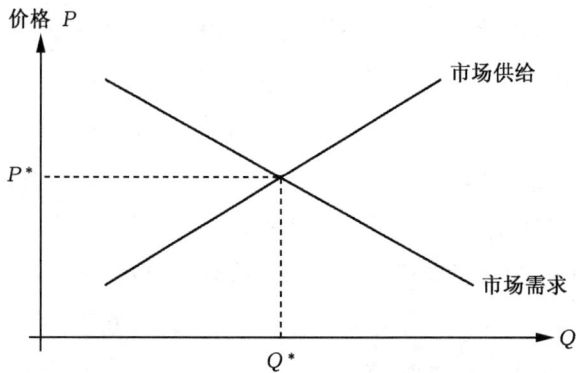

图 7－3　经典的供给－需求模型

首先我们思考以下三个现实生活中的例子。第一个:当前房地产价格非常高,但还是有很多人急着购买房屋,在金融危机后,房地产的价格相对较低,但是几乎没有人想要购买房地产,这种情况是否违反了上面提到的需求规律? 第二个:苹果手机在不同的地方以相似的价格出售,但是不同地区的房地产价格却相差很大,这是否是因为没有竞争来驱动不同地区的房地产价格达到均衡价格? 第三个:当房地产的需求下降时,我们没有看到业主拆除他们的房屋(以降低供给),相反,当价格上升的时候,拆除会变多,这种情况是否违反了供给规律?

对于以上的三种情况,经济学理论依然适用,但是在使用理论的时候,我们首先必须了解房地产市场的特殊性。我们要理解供给需求理论模型的前提假设是完全竞争市场以及其他条件都不变的情况,那么当市场情况有变化的时候,也就是模型受到了外生冲击发生结构性变化时,需求曲线的斜率就发生了变化,因此第一种情况是符合理论描述的。

房地产市场的第一个特征是分割性,是一个差异非常大的市场。房地产市场的供给和需求方都是有特定的位置和类型的要求,房地产市场往往是个本地市场,而不是个国家性或者国际性的市场,每种建筑物的使用类别都不一样。比如,我们可以认为上海的仓储空间市场是一个独立的正常运行的市场,但是整个中国的仓储空间市场并不是一个单一整合的空间市场。汽车、手机或者金融资本等市场是一个全国性的整合市场,这些市场的产品基本都是同类商品,并且可以很容易地从一个地方转移到另外一个地方,但是一个建筑物是无法运输以及移动的,因此,房地产市场的分割性造成了各个地区房租以及房价的巨大的差异。

房地产市场的第二个特征就是存量巨大,这些巨大的库存是房地产市场总供给量的一个组成部分。那么当需求发生变化的时候,首先消耗的供给是存量,因为开发商需要很长的时间才能完成建造新的房屋。

房地产市场的第三个特征就是建造或者改造的过程很漫长,而且政策性的限制也很多,比如土地规划的限制,住房容积率的限制,以及审批的过程也需要很久。这里也解释了第三个情景,在房地产市场里,不是必须建造新的建筑物才是增加了供给,对旧的建筑物拆除重新提高土地的利用率也是增加了房地产市场的供给。

房地产市场的第四个特征是房地产具有双重属性,既有消费或者生产的价值,也同时具有投资的价值。例如,我们购买一处房屋除了可以住以外,这个房产还可以保值、增值,还有可能可以抵抗通货膨胀。如果你出租这个房产,还能为你带来未来的现金流。既然有投资属性,那么随着房价的升高,会给投资者带来房价增长的预期,这样又增高了下一期的房价,从而继续引发了投机资金的参与热情,房地产市场的泡沫加速膨胀,那么当泡沫被刺破之后,可能发生房价大跌带来的银行资金链条断裂、宏观经济崩溃为标志的金融危机。因此,为了满足大众的基本消费需求,抑制房地产市场上的非理性投资需求,如何控制房价理性合理的变化成为各国政府非常关心的问题。

房地产市场的第五个特征就是市场摩擦,也就是房地产交易中高额的交易成本。与普通的证券市场交易相比,由于房地产资产同质性很低,且交易信息不透明,购买与卖出房地产资产的交易成本会高得多,例如,房屋中介的费用,各种税费,以及在搜寻最合适的房屋时所花费的时间以及其他成本。

以上就是房地产市场的几种特征。考虑到房地产市场的特殊性,经典的需求—供给模型并不能直接应用于房地产市场,而是应当结合房地产市场的这些特征做出对应的调整。

第三节　影响房地产价格的因素——四象限模型及其应用

一、房地产市场及其组成部分

在学习影响房地产价格的因素之前,我们首先要知道什么是房地产市场以及房地产市场的组成部分。根据一般定义,房地产市场是所有房地产产权交易关系的总和,房地产不仅仅指建筑物还包括建筑物所使用的土地。按照经济过程来划分,房地产市场可以分为房地产空间市场(也可以简单地理解为租赁市场)、房地产资产市场,以及房地产开发市场。其中,房地产开发市场又包括存量市场以及生产新的供给的开发建造市场。

其中,房地产空间市场的需求方是租客,供给方是房屋的所有者。租客消费的产品就是使用房地产或者土地的权利。比如,一个学生租了一套公寓来使用这个空间进行房地产的消费。又比如一个公司租了几间办公室来使用这些空间进行生产经营。那么在一段时间内使用这个空间的权利的价格就是租金,通常按照年度计价。租金反映了建筑物空间的价值以及租赁市场或者房地产空间市场上当前的供求关系。

第二个重要的组成部分就是房地产资产市场,也就是一般意义上的房地产市场。因为这个市场里的房地产商品可以通过租赁产生现金流,这里的房地产资产经常会与资本市场的其他资产例如股票和债券进行比较,所以也属于资本市场的一部分。这个市场里的供给方就是想要出售自己持有的物业的房产拥有者,需求方就是其他想要购买房地产资产的投资者。供求之间的平衡决定了该国或该地区房地产资产价值相对于其他形式的实物和金融资产的总体水平,在总体估值范围内,单个物业或建筑物的具体价值取决于潜在投资者对每个单个物业未来可产生的现金流量的水平和风险的认知。

房地产的空间市场和资产市场通过物业的现金流直接联系了起来,而房地产开发市场是将金融资产转为实物资产的市场,控制了空间市场上的供给。这三个市场也组成了整个房地产业的体系。房地产开发包括对建筑的修复和改造,开发商需要冒风险以及获得融资支持。我们前面提到,房地产拥有大量的库存,不会迅速耗尽,那么只有对新增的建筑物业的需求才会支持房地产开发行业。因此,从地产投资的角度分析,房地产开发行业可以被视为资本市场对空间市场变化的反馈枢纽,增加了空间市场的供给。接下来,我们将房地产市场上的这些组成部分通过经济学模型描述出来,从而解释影响价格变化的原因。

二、四象限模型

四象限模型是由迪帕斯奎尔(Dipasquale)和惠顿(Wheaton)这两位经济学家在1992年提出的房地产市场价格动态调节机制的经济学模型。这个模型的作用机理是:整个房地产市场体系由四个市场所组成。从房地产存量市场出发,房地产租赁市场所决定的租金水平通过资产市场转化为房地产价格,这些资产价格的变动,反过来会促进生产者开发新的房地产资产,来供给房地产存量市场,最终产生新水平的房地产供给总量。当供给总量水平起始与终点相同时,整个房地产业体系达到长期均衡。这四个市场能够联系起来的关键是基于经济学的假设:"市场出清"。这种假设是比较严格和理想的,在现实生活中很难达到,但是这个模型为我们研究房地产投资提供了一个很好的分析视角。

四象限模型如图7-4所示,这里要注意,四象限模型反映了空间和资本市场的长期均衡,所以市场有足够的时间来建造和开发新的空间供给来满足需求的变动。图上的四个与横轴纵轴相交的点分别代表了均衡的价格和数量。图上的右上角的象限描述了空间市场上租金的决定因素,这个象限上的纵轴为租金水平,横轴为市场上实物空间的存量。需求函数是一个关于租金和市场上的经济状况的函数,需求曲线向下倾斜代表了随着空间市场上的供给增多,空间的价格也就是房地产市场上的租金会下降。租赁市场上的供给是固定的,在 S 点。如果我们在横轴沿着 S 点的供给量向上画一条垂直的线,与需求曲线相交的点对应的纵轴的值就是当前均衡租金的水平。均衡时,需求等于供给。这条向右下方倾斜的需求曲线是可以移动的,例如,收入增加、居民人数的增加以及公司扩张业务等经济状况因素都会引起需求曲线向右上移动。如果需求曲线向右上移动了,那么原始的均衡租金水平低于新的均衡租金水平,租金价格就会开始上升,直到达到新的均衡点。

左上角的象限描绘了房地产资产市场定价的过程,这个过程将横轴上的房地产均衡价格和纵轴上的现阶段的租金水平联系了起来。这个象限里的斜线代表了资本化率。资本化率 i 是投资者要求的回报率,是由整个资本市场里的供给需求决定的。把房地产价格和租金联系起来的逻辑是因为投资者在购买了一个房产之后,投资者实际上购买的是这个房产带来的当前或者未来的收入。因此,房价可以表示为未来收入贴现之后的现在的价值,如果这个投资期限是无限长的话,我们可以近似地认为房价等于租金收入除以资本化率,这里也可以看出资本化率可以近似地看作租金除以房地产价格的比率,也就是房地产资产的回报率。这条线越陡,代表了资本化率就越高,也就

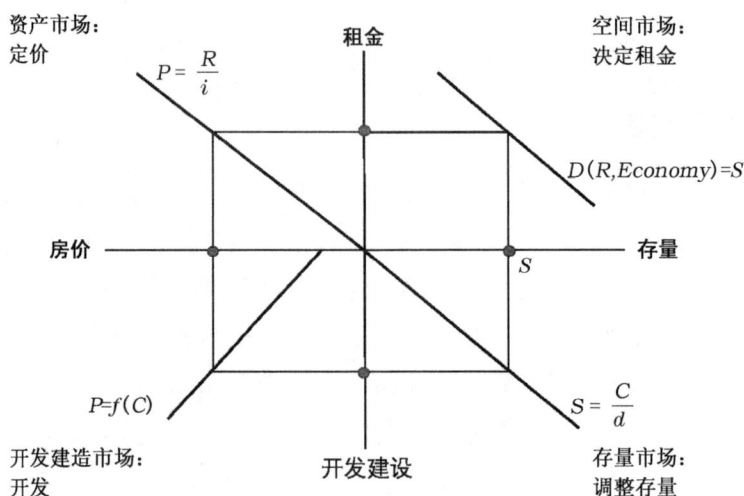

图7—4　四象限模型

是当前租金对应的房地产价格越低。

从空间市场上均衡租金的点作一条横线,并与资本化率线相交向下作一条垂直于横轴的直线,对应的价格水平就是当前租金决定的房地产价格。和上面的空间市场分析过程一样,长期贷款利率的增加,未来预期的租金的减少,房地产市场上风险的增加以及房地产相关的税费的增加都会造成这条直线斜率的变化,这些因素会造成资本化率的变动,进而导致房地产价格的变化。并且以上的因素都会造成这条直线变得更平缓,也就是斜率变小。那么当以上的几种情况发生时,原始的价格水平高于均衡水平,房地产价格就会回落,直到达到新的均衡价格。横轴上方的这两个象限共同描述了房地产空间和资本市场短期的价格联系。

横轴下的两个象限展示了开发建设过程如何影响供给的总量。左下角的象限描述了房地产开发活动,即实物资产的生产过程。这个象限表示了房地产价格和每年的新建造开发供给量,也就是完工量之间的关系。这条直线将给定的房地产价格水平与给定的开发比率联系了起来。纵轴为房地产开发业每年开发的比率,所以纵轴越往下代表了更活跃的开发建造活动。这里的建造方程是用一条向下倾斜的直线表示的,代表了更高的房地产的价格会引发更多的房地产开发量。因为更高的价格才能让开发商负担更高的购买土地费用,而充足的资本可以使开发进行得更快或者密度更高。这条建造方程直线在横轴上的交点大于零,这是因为如果房价低于某个水平,开发活动是不会进行的,因为是不会盈利的。也可以解释为,这里的开发成本分为两个部分,一个是固定成本,一个为可变成本。因此,无论开发活动的完工量是多还是少,都会产生固定数额的费用。当建造的成本与房地产价格相等时,建造开发市场达到均衡,那么沿着均衡的价格水平作一条垂直于横轴的线,与建造方程直线相交的点对应的纵轴的数值就是每年新增的建造量。用数学等式来表示就是:$P = f(C)$。这里 $f(C)$ 为房地产的重置成本,假设与更活跃的开发活动正相关。

同样,这条函数直线什么时候会发生移动呢? 比如利率水平的降低,更低的利率意味着更低的融资成本,开发成本降低,函数直线向下移动,那么给定均衡价格水平就对应了更高的新的建设量。同样的,开发建造融资难度的降低,政策制度的放开,也会导致更高的完工量。联系我国的实际经验,在 1998 年上半年,众多房地产开发企业因资金链困境而卖出库存土地,并退出市场,然而,从当年的 6 月开始,政策面开始发生变化,一系列刺激房地产发展的政策相继出台,尤其是房地产开发企业可以根据供需情况自主决定楼盘价格。此后,大量效率更高、创新性更强的中外合资和私人房地产企业参与到房地产的开发和销售中。

最后,右下角的象限将新建造开发量和开发市场的供应总量联系到了一起,完成了资本和空间市场长期的整合关系。右下角象限的这条直线描述了空间市场每年新增的开发量与总供给量的关系。这个函数背后的逻辑是,在长期,当没有新的开发活动时,旧的空间会从总供应量里面被消耗一定的部分,因此在长期来看,为了维持整个房地产市场的供给量,每年新的建设是必不可少的。用数学公式来表示为:

$$\Delta S = C - dS \tag{7.1}$$

ΔS 等于每年新增的供给量,C 等于新增的建造量,d 代表折旧率,dS 是消耗的部分。因此,在均衡状态下,当空间市场上的总供给量是恒定的时候,$\Delta S = 0$,也就是说,每年新增的开发量刚好能够弥补消耗的存量部分。因此在存量市场的这条直线代表了为了维持均衡的供给水平,总供应量越大,每年新增的开发建设率就越高。

将这四个象限全部联系起来,这幅图就描述了房地产市场的长期均衡关系。

此外需要强调的是,这个房地产体系的理论模型更加适用于预测未来价格的变化而不是绝对的价格水平。运用这个四象限模型,如果我们事先知道供给和需求的变化,我们就可以预测房地产价格的变化。但是如何能预测供给和需求的变化,可能需要你有内幕消息,或者你可以准确地知道政策颁布后产生的效果。而且模型都是建立在其他条件不变的情况假设下的,但是现实生活中并不是如此。此外,结合前面内容中的房地产市场的特征,房地产市场是一个非常细分的市场,对于不同的物业类型,在空间市场上影响需求的因素都是不一样的。比如人口、家庭结构、就业率的增长、城市化等因素会影响住宅空间的需求。但是主要影响对酒店物业的需求的因素是,旅游的收入,访客的人数,以及是否有重大活动等。因此,在现实生活中应用四象限模型时,一定要注意按照特定的物业类型分情况来进行分析。

三、房地产的价格会持续上涨吗？——四象限模型的应用

根据前面内容的学习，我们知道四象限模型可以用来解释房地产价格决定的因素，接下来，我们将继续学习如何使用四象限模型来解释在现实生活中观察到的价格波动的现象。

（一）国外房地产价格周期性变化实证研究

盖尔特纳（Geltner）等人在 2013 年的一篇文章中，描绘了 1986 年到 2010 年间美国商业地产价格指数以及租赁指数，发现不论是租赁价格还是商业地产的价格从长期来看都不是持续增长或者是下跌的，而是有周期性的。而且价格和租金指数的周期也不是完全正相关的，尤其是在 2000 年左右。这是因为在 20 世纪 80 年代出现的过度开发在 21 世纪初没有重现，21 世纪初房地产市场的繁荣纯粹是由资本市场助推的，包括在 2005 到 2007 年期间过度的证券化和衍生品的使用。资本市场的推动导致了房地产资产市场价格泡沫的破裂，但是空间市场也就是租赁市场受到的影响很小。在房地产市场繁荣的时期，资本市场的助推力以及开发商基于新的信息预见未来房地产价格的上涨而做出快速的反应会使上升更严重；而在回落时，房地产开发市场上的供给缺乏弹性以及资本市场上有限的杠杆将会使回落加剧。此外，价格的波动相对租金更大，租金指数在此期间的波动更小，根据联系房地产资产市场的函数关系 $P = R/i$，价格不仅仅受到了租金的影响，另一方面还受到了来自利率水平的影响，而利率水平是由整个资本市场决定的，波动非常频繁。因此，房地产价格的波动比租赁价格更大。

以我们的东亚邻居日本的市场为例。日本的国家财富中有很大一部分都集中在土地，是世界上少有的土地资产在国家财富中所占比例较大的国家。1985 年，在日本签署"广场协议"后，日元开始加速升值，大量国际热钱涌入日本国内，巨大的流动性占款刺激了房地产市场，使得房地产价格快速攀升。1985 年，日本的国家财富中有57.1%是土地资产，住宅资产占 8.6%。到了 1990 年，地价达到高峰，仅东京都的土地资产价格就可以买下整个美国的土地资产。1991 年后，随着国际资本获利后撤离，由外来资本推动的日本房地产泡沫迅速破灭，房价随即暴跌，这将日本经济拖入深渊。日本六大城市地价显示，1985 年商业地价指数为 128.9，1990 年为 502.9，随后一路下跌，1995 年为 210.8，到 2013 年仅为 70.2。也就是说，2013 年商业地价指数仅为1990 年的 13.9%，20 多年间的跌幅高达 86.1%，这一时期也被称为日本"失去的二十年"。上面的案例告诉我们，房地产市场价格以及租赁价格的变动是有周期性的，而且给国民经济带来的影响巨大。

（二）四象限模型的应用

接下来，我们通过三种情景了解房价发生变化的过程，并解释房地产价格变化的

周期性特征。

第一种情况,假设其他条件不变,如果许多公司决定扩张业务并且居民的收入也同时增加,这会对房地产市场的价格和租金产生什么影响?

首先我们要判断这种情况影响了哪个市场,会有什么效果。公司扩张业务以及居民的收入增加都增加了对空间市场使用的需求。在图7-5中,空间市场上的需求函数向右上移动。开发商以及资本市场并没有预期到需求的增加,所以短期内(一到两年)来不及创造新的空间,所以租金会首先上升到原有的供给量对应的新需求曲线决定的租金水平R_1,但是注意,R_1的租金水平并不能在长期均衡中维持。整个体系新的长期均衡在图中用粗黑线表示了出来,我们可以看到,租金首先上升到了R_1,再回落到最终长期均衡的R_2代表的租金水平。这也解释了为什么租金会发生周期性的变化。达到长期均衡时,除了租金,房地产的价格以及总供给量跟原始水平相比都相应地增加了,但是每个变量增长的幅度都会有所不同。具体增长的量是根据供给、需求还有资本市场对房地产市场新增投资的看法的相对弹性决定的,也就是上方两个象限里直线的形状决定的。

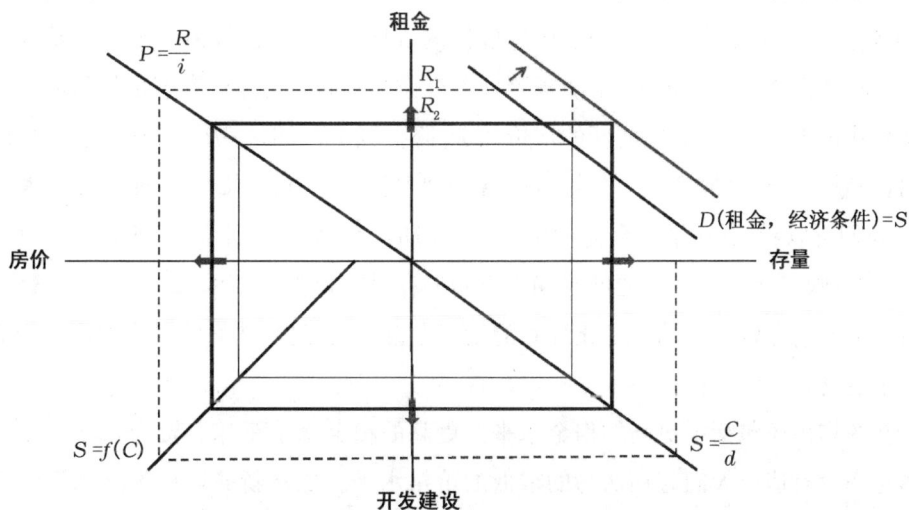

图7-5　公司扩张业务且居民的收入增加条件下的四象限模型

第二种情况,我们再考虑一个房地产资产市场上的变动,还是假设其他市场条件不变的情况下,如果央行决定提高长期利率会对房价和租金有什么影响?

首先高的长期利率水平会直接影响资本化率,可以理解为投资要求的回报率变高了,或者投资者认为房地产资产相比其他资产而言,风险水平变高了。那么,资本化率的提高代表了投资者现在只愿意以比当前水平更低的价格购买房产。我们看图7-6中的四象限模型示意图。

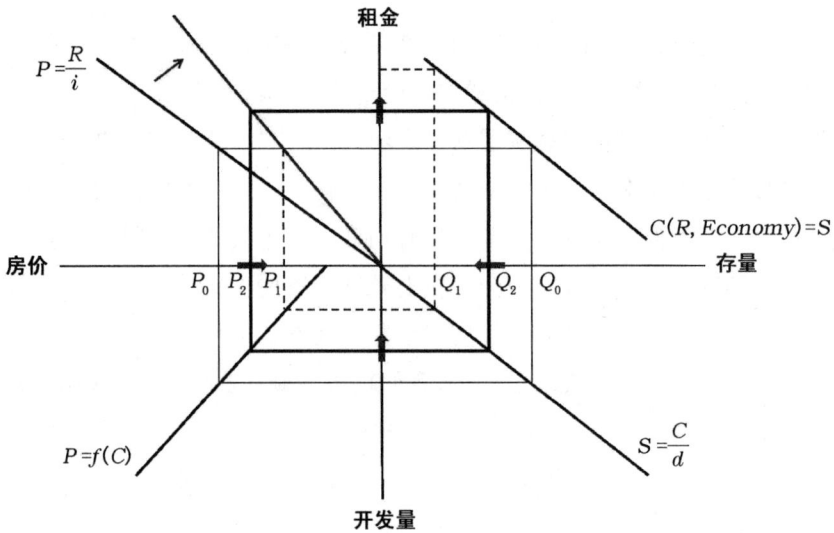

图 7—6   提高长期利率条件下的四象限模型

资本化率提高,左上角的房地产资产市场中表示价格与租金关系的直线会向上移动,也就是变得更陡峭。这代表了房屋价格的价格估值变低了,租金水平不变,因此,如果此时的投资者比较短视,不能预测到资产会开始撤离房地产资产市场从而降低新的开发建设水平,那么对应的新的房价从 P_0 降低到 P_1。但是 P_1 的价格水平是低于新的长期均衡水平的,因此,长期的价格会回升到可以维持长期均衡的价格水平的 P_2。我们可以看到,在第二个情境中,新的长期均衡水平下,空间市场的总供给量降低了,这反映了房地产开发的低谷期将空间的存量降低到了新的 Q_2 的水平。这是金融市场上的金融资本流动的变化导致的投资者偏好的变化,从而使得房地产实物资本发生了变动。

新的均衡还包括了更高的租金水平。更高的租金水平意味着资产市场上更高的资本化率没有造成人们起初认为的很低的价格水平。虽然新的均衡价格水平低于原始水平,但是并没有一开始降低后的价格水平低,而是和 P_1 相比所有上涨。在这种情况下,出现了价格的周期性变化,下降之后发生了上涨。

可以发现,在市场参与者缺乏对市场的完美预见性的情况下,以上两种情景分别影响了房地产空间市场和资产市场的需求,导致了租金和房地产价格的周期性变化。可以想象,如果两个市场上的需求如果同时发生变化,那么造成的周期变化将会更为剧烈。

第三种情况,如果预计房地产市场上的建造成本会进一步增加,那么短期和长期的房价和租金将会如何变化?这种情况就留给读者们运用四象限模型进行分析。

(三)我国房地产价格的周期性变化

在这部分内容的开头,我们讨论了美国和日本市场上的价格周期变化,接下来我们进一步探讨我国的房价是否有周期变化。首先,简要介绍一下 2005 年至今的北京、上海、广州和深圳二手房销售价格指数的变化。与我国的 GDP 持续增长保持一致,这四个城市的房地产价格在此期间整体都是上升的,但是在这十几年间也发生了多次增长和回落的周期性变化。2004 年、2005 年国家出台了多项调控房地产的政策,有效地调整了市场预期,房地产市场过热的局面得到缓解,房地产价格增幅趋缓,成交量减少。在 2006 年初时,受到需求推动,北上广深等一线城市的房价仍大幅上涨。但是,接下来的 2008 年,由于世界金融危机对中国经济造成巨大冲击,房地产市场也受到影响,商品住宅销售首次出现了负增长。之后随着"四万亿救市计划"的出台,中央和地方政府开始积极鼓励购房。2009 年,银行和信托公司掀起授信狂潮,房地产企业的融资状况大为好转。宽松的货币政策导致大量的资金涌进房地产资产市场,投资和投机的需求推动这四个一线城市的房价呈现快速上涨的态势。为了控制过热的房地产市场,2010 年,北京市政府出台楼市限购令,此后,限购城市从 2010 年的不足 20 个大幅增加到 40 多个,在严厉的限购令下以及 2013 年下半年银行系统对房地产业开始收紧信贷,房价增速再一次放缓出现回落。2016 年初,受刺激政策和心理预期的推动,楼市又迅速"入春",但是 2017 年初,在限购、限贷、限价、限售"四限"房地产市场政策的持续发力的基础上,房地产信贷"去杠杆"持续推进,各地严查资金违规流入房地产市场。随着资本市场上资金流入房地产资产市场的限制,这四个城市房地产市场明显降温,房价涨幅趋于平缓。

由此可见,房价并不是会一直持续上涨的,而是呈现周期性的。随着我国经济水平的持续上升,我国的住宅市场价格在强烈的消费和投资需求的驱动下,长期呈现上涨,但是其间还是发生了几次周期性的回落。投资者如果不能理性地认识到房地产价格的这一特点,还是极有可能产生损失的。

第四节　房地产价值评估

接下来我们将重点从金融经济学的角度关注房地产资产市场。资本资产会对未来可能产生的收益以货币形式产生要求,因此房地产资产也是一种资本资产。金融经济学关心的是整个资本市场如何运作以及市场里的资产的价格是被什么因素决定的,本质上是研究不同资产未来可能产生的现金流量的时机、风险以及其他特征是如何决定这些资产今天的价值的。

与企业是企业股票的底层资产类似,房地产资产也是各种房地产证券化产品的底层资产。对于公司估值,在前面已经介绍了现金流贴现模型,因为房地产也是一种投资资产,同样的,我们也可以使用房地产资产未来产生的现金流来计算房地产当前可以用来交易的价值。对于房地产估值来说,如果对未来的收益比较有把握的话,那么使用现金流贴现模型是合适的,属于房地产估值中的收益法。

对于房地产市场的参与者,并不是只有在买房子的时候才需要对投资标的进行估值。对于开发商来说,要获取哪一处地块,考虑这个地块最大和最优的用途,以及采用哪一种建筑设计、系统还有材料都需要考虑估值;对于房地产投资者来说,要投资哪一个房产,出租时选择哪些租户以及哪种租户的构成是最佳的,和采用哪种房产的提升计划例如翻新都跟估值相关。最后对于企业来说,在哪里经营或者开设分支机构,购买还是租赁还是售后回租,续租还是搬家都是需要估值来帮助企业管理者进行决策的。但是要强调非常重要的一点是,投资估值是一种在所有可选择选项中的一种消极决策的方式。在现实的世界里,可以通过谈判的技巧降低成本也许更为重要。

一、现金流贴现模型回顾

首先我们回顾一下现金流贴现模型。这个模型基本的原理就是,假设你可以选择今天得到 100 元或者明年的今天得到 100 元,你一定会选择今天的 100 元。那是因为,时间有成本,这 100 元存入银行,假设利率为 5%,那么你第二年可以得到 105 元。如果你觉得未来承诺的回报与存银行相比风险更大,那么你会要求比 105 元更高的回报。

式(7.2)就是用数学公式表示的现金流贴现模型,公式左边的净现值(NPV)等于未来所有投资期限内的净现金流贴现到今天的价值之和加上当期的净现金流。公式右边的 T 代表了投资者的投资期限,也就是项目的计算期,CF_t 代表了 t 时刻的净现金流,R 是这个项目的贴现率。那么在 NPV 等于零的时候,项目的总回报刚好等于项目的投资;NPV 值越大,对投资者来说,这个项目就越好。如果我们让 $NPV=0$,把这个方程解出来,得到的 R 的值就是内部收益率(IRR),如果内部收益率大于投资者最低的预期回报率的话,这个项目就可以接受。但是要注意,内部收益率的值不是越大就越好。

$$NPV=\sum_{t=1}^{T}\frac{CF_t}{(1+R)^t}+CF_0 \tag{7.2}$$

资金存进银行的收益是你的机会成本,如果投资一个项目的回报不能超过把钱存在银行的收益,投资者是不会对项目进行投资的。那么对于表 7-2 中的三个项目,如果你有原始的 100 万元作为资本进行投资,你会选择哪一个项目?

表 7—2　　　　　　　　　　　　　　　三种不同的项目投资及预期收入

	项目 1	项目 2	项目 3
前期投资	-100	-90	-80
预期收入	120	108	97

根据现金流贴现模型,我们将每个项目在初始期($t=0$),以及最后项目终止期($t=1$)的现金流写出来,在回顾估值模型的时候,我们提到可以接受一个投资项目的条件是净现值 NPV 大于 0,以及 NPV 越大项目越好。假设在贴现率也就是机会成本 R 等于 10% 的条件下,第一个项目的 NPV 是 9.1,第二个项目的 NPV 是 8.2,第三个项目也为 8.2。每一个项目都可以接受,但是投资者会偏好收益更高的项目,也就是在 R 等于 10% 的情况下,我们会选择项目 1。

接下来我们让银行利率不断升高,也就是当我们的机会成本提高到 14%、18% 以及 25% 的情况下,我们是否还会选择项目 1。分别计算每个项目的 NPV,我们发现在 R 等于 14% 的情况下,项目 1 的 NPV 还是最高的。但是当 R 等于 18% 时,项目 3 的净现值在三个项目中是最高的。而当贴现率 R 等于 25% 的时候,三个项目的 NPV 都小于 0 了,此时,投资者不如直接把钱存进银行,不会投资任何项目。我们的选择会随着贴现率变化而产生变化,这是因为当贴现率更高的时候,未来的回报相对而言没有那么值钱了,而项目 3 初始的投入比较低,属于负的现金流,而期末的回报比较低,随着贴现率升高以后,未来的正的现金流贴现回来就没有那么值钱了。

再分别计算一下每个项目的 IRR,根据前面的介绍,IRR 为当 NPV 等于 0 时的贴现率,三个项目的 IRR 分别为 20%、20% 以及 21%。如果当前的预期回报率低于这个项目的 IRR 时,我们就可以接受这个项目。因此当贴现率变动为 10%、14% 和 18% 时,三个项目都可以接受,但当贴现率为 25% 时,三个项目都不可以接受。要注意,IRR 并不能告诉我们哪个项目更好,虽然项目 3 的内部回报率是最高的,但是在前两种贴现率 R 分别等于 10% 和 14% 的条件下,项目 3 并不是最好的。这也就是我们刚才所说的 IRR 的值不是越大,项目就越好。

接下来大家思考两个问题,也可以自己测试一下学习效果。第一个问题,NPV 等于 0 是不是意味着这项投资不赚钱?第二个问题是,如果你发现一个有着很大的 NPV 的项目,是否要立刻投资?

第一个问题的答案很简单,答案是否定的。NPV 等于 0 的项目只代表了这个项目预期会产生跟机会成本相同的回报率。而在有效市场假定下,NPV 预期会等于 0。

第二个问题首先你要检查一遍你的计算是否正确,假设是否符合实际。其次,请考虑一下为什么你可以得到这个投资的机会,你有特殊的渠道还是特殊的技能,比如说垄断或者有协同效应。最后,不要成为更大的傻瓜。有一个理论叫傻瓜理论,意思是你永远不用担心为一项投资或者一只股票付的钱过高,你总能在市场上找到比你更傻的投资者愿意以更高的价格从你手中把投资品买去。也许你认为这样是可以赚到钱的,可是根据我们前面讲到的房地产市场的特征,当房地产的价格逐渐脱离价值时,泡沫就会产生,也就是泡沫就会有破灭的那天,比如 17 世纪荷兰的郁金香球茎泡沫一般,相信傻瓜理论的人最终会成为最傻的傻瓜。

此外,我们应该贴现未来的收入,而不是直接相加。因为投资者在等待回报的过程中承担了机会成本和风险,因此需要对机会成本以及风险进行补偿。在贴现率的选择上,可以选择让套利利润等于 0 的机会成本,或者一个无风险资产的利率加上有着类似风险水平的另外一宗投资的超额收益。而我们使用的现金流贴现模型是一个多期的估值模型,这个模型可以让离现在时间越远的未来收益打的折扣更大,因为未来代表了更多的延迟和风险。

下面是两个同学的一段对话:

A:投资者想从他们的投资中得到什么呢?

B:当然是收益率啦!

A:是啊,越高越好。

B:等等,我们才学到更高的回报率意味着更低的价格。投资者不应该想要一个更低的价格吧?

这里的 A 同学说投资者想要得到更高的收益率,B 同学说,但是更高的回报率意味着更低的价格,投资者不想要一个更低的价格。那么谁是对的? B 同学的前半句是对的,资产当前的价格跟预期回报率成反比。后半句强调的就是价格和价值的区别。通常我们用估值模型得到的公司的价值或者是房地产项目的价值叫作内在价值,而市场价格往往与内在价值不相等。那么当投资者以一个低于内在价值的价格购买了一处房产或者股票时,投资者会预期价格最终会上升到内在价值的水平,从而才会产生高于正常回报率的收益率。因此,如果允许的话,投资者当然想要一个更低于内在价值的价格以及更高的收益率。

最后请读者们再次思考一下,现金流贴现模型是否实用? 首先,理论上可行不代表实际中是有用的,因为未来的现金流和贴现率是难以预测的。尽管如此,这个模型还是提供了一个很好的思维模式。在现金流贴现模型不实际的情况下,股票还可以采用股利贴现模型进行定价。房地产市场可以采用市场比较法、收入法、剩余价值法。那么当可比的项目不存在或者我们得不到这个项目的信息时候,还是可以采用现金流贴现法来进行估值的。在现实中,我们需要一种以上的估值模型估值来进行交叉验证,市场上各种"专业判断"背后的假设,通常都是一种如同在看不见的黑盒子里面的估计。

二、现金流贴现模型运用步骤

在现金流贴现模型中,有两个非常重要的步骤:一个是预测未来的净现金流;另一个就是决定和应用合适的资金机会成本作为贴现率。注意,这些都是基于税前的水平。

(一)预测现金流

首先我们对物业产生的现金流进行预测。对房地产实物资产的现金流的预测期通常很长,一般为10年,这是因为房地产寿命很长且投资者一般持有的期限比较久,即使持有者想要在短期内卖出,再次卖出的价格也是基于房地产长期产生收入的能力。

一个完整的估值报表的预测包括两大类别,净经营收入以及终值。前者是物业在日常经营中产生的现金流,对于投资者而言是比较有规律性的。而终值通常只发生一次,因为房地产资产全部被卖出或者部分卖出时才会产生终值。经营现金流的第一项是房地产资产的最重要的潜在总收入,指的是当它完全租出时的租金收入。总的租金收入等于总的可出租的空间乘以每单位空间的租金。对于签了长期租赁合同目前还在租赁期的物业,租金收入包括两个部分,现存合同生效期内的租金,就按照合同租赁的条件来计算租金,合同过期后,租金就是一个关于未来可能会签署的租赁合同条件决定的租金。那么,未来租金就需要你综合考虑房地产空间市场的供求关系以及目标物业的特殊环境来进行预测了。对于长期租金的增长率,可以简单地假设等于通货膨胀率,另外一种方法是寻找市场上非常相似的物业,计算其租金的平均的年增长率;还可以找到类似新建的物业与旧物业相比,租金的差距除以建筑物年龄的差别也可以作为年租金增长率的参考。

净经营收入中一个负的现金流项目叫作空置(租金)津贴,代表了这个物业未来会产生的空置情况给现金流带来的效果。有两种方法可以用来估计空置津贴,一种就是以租金收入的百分比来表示,也就是空置率乘以租金收入。假如48个月里,有3个月是没有租户的,那么空置率就是3除以48,6.3%。另外一种方法就是非常精细地计算每一个租赁空间可能的空置期,这种方法对于有长期租赁合同的建筑会比较准确。在估计空置率的时候,要注意将计算出来的空置率与市场水平相比较,并注意空置率会被经济周期影响所以也具有周期性。而且,空置率会随着建筑年龄的升高而变高,租约到期的租户有很大的可能性选择更新的建筑。最后,减去租金津贴后的收入在会计上也被称为有效总收入。不同的物业还可能产生其他的收入,比如停车场广告牌的收入等,这些都要加到总收入里。

净经营收入另外的一个重要的项目就是营运成本,包括日常的营运支出,还有跟物业持续运营相关的特定费用项目。典型的主要类别包括财产管理和行政、设施、保险、定期维护和修理以及财产税。注意，这里不包含折旧，是因为折旧并没有发生实际的现金流出。

有一个项目叫作资本支出，通常这个项目是指为了维持或增加物业价值而对建筑物的质量进行长期改善的支出。比如，替换加热、通风和冷气系统，更换屋顶，增加一个停车场之类的投资。当我们把营运成本以及资本支出从总的收入中减去后得到的收入就被称为净经营收入。

除了上述的净经营收入以外，预计全部或者部分出售物业的现金流必须在估值中包含进去，也就是终值。为了投资分析的目的，一个完整的估值预测的最后一年必须包括终值，也就是未来将物业卖出的价格减去一些相关的卖出费用，比如中介费和交易成本。终值的计算可以用永续年金或者永续增长年金公式来计算。大家在自己练习估值的时候会发现，终值的价值往往在最终估算出来的内在价值中占到三分之一以上的比例，而终值对于资本化率的选择非常敏感。注意，通常来说，卖出时的资本化率会比买入这个物业时的资本化率要稍微高一些，因为此时建筑年份变大，风险更高。但是也有特殊情况，就是比如说一个投资者在租赁市场最热的时候购买了一个物业，但是租金即将下降。那么租金相对于购买价格会异常的高，因为此时的购买价格反映了后续较低的租金水平的净现值，因此在这种情况下，购买物业的资本化率可能会高于卖出时的资本化率。

（二）预测贴现率

以上介绍的内容是现金流的预测过程，现金流在现金流贴现模型里处于分子的位置，接下来我们要把注意力转移到估值模型的分母上，也就是我们对物业估值时使用的贴现率。我们首先要了解贴现率的由来，贴现率就是标的物投资的机会成本，就是投资者如果投资风险类似的项目所期望得到的收益。在这里，我们介绍四种计算贴现率的方法。

第一种：$r=r_f+r_p$。这里，r_f是无风险利率，r_p是英文 risk premium 的缩写，代表资产标的的风险溢价。在股票市场里，无风险利率一般会选用三个月短期的国债利率。但是，房地产投资期限一般会比较长，在十年左右，那么这里应该选择长期投资期限的平均国债利率，比如十年期的国债。在学习债券章节的时候，我们介绍了收益率曲线效应，就是长期债券的收益率反映了一部分的风险溢价，因此在使用长期国债利率的时候要把相应的风险溢价减去。此外，因为房地产市场本身差异性比较大，不同类型的物业的风险溢价也会不同。

第二种方法是寻找近期成交的相似风险水平的物业交易，并直接计算这些投资的内部回报率作为本项目的贴现率，类似的交易越多，准确性就越高。

第三种方法用公式表示就是 $r=y+g$。y 是资本化率,也就是年收入除以投资标的的价格,g 是预期的增长率。这个计算贴现率的公式更适用于直接或者当前关于房地产资产市场上价格和收入的经验证据。如果我们有当前市场交易的数据,便可以比较容易地通过收入除以价格的均值计算资本化率。而长期的增长率 g,也就是未来租金的增长率,可以使用历史平均租金增长率,再根据未来空间市场上的状况做出调整,例如新建一个地铁站会提高我们对未来租金的预期。或者使用中长期的通货膨胀率或者 GDP 增长率。

由于房地产市场存在异质性,那么当我们获得市场平均资本化率之后,我们需要根据投资标的房屋的特殊性来调整市场平均资本化率。举个例子,假如投资标的是一个相对年份比较久的房产,我们需要调整资本化率,首先根据公式 $r=y+g$,以及 $r=r_f+r_p$,那么资本化率 $y=r_f+r_p-g$。对于年份比较久的房产,未来的增长率比较低,因此要上调 y。如果房产附近会新建一个地铁站,g 会比较高,因此资本化率需要下调。如果一个靠近地震区的房产,它的风险会比较高,因此风险溢价 r_p 的值会比较大,因此需要上调资本化率。剩下的两种情况请大家自己分析。

第四种方法叫作资本成本加权平均方法(WACC),是根据公司自己的不同的资本结构的成本加权平均得到的,这个模型将在以后的内容中进行详细介绍。

(三)预测预测期

最后,我们需要对现金流贴现模型中的预测期也就是 T 值进行预测。通常,预测期是未知的,如果投资的是土地,则私有产权下是永久的。在有期限的土地出让制度下,可以考虑资产的寿命作为投资期。预测期应该覆盖现有的租期,而且应该覆盖到资产稳定并趋于市场租金水平的时期,因为在稳定前,资产有可能产生超额的租金或者经历显著的变化,比如说翻新或者转型。

我们学习了资产定价模型在房地产资产估值中的应用。除了分了上的房地产资产现金流如何预测以外,还包括了分母上的贴现率的四种计算方法。在进行估值的时候,可以使用多个方法,使用不同的贴现率水平来对最后的估值进行敏感性分析,这样得到的估值才会更加现实客观。

第五节　为什么要坚持房住不炒的政策

伴随着中国经济的快速增长,我国的房地产市场呈现快速发展的态势,虽然经历了 2004 年、2005 年的调控,但是 2008 年为了应对金融危机而采取的宽松政策导致房地产市场上的非理性,投机行为增多并逐渐成为主导市场的力量,房地产价格脱离其基础价值,房地产泡沫开始形成,严重威胁了房地产市场的稳定。

我国政府为了保证国民经济的健康稳定发展,开始实施多项房地产调控政策。2010 年开始,我国政府开始进行新一轮严厉的房地产调控。同年 4 月,国务院下发《关于坚决遏制部分城市房价过快上涨的通知》,简称"新国十条"。北京市政府首先响应出台楼市限购令,规定同一家庭限新购一套房屋,并暂停对购买第三套及以上住宅以及不能提供本市一年以上纳税证明的非本市居民发放贷款。限购、限贷、限价的政策从投机者的购房途径、资金来源以及房地产企业出售房地产的价格的限制上全面地抑制了房地产的非理性投资行为。

2016 年底的中央经济工作会议首次提出,"房子是用来住的,不是用来炒的"。房住不炒,用房地产的特征来解释就是发挥房地产双重属性中的消费作用,抑制房地产的投资属性引起的非理性投机行为,起到了稳定房价,保障我国居民基本的住房需求的作用。2017 年底,在北京举行的中央经济工作会议再次提出,要加快建立多主体供应、多渠道保障、租购并举的住房制度。完善促进房地产市场平稳健康发展的长效机制,保持房地产市场调控政策连续性和稳定性。2018 年的中央经济工作会议提出,要构建房地产市场健康发展长效机制。2019 年的中央经济工作会议提出,要加大城市困难群众住房保障工作,加强城市更新和存量住房改造提升,大力发展租赁住房,要坚持房子是用来住的、不是用来炒的定位,促进房地产市场平稳健康发展。从 2016 年起,每年的中央经济工作会议均会强调房住不炒政策,由此可见,我国政府在调控房地产市场的政策上具有连续性,在保障房地产市场平稳健康发展以及保障居民基本住房需求上具有非常强的决心。

在房住不炒政策指导下,我国加快了完善以公租房、保障性租赁住房和共有产权住房为主体的住房保障体系,住房发展取得巨大成就,建成了世界上最大的住房保障体系。坚持房子是用来住的、不是用来炒的定位,使得房地产市场总体保持了平稳运行,切实防范和化解了市场风险。此外,在房住不炒长效机制下,有关部门进一步落实了城市主体责任,督促城市政府不把房地产作为短期刺激经济的手段,多策并举。建立了人、房、地、钱四位一体的联动新机制,因城施策,因地制宜,坚持从实际出发,不搞"一刀切"。"因城施策"的政策导向,符合房地产市场微观市场分割的自然属性,从增加社会福利的角度看,具有一定的现实意义。

第八章 房地产市场融资机制

第一节 杠杆及其作用

一、资本结构

在上一章中,我们学习了如何决定投资于哪一个物业,接下来,我们将进一步学习如何为这样的投资进行融资以及采用什么样的融资结构。在具体实践中,如果你或者你的公司打算投资一个 5 亿元的房地产项目,预期的回报率为每年 10%,但是你只有 1 亿元的预算,忽略交易成本,应当如何成功地投资这个项目?

第一种方法,你可以找另外 4 个有钱的同学或者朋友,每一个人平均投资 1 亿元。那么这样每个人持股 20%。法律上你们对这个房产享有联合共同所有权或者股份共同所有权。此时每个人得到的回报率并不是 2%,实际上,每个人的回报还是 10%。原本的总收益是 5 亿元乘以 10% 再除以 5,每个人的收益为 0.1 亿元,再除以每个人 1 亿元的投入,回报仍然为 10%。既然回报相同,那么承担的投资风险也相同,如果房产的价格降低 20%,对于每个股东来说,损失都是 20%。

第二种方法,你可以向同学借 4 亿元。这样,你持有 20% 的股权,你的同学们持有 80% 的债权。和第一种方法相比,首先,债权所有人并没有对物业的控制权,你许诺不论这项投资是盈利还是亏损,你都会给他们支付利息,到期支付本金。但是相应的所有的投资风险都由你一个人承担。所以,如果实际的回报高于 10%,你可以赚得更多,因为你仅需要支付固定的利息费用。如果实际的回报率低于 10%,你会赚得更少,因为你仍然需要支付利息的费用。所以在这种情况下,你承担所有的投资风险,而其他人只承担你的违约风险。

以上的例子是为了说明房地产投资或者房地产企业在对权益融资和债务融资进行选择和判断时,必须考虑两者的利弊。持有股权的投资者对未来的现金流有剩余索取权,也就是权益持有者对公司资产与收益的要求权是排在最后一位的,但是对公司是有控制权的。权益融资主要来源包括所有者自身的股权投资、风险投资资金以及私募基金投资资金，还有企业上市融资以及房地产投资信托基金资金等。而债权人无权参与企业经营但对企业资产具有索债请求权。通常，房地产企业或者房地产投资的债务融资包括银行贷款以及债券。除了这两种融资的选择以外，还可以采用卖方融资的形式，比如标的房产的卖家暂不收取你全额价款，而是允许你分期支付，并收取一部分的利息。还可以使用房地产资产衍生品，例如签订一份未来房价变化的对赌协议以及租赁权融资，意思是支付租金并在期末获得对消费品或者投资的所有权。其实现实中还有很多更复杂的融资形式，合作开发形式就是其中常见的一种，实质就是合资性质的房地产项目公司融资。例如国内 2016 年万科和深铁的"轨道＋物业"的合作模式，深圳市地铁集团用手中的土地储备获得了万科 20％以上的股权，万科将利用轨道旁优势的土地资源进行综合商业房产的开发。这里涉及很多复杂的问题，例如哪一方来控制运营，哪一方来控制融资以及负债如何分配等等。

二、杠杆及其作用

回归简单的模型，资本结构由两种融资手段组成：股权和债权。使用债权来进行融资创造了投资杠杆，是因为它可以放大投资人可以控制的实物资产的总量，同时也放大了投资的风险和收益。杠杆这个词来源于物理学，是一种省力的工具，表示一种因素的变化引起其他因素更大程度的变化的效应。类似的，通过债权融资，我们可以使用有限的预算购买更贵的房产。这里的杠杆率等于资产价值除以权益的价值。另外一个衡量企业风险的重要指标叫作资产负债率，等于负债除以总资产价值的比值。因此等于 1 减去杠杆率的倒数。我们通过表 8－1 来分析杠杆率对企业经营的影响，也就是分析运用债务融资制造杠杆和不利用杠杆对公司的收益与风险各有什么影响。

表 8－1 的第一列为不使用杠杆的收益，也就是全部使用自有资金，第二列和第三列为使用杠杆的情况。假设有一个资产价格在期初为 1 000 万元，每年的净经营收入为 80 万元，一年后的价格为 1 020 万元。对于这个资产来说，资本化率为 8％，资本增长率为 2％，总收益率为 10％。如果使用杠杆，也就是使用 400 万元自有资金以及向银行以 8％的利率贷款 600 万元为项目融资，那么得到 80 万元的租金收入里面有 48 万元用来偿还银行利息，剩下的 32 万元属于权益所有者。一年后的资产增值的价值 1 020 万元中除了当初借银行的本金 600 万元以外，剩下的 420 万元属于权益所有者。那么对于权益所有者来说，此时的资本化率为 32 万除以 400 万为 8％。资本增长率为 20 万除以 400 万为 5％。最后总的收益率上升到了 13％。因此，运用杠杆让你的总收益率从 10％增长到了 13％。

表 8—1   杠杆的效果

	物　业	股　权	债　权
现值(P_0)	1 000 万	400 万	600 万
每年净经营收入 $E(NOI)$	80 万	80−48＝32 万	48 万
一年后的价格 $E(P_1)$	1 020 万	1 020−600＝420 万	600 万
资本化率(y)	8％	32/400＝8％	8％
资本增长率(g)	2％	20/400＝5％	0％
总收益率(r)	10％	13％	8％

假设现在以下两种情况各有 50％的几率会发生,在市场好的情况下,第一年净经营收入增加为 90 万元,一年后资产的价格为 1 120 万元;另外一种在市场不好的情况下,第一年的净经营收入减少至 70 万元,一年后的价格下降到 920 万元。那么在不使用杠杆的情况下,在市场好的状况时总收益率为 21％,在市场状况不好的时候总收益率为−1％,这样平均的收益率还是为 10％。当使用 2.5 倍杠杆率时,在市场好的情况下总收益率为 40.5％,当市场状况不好的时候总收益率为−14.5％。在杠杆率为 1 的时候,也就是没有使用杠杆的时候,总收益率是原始的收益率 10％加上或者减去 11％,就是当市场分别为好和不好的状况时的总收益率。当杠杆率为 2.5 倍的时候,总收益率为原始的 13％加上或者减去 27.5％,正好是浮动 11％的 2.5 倍。这并不是一个巧合,杠杆是原来的 2.5 倍,意味着风险也是原来的 2.5 倍。所以,更高的收益总是意味着更大的风险,因此杠杆不仅仅抬高了收益,同时也增大了权益所有者的风险。杠杆率更高的开发商的回报率相对波动更大,并且杠杆带来的风险增加的程度等于杠杆的倍数。此外,如果我们计算一下总收益率除去贷款利率,那么加了杠杆的收益率 13％减去 8％为 5％,原始的无杠杆的房产的收益率 10％减去 8％为 2％,又恰好是 2.5 倍,等于杠杆率。因此,增加的收益与增加的风险一致,都为杠杆率倍数。

最后,使用上一章中计算贴现率的第四种方法,即资本成本加权平均方法,重新整理上面的比例关系等式:

$$r_E - r_D = i_r \times (r_P - r_D) \tag{8.1}$$

可以得到:

$$r_P = \frac{D}{P} r_D + \frac{E}{P} r_E \tag{8.2}$$

等式(8.2)表明房地产的预期回报率等于按照两种不同融资渠道占的比重作为权重的债权预期回报率以及权益资本预期回报率的加权。具体的计算方法如下。首先,筛选持有的房地产与目标房地产风险相似的上市公司,计算目标公司的资本结构,即两种融资额占投资总额的比重。其次,分别计算债权和权益的回报率,债权的回报率比较容易计算,等于市场公司债券的收益率,而权益资本的回报率 r_E 可以使用股利增长模型或者资产定价模型。最后,计算所有公司的平均资本成本加权平均回报率作为目标资产估值的贴现率。

杠杆的作用在于,利用杠杆进行融资可能会带来高收益,但是高收益同时伴随着高风险。资产负债率是衡量企业负债水平及风险程度的重要指标,一般认为资产负债率的适宜水平是 40%～60%,但是房地产行业是一个高度依赖资金的行业,前期的投资非常大,正常的范围在 60%～70%,最高不超过 80%。如果资产负债率过高,企业的经营就会面临巨大的风险。我国的房地产公司的资产负债率程度不容乐观,自2015 年以来,房地产行业企业平均负债率呈上升趋势,在 136 家房地产上市公司中,有 34 家企业资产负债率高于 80%。2017 年前三季度房地产企业平均资产负债率为79.01%,较 2016 年同期的 77.48%略有上升。长期来看,房地产行业的财务风险比较大。为了防范金融风险,2015 年底,中央经济工作会议中明确了"去杠杆"的任务,而为了预防由于房地产过热而可能出现的系统性风险,房地产市场成为金融去杠杆重要环节之一。房地产行业属于资金密集型行业,这就要求房地产企业在去杠杆的压力下,必须改进企业的投融资模式,转向轻资产、重运营的创新性运营模式。例如,房地产企业可以通过资产证券化的方式来盘活存量资产,解决回笼资金的难题。房地产资产证券化的一个重要产品就是房地产投资信托基金,这点我们将在下面的内容中继续深入探讨。

第二节 房地产投资信托

一个房地产企业或者一个项目的资产价值等于公司的权益资本加上债权资本,房地产投资信托基金(REITs)就属于权益资本中的例子,也就是权益融资的一种形式。REITs 首先通过发行收益凭证的方式向特定多数投资者募集资金,再将所募集的资金交给专业投资机构进行投资管理,最后将投资收益按比例分配给投资者,本质上是一种信托基金。REITs 最初是 1960 年美国国会根据《房地产投资信托法案》的规定按一定的法人组织形式组建而成的。听上去很复杂,如果大家平时购买过开放型基金的话可能比较好理解。房地产投资信托基金成立的初衷是希望像共同基金也就是开放型基金对股票的作用一样,成为一种不需要交公司级别税务并把大多数的收益分配给股东的实体。目的也是与股票市场的共同基金一样,为小的投资者提供一种并不需要巨大的财富就可以投资分散化的投资组合的方法。因此,REITs 给投资者提供了一种流动性的方式来投资分散化的房地产投资组合。与此同时,也给商业地产提供了一种通过公开的股票市场来筹集权益资金的方式。

美国 1960 年法案出台以后,REITs 被要求必须雇用一家独立的投资管理实体来管理 REITs 投资的房地产,这虽然保持了 REITs 和共同基金一致性,但是极大地限制了 REITs 作为房地产投资工具的有效性。因此,1986 年后,《国内税收法案》修正案允许 REITs 不仅可以拥有房地产,还可以直接经营和管理这些房地产。随着限制的取消,REITs 行业逐渐发现了一种新的运营方式,迎来了 20 世纪 90 年代所谓的"现代 REITs 时代"。如今,REITs 是商业地产市场上的重要参与者。此后,英国、加拿大等其他国家和地区也先后开展了此类房地产证券化业务。20 世纪 90 年代以来,RE-ITs 开始在亚洲国家和地区中推广。目前日本、韩国、新加坡、马来西亚、印度、泰国、中国台湾地区以及香港地区都已经发行了 REITs 产品。日本在 2000 年 11 月修改了《投资信托及投资公司法》,允许投资信托所募集资金运用于房地产投资,即日本的不动产投资信托 J-REITs 正式成立,投资者投资 J-REITs 之后,获得投资凭证,并可以在东京不动产投资信托市场进行交易。2003 年 7 月,香港证券和期货事务监察委员会颁布了《房地产投资信托基金守则》,对 REITs 的设立条件、组织结构、从业人员资格、投资范围、利润分配等方面做出明确的规定。2005 年香港首家房地产投资信托基金上市,由领汇管理有限公司管理,并完全由私人和机构投资者持有。2005 年末,越秀房地产投资信托基金在香港资本市场上市,是第一家在香港上市的内地 REITs。越秀基金主要投资于广州市区内的商业和办公物业。至今,香港已经有 11 家上市的 REITs,其中的 5 家是专门投资内地的房地产市场的。根据戴德梁行 2018 年亚洲 REITs 的报告,日本、新加坡和中国香港的 REITs 市场的总市值分别是整个亚洲地区的前三名。而且 REITs 在商业地产投资中占据很大的份额,尤其在办公楼、工业地产以及综合地产方面。受制于法规以及税收政策方面的限制,内地至今没有真正意义上的 REITs,类 REITs 产品市场的累计发行规模 400 多亿元,其中 2016 年至今交易所发行规模超过 174 亿元。那么到底什么是真正的 REITs,REITs 跟普通的上市房地产公司相比有什么不一样的特征?

首先 REITs 的实体性质是信托基金,而上市的房地产公司的实体性质是公司。按照香港的法规,要成为 REITs,信托基金的 75% 或以上的总资产必须为房地产资产、房地产抵押贷款、现金或者政府证券。而且每年的总收入的 75% 或者以上都必须产生于被动的来源,比如租金和房地产抵押贷款的利息收入及出售物业的利润。RE-ITs 主要从事购买并持有物业,持有期必须不低于两年,其中只有 10% 或低于 10% 的资产可以用来从事房地产开发。而房地产公司没有这方面的限制,可以从事开发、购买以及短期交易。对于收入分配,REITs 必须把 90% 以上的经营收益以红利的形式分配给投资者。而上市的房地产公司的利润可以以股利形式发放，也可以留存在公司用来扩大规模。而要成为 REITs，在融资方面，贷款占总资产的比重不能超过 45%，但上市的房地产公司没有此限制。在信息披露方面，REITs 需要披露每一个物业的细节，而上市的房地产公司不需要。我们可以看到，这两种类型相比，REITs 的要求限制比上市公司要求高得多，那么投资者为什么还要选择 REITs？

这是因为 REITs 的经营收入在公司经营层面上无须纳税。这样，在很多双重税制的国家，公司经营层面上的免税就对投资者来说非常有吸引力。表 8—2 是普通的上市房地产公司和 REITs 纳税情况的对比。假设两家实体税前的收入都为 100，公司层面的企业所得税率为 22%，股利分红的个人所得税为 20%。那么上市的房地产公司税后收入为 78，而 REITs 仍为 100。对于上市公司股东来说，仍需要缴纳 15.6 的个人所得税，这样最后到股东手里的收入只有 62.4。而 REITs 由于只需要缴纳股东层面的税收，最后 REITs 的持有人的收入为 80。不过要注意，在香港 REITs 和上市的房地产公司相比并没有享受很多的税收福利。

表 8—2　　　　　　　　　　REITs 与普通房地产公司股票纳税对比

	REITs	房地产公司股票
税前收入	100	100
企业所得税税率 22%	0	—22
税后收入	100	78
个人所得税税率 20%	—20	—15.6
股东到手收入	80	62.4

对于一般 REITs 的组织结构，以香港的 REITs 结构为例，如图 8—1 所示。REITs 的发行主体包括发起人、托管人、基金管理人、基金单位持有人以及物业管理人。发起人一般是专业的房地产公司或者房地产类信托公司，他们持有物业资产并拟发起 REITs，发起人也有可能持有一定比例的 REITs 份额。托管人为接受 REITs 的委托，以信托的方式为 REITs 份额持有人拥有不动产，是 REITs 项下资产的名义持有人，并起到监督基金管理人的作用，比如基金管理人是否合规并定期进行估值。基金管理人接受 REITs 的委托负责 REITs 项下资产的管理和运营，包括对外以 REITs 资产为基础融资，负责物业的收购以及处置、管理物业产生的现金、确定股息支付的时间。比如说，投资哪一个物业，借多少钱以及收多少租金。物业管理人接受 REITs 的委托负责 REITs 物业的日常维护和管理还有租赁事宜。REITs 项下的物业产生的租金会以股息的形式派发给 REITs 的份额持有人，持有人持有的信托凭证相当于股票，可以在公开市场上进行交易。要注意，我们的分析都是从资产管理人的角度来看待房地产资

产,而不是物业管理人。

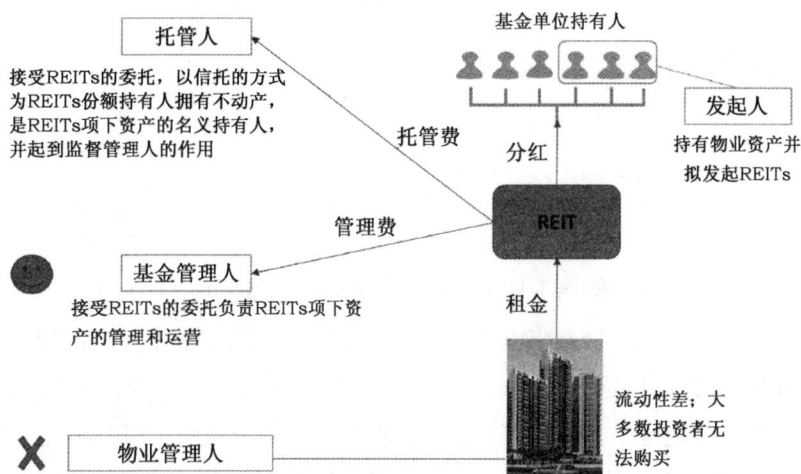

图8-1 REITs的典型结构

在中国内地只有类 REITs 的结构,通过对 REITs 的各种规定以及结构的介绍,类 REITs 与真正的 REITs 最大的不同之处在于避税功能的缺失。目前美国的 RE-ITs 一经认定则在公司层面和个人层面上具有双重避税的特性。我国内地目前 RE-ITs 产品主要强调其融资功能,信托财产受益人须缴纳个人所得税,且信托投资公司也必须承担公司所得税。除了免税特征以外,REITs 信托凭证与股票类似,流动性很强,可以在公开市场上交易,这样避免了传统直接的房地产投资由于变现不易带来的流动性风险。但是我国目前 REITs 的信托凭证只可在特定人之间流通,变现能力较差且手续复杂,投资人需要承担较高的风险。此外,还缺乏可靠的评级机构为信托产品评级,因此融资成本可能会较高。与发达国家房地产市场相比,中国内地房地产的租金相对于价格的比率较低,因此依靠租金为主要收益的 REITs 的投资人可能不能得到很高的收益。

此外,REITs 的特征有利于我国房地产市场去杠杆化的要求以及有利于贯彻落实租购并举的住房制度要求。当房地产企业作为发起人将公司的重资产注入新成立的 REITs 之后,房地产公司的资产负债率以及流动性将会得到极大的改善。对于长租公寓的开发商来说,主要回报来自长租公寓的租金,特点是回报低,周期长,这样和银行贷款的期限无法匹配,如果公司的资本全部投入在长租公寓上,公司将难以继续发展。因此采用 REITs 的模式,将长租公寓资产注入 REITs,或者由 REITs 作为长租公寓投资的重要参与者,既可以提高房地产公司的流动性,又可以促进长租公寓的发展,还可以让公众使用较少的资金来分享到价格昂贵的房地产的租金收益。最后,我国居民大部分的投资都在房地产资产上。因此，作为一项向公众募集资金并可以在公开市场交易的投资品，REITs 的出现也会增加我国居民投资品的丰富性，引导不断流入房地产市场的资金流向其他投资种类。

第三节   房地产投资信托估值

接下来我们将学习如何给 REITs 估值。对于投资者来说，关于 REITs 最重要的问题可能就是给定的 REITs 的价值到底是多少。这样，通过价格与价值的对比，投资者才能知道当前的价格是不是正确地反映了 REITs 的价值。而 REITs 的估值对于 REITs 的管理者来说也是至关重要的，管理者的目的是最大化 REITs 的信托凭证价格，因此当管理者想要在房地产市场购买新的物业的时候，他们需要知道以当前价格购买这个物业会如何影响 REITs 的价格。

考虑到 REITs 既有股票市场的特征又有房地产市场的特征的特殊性，我们可以从两种不同的角度来考虑 REITs 的估值。第一种方法与大多数股票估值类似，可以把 REITs 看作一个公司未来经营产生的一系列的现金流的价值。同时，我们也可以把这个公司看作是许多房地产资产的集合，因此它们可以直接在房地产市场进行估值。

首先使用第一种观点来进行估值。在开始之前，我们需要了解在 REITs 的世界里收益和现金流是如何测量的。虽然 REITs 的记账方式和公开市场上交易的上市公司股票类似，但是普遍认为 REITs 根据一般公认会计原则（GAAP）的规定计算的净收入与上市公司的净收入是无法直接进行比较的。根据一般公认会计原则的规定，折旧的费用掩盖了 REITs 由需要缴税的收入反映的现金流中的一大部分。因此，RE-ITs 行业采取了一个特殊的收益测度方式，叫作 FFO，中文叫作运营资本，作为对按照 GAAP 计算的净收入的补充。但是因为 FFO 没有一个非常准确而广泛应用在所有 REITs 上的定义，因此拿它跟净收入比可能会具有不可比性。尽管如此，为了掌握对 REITs 收益的了解、现金流的记账方式以及它们是如何与传统的房地产资产收入联系起来的，我们还是先看图 8-2 进行分析。

图 8-2 是直接的房地产收入、REITs 的现金流项目以及与一般公司损益表相对应内容的比较。三张表目的在于比较这三类实体是如何从营业收入开始计算到最后分配给股东的收益的过程。房地产的总收入叫作潜在总收入，那么公司和 REITs 的这一项都叫作收入。当直接的房地产的潜在总收入除去空置津贴以及营运成本之后，就得到了这个房产的净经营收入。对于公司和 REITs 来说，收入除去经营支出、企业

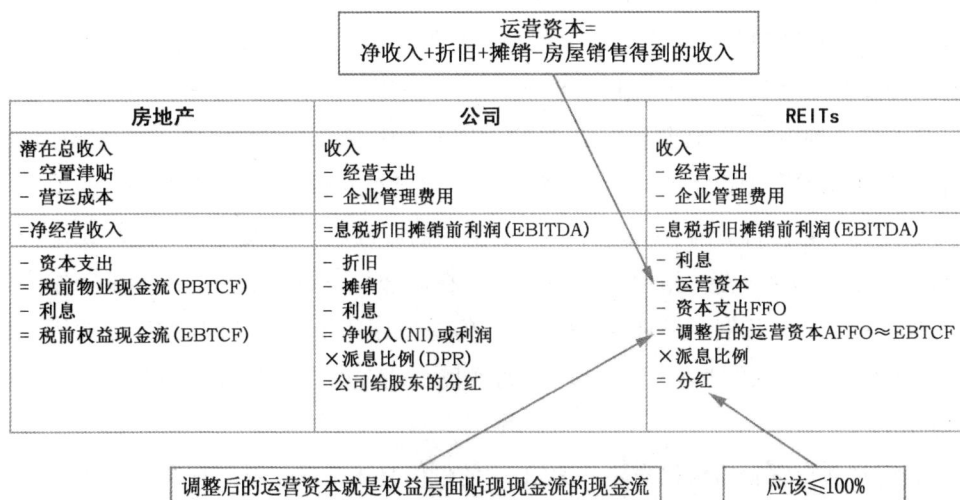

图 8-2 权益估值法—现金流项目

管理费用之后,得到息税折旧摊销前利润。对于房地产,扣除了维护房产需要的资本支出后,得到了税前物业的现金流,简称 PBTCF,除去利息之后,得到税前权益现金流量,简称 EBTCF。对于公司,息税折旧摊销前利润除去折旧、摊销以及利息后得到的即为公司的利润或者是净收入。净收入乘以派息比例,就是公司给股东的分红。那么对于 REITs,得到了息税折旧摊销前利润,再减去利息费用,就是我们提到的运营资本 FFO 了。当 FFO 除去折旧的费用得到的就是根据一般公认会计原则计算的 REITs 的净收入。我们之前提到过 REITs 分红比例必须达到 90% 及以上,所用的标准就是用现在得到的净收入指标的 90% 及以上来计算的。如果运营资本 FFO 不扣除折旧的费用,而是减去维护房产需要的资本支出,我们就得到了一个重要的指标,叫作调整后的运营资金,简称 AFFO。AFFO 是原则上 REITs 可以分配给 REITs 凭证持有者的自由现金流,而且不会危害到 REITs 未来的发展,因为已经在 AFFO 里减去了房产相关的资本支出。与直接房地产投资里的 EBTCF 也就是税前权益现金流量是可比的。这也是为什么 REITs 往往可以支付超过净收入的 90%,甚至可以达到100% 的净收入给所有者,这是因为 REITs 可以用于支付分红的自由现金流实际上超过了净收入的数量。

在理解了 REITs 实际的自由现金流之后,我们就可以用对股票估值的方法来对 REITs 进行估值。第一种方法比较简单直接,得到需要估值的 REITs 运营资本 FFO 之后,我们可以用相似的 REITs 的信托凭证价格与 FFO 的比值乘以需要估值的 REITs 的 FFO 值,就是我们需要的 REITs 的价值。第二种,既然 AFFO 为 REITs 的自由现金流,那么我们就可以使用现金流贴现模型来估计 REITs 的价值。不过此时分子为每一期的 AFFO,分母为 1 加上权益资本的预期回报率 RE,如果假设 AFFO 以 GE 的速度稳定增长,使用永续增长模型表示的 REITs 的价值就是 AFFO 除以 RE 减去 GE。第三种,就是股利贴现模型,使用 REIT 未来发放的股利计算贴现到现在的价值。如果未来股利以恒定的 G 增长,那么使用永续增长模型表示的 REITs 的价值就是第一期的股利除以分母,RE 减去 G。这里我们假设股利无关,也就是说,无论公司发与不发股利都对权益价格没有影响。那么在此假设下,第二种使用 AFFO 作为分子贴现与第三种使用股利贴现都是等价的,但是使用的增长率不同,AFFO 的增长率 GE 中不仅包含了 REITs 项下房产收益的增长 G,还包括了使用贷款融资带来的杠杆效应。

分析师和投资者不仅仅需要从 REITs 的价值是未来的一系列现金流的观点来对 REITs 进行估值,因为 REITs 的实物资本(房地产)直接在一个运作良好的资产市场中交易,因此,我们可以通过将房地产投资信托的价值评估为其项下房地产的集合来估计它拥有的资产的价值。假设你建立了一个 REITs,并注入了 200 万元现金资产,那么在资产负债表上你的权益资本同时也为 200 万元。如果你想购买一个价值 300 万元的物业,假设你贷款 100 万元,每年需要付利息 5 万元。同时你得到了税前现金流为 15 万元每年的房产资产。此时,如果你在市场上将这个房产卖出,你将会得到 300 万元,那如果你把你手中持有的所有的股份在市场上卖出,除去借贷的 100 万元,你会得到 200 万元。举这样一个简单的道理就是想要说明,从房地产资产的角度进行估值的框架就是,REITs 权益的价值等于房地产资产的价格减去负债,就是净资产价值。而我们前面讲的第一种从股票市场的观点来估值的逻辑,也就是使用调整后的运营资金 AFFO 计算的股票价值就是 REITs 权益的价值。那么根据房地产资产的角度来估值,REITs 权益价格的增长与 REITs 项下房地产价格的增长应该成正比,因为杠杆的作用,权益的预期回报率高于资产的预期回报率,所以增长的方向相同,增长的幅度却有所不同。

既然现在我们知道了两种估值的方法,如果用两种方法得到的价值不一样该如何操作?举个例子,假设你持有价值 270 万元的 REITs 股票,REITs 负债 100 万元。在房地产市场,REITs 持有的物业估值 350 万元。对于投资者来说,相同的资产在不同的市场估值不同时,就有套利的机会,此时,你可以卖出手中相对较贵的 REITs 股票,得到 270 万元,再贷款 100 万元,在房地产市场购买价值 350 万元的房地产资产,那么你最终套利的利润为 20 万元。同样的,如果房地产市场估值较高时,假设为 370 万元;而 REITs 的价格为 250 万元,同时有 100 万元的贷款。那么此时,就可以卖出价格偏高的房地产资产,还完贷款 100 万元之后,购买 250 万元的 REITs 的信托凭证,净利润为 20 万元。理论上,当两个市场上的估值价值差别比较大的时候,投资者就可以在两个市场上进行我们刚才举的例子中的套利行为,因此,因为套利的存在,REITs 的价格除以净资产价格的比值应该围绕着 1 上下波动。

但是根据香港过去 20 多年的历史数据,REITs 的价格大多数时候都会低于房地产资产的净资产价格,很少会超过净资产价格,这存在两种情况,分别是房地产资产被高估了或者股票市场被低估。一些同学可能会认为是房地产市场交易成本过高导致的。如果交易成本过高,那么这两个估值的比值还是会呈现围绕着 1 上下波动的特征,只是在差别比较小的时候,套利行为不会出现。从 REITs 的管理者角度看,如果是因为 REITs 的管理者的技巧更加高明,那么 REITs 应该产生溢价,而且由于管理者的技巧更高,投资者会更愿意把物业卖给 REITs 进行经营管理,那么 REITs 就会持有大量的房地产资产。然而这些现象我们并没有观察到。从代理人这个角度分析,例如关联交易,REITs 的管理者是发起人的子公司,以及管理费用是按照占管理资产的份额来计算等,这样都会造成 REITs 价格相对于净资产价值有折价,而且我们还观察到发起人并没有持有股份的 REITs 的折价相对较小。因此,香港市场上 REITs 的价格相对净资产价格较低很可能是因为代理人问题导致的。

REITs 的价格会和持有的资产价格有着非常紧密的联系,这对于我国居民的消费存在重要的启示作用。大多数居民并不偏好以租赁代替购买,一个重要的原因就是租赁无法规避通胀的风险。理论上讲,如果利用 REITs 作为投资品,租户持有 REITs 相当于以 REITs 的形式间接持有了房地产资产,那么就可以抵消因通胀带来的租金上涨造成的影响,因为手中的房地产资产价格也增加了。截至 2024 年 7 月底,我国内地的公募 REITs 发行数量达到了 40 只,累计发行规模达到了 1 285 亿元人民币,公募 REITs 市场逐渐规模化规范化,对稳定房地产市场、抑制投机、平滑经济周期起到了积极作用。

第四节　房地产抵押贷款

房地产抵押贷款简而言之就是以实物房地产为抵押物的一种贷款形式。传统意义上,房地产抵押贷款对大多数房地产购买和投资活动来说是最重要的一种融资手段。房地产抵押贷款又可以进一步细分为住房抵押贷款和商业抵押贷款。2011 年美国住房抵押贷款总额达到了 135 亿美元,商业抵押贷款达到了 31 亿美元。从 1998 年到 2018 年,我国个人住房贷款余额从 0.07 万亿元提高至 25.75 万亿元,增长了 367 倍。房地产开发贷款余额则从 2004 年的 0.78 万亿元上升至 2018 年的 10.19 万亿元,增长了12.1倍。由此可见,商业性房产抵押贷款的规模要远远小于住房抵押贷款。此外,这两种抵押贷款还有一些区别:住房抵押贷款是通过业主自住的住宅来担保的而商业地产抵押贷款是通过能产生收入的物业来担保的。因此,自己使用型的住房通常不会产生收入,贷款人只能靠借款人自身的收入来偿还贷款,而商业地产抵押贷款可以通过房屋产生的收入来偿还贷款。另外,针对住房贷款的社会和政治关注以及由此引发的政府介入与商业地产贷款相比要大得多,对这两种贷款的取消赎回权和破产的法律规定会有所不同。因为这些差异,住房抵押贷款业务如同"批量生产"的标准化行业,而商业抵押贷款更像是"定制"的产品,可以设计协商的。

　　以美国市场为例,住房抵押贷款按照担保机构的不同可以进一步划分成政府担保和常规贷款。因为政府会担保如果贷款发生违约和取消赎回权的情况,有政府担保的抵押贷款的贷款价值比可以达到100%。我国也有政府支持住房信贷,即住房公积金贷款。不同之处在于,住房公积金是一种政策性住房信贷,由缴纳住房公积金的个人在购买住房时申请借贷。城镇在职职工,无论其工作单位性质如何、家庭收入高低、是否已有住房,都必须按照条例的规定缴存住房公积金,用人单位也要为职工缴纳一定的金额,属于公共福利政策属性。第二种美国市场抵押贷款类型,传统贷款是没有政府提供违约保险的,但是可以通过购买私人的抵押贷款保险,可以将贷款价值比提高到房屋价值的95%。我国的住房抵押贷款保险制度在20世纪90年代开始建设。但是在实践中,购房业主对住房抵押贷款保险有诸多抱怨,因为保费是一次性收取而不是按年收取,购房者缴纳保费而受益人却是发贷机构等。这些制度安排与国际通行的住房抵押贷款保险制度的差距较大,未来需要逐步完善住房抵押贷款保险的基本制度。

　　受益于房贷的标准化以及违约保险的广泛应用,20世纪70年代,美国建立了运作良好的住房抵押贷款的二级市场。与股票市场机制类似,在二级市场上,第三方可以对住房抵押贷款进行购买以及出售。一级市场是商业银行、抵押贷款公司或者其他金融机构向借款人直接发放住房抵押贷款的市场。因为住房抵押贷款本身就是一种资本资产,是对未来一系列现金流的债权,因此这个资产就可以被交易,被初始的发贷人卖给了第三方,第三方还有可能再次出售给其他人,这就是二级市场,其建立的主要目的就是为了盘活大萧条和第二次世界大战之后的美国住房市场。

　　在20世纪70年代早期,房地产抵押贷款的二级市场经历了非常密集的证券化过程,大批个人的房地产抵押贷款通过打包的方式转化成了大量的小的同质化的证券,就如同股票一般。基于这些打包的房贷,这些证券在债权市场上出售。因此,美国市场上大多数的住房抵押贷款实际的持有者已经不是原始的发贷机构,而是作为抵押支持证券被卖到了二级市场。作为被政府支持的企业,房利美和房地美在提供抵押贷款和证券化方面的二级市场一直处于主导地位,并为常规住房抵押贷款提供了事实上标准化的承销准则和程序。但从 20 世纪 90 年代开始,到 2000 年中期,传统的住房按揭贷款的私人融资来源大量进入市场,首次与房利美和房地美形成了巨大的竞争。这些私人融资来源有投行也有专门的私人抵押贷款公司,为房贷二级市场提供了巨大的流动性。在激烈的竞争面前,甚至房利美和房地美的贷款方式都变得激进,承销的标准被削弱。而且私人融资来源在发展和推广新型住房抵押贷款方面更为创新,他们瞄准了那些信用评价较低的借款人,也就是风险更高的借款人。这种新型的贷款就叫作次级贷,对于贷款规定的家庭收入没有任何核实程序,也使得美国在 2006 年拥有房屋的家庭比例占到了所有家庭的 69%。

这些发行次级贷的私人机构立刻将这些不合格的住房抵押贷款打包销售到了资产支持证券市场,这也是为什么这些机构一点都不担心需要仔细核实贷款人情况。当 2007 年初房价泡沫破灭的时候,许多由此产生的证券就崩溃了。更糟糕的是,这些证券中许多已经被以"信用违约掉期"CDS 的形式发行的衍生品对冲,并且发行这些衍生品的金融机构的资本并不足以弥补房地产市场崩溃造成的损失,因为他们根本没有预见到这场风波。除了这些情况,债券评级机构也忽略了房地产市场的潜在风险,并且许多屋主继续再融资并进一步提高了贷款价值比,因此次贷市场上其实只有很少的实物房屋资产与抵押贷款价值相匹配。一系列的事件导致美国发生了比 20 世纪 30 年代更严重的金融危机,甚至在 2008 年末到 2009 年初威胁到了全球的金融和经济系统,这次的金融危机非常难以恢复,因为这次危机导致了大量的债务堆积,需要对整个经济体进行大量的去杠杆过程和削减总需求。

尽管住房抵押贷款尤其是风险更高的次级贷是导致此次金融危机的主要诱因,但潜在的背景其实是许多金融部门的过度加杠杆。我们在讲到房地产企业的时候,谈到了房地产企业去杠杆的必要性,这里的住房抵押贷款是居民的一种杠杆的形式。因为住房抵押贷款占到我国商业银行总贷款很大一部分,对居民部门债务杠杆率进行去杠杆甚至更为重要。正是认识到了房地产市场过度膨胀可能会导致的潜在负面效应和风险,2019 年 7 月 30 日召开的中共中央政治局会议不仅再次强调"房住不炒"定位,还首次明确"不将房地产作为短期刺激经济的手段"。

在导致金融危机的一系列原因中,我们看到了有一个名词叫作再融资,也就是住房抵押贷款再融资。在抵押贷款开始还款付息之后,贷款价值比就会不断降低,我们在学习估值的时候提到的杠杆效应也在下降。再融资的目的主要就是为了增加财务杠杆的作用,再融资取得的附加资金还可以用于新的房地产项目投资。在中国如果想再融资的话,必须提前还款,再另行申请抵押贷款,这样的做法成本会比较高。一般而言,当贷款利率下降时,人们更愿意进行抵押贷款再融资,这样可以提高投资的边际收益。

　　此外,还有一种金融机构提供的住房抵押贷款的特殊形式,叫作逆向年金住房抵押贷款,简称反向抵押贷款。指的是贷款人以房屋作为抵押资产,金融机构在贷款期内定期向借款人支付生活年金,贷款期结束一次性偿还本息的贷款方式。这种特殊设计是专门针对老年人的房产,通过年金的方式向老年人提供生活费用,贷款期间老人如果去世,贷款机构可以获得房屋全部产权,出售房屋来偿清贷款。由于提供此类贷款的金融机构在贷款期间或者结束需要变现资产时会遇到增加成本和风险的问题,欧美发达国家在开展反向抵押贷款的时候通常由政府来担保,作为一项社会福利公共政策来执行,以应对人口老龄化的社会需求。如果贷款到期时,房屋出售的资金不能偿清贷款本息,其差额将由保险进行补偿,如果发放贷款的机构倒闭,政府也将保证借款人能够按时足额得到年金。

　　中国已经处于人口老龄化的初期,并且自有住房率较高。尤其是老年人的自有住房率更高,但是现金却相对匮乏。我国从 1999 年开始步入老龄社会,老龄化进程在加速,养老压力持续增大,仅靠社会养老和家庭养老是远远不够的,借助反向抵押贷款工具可以缓解国家社会保障的压力。但是直到现在仅有一家保险公司在经营类似的业务,进展缓慢。因为目前政府的政策支持不足,金融机构对未来通胀风险、房价风险、处置成本等有所担忧,影响了金融机构开展住房反向抵押贷款的积极性。此外,中国的传统是父母把住房传给子女,反向抵押贷款的形式在情感上也可能难以让家庭成员接受,因此反向抵押贷款市场的未来还需要政府提供政策保障以及提高全社会的认识才能推进这一种金融创新模式。

第五节　房地产抵押贷款估值

　　根据贷款利率是否能够变化,抵押贷款可以分为固定利率抵押贷款和可变利率抵押贷款两大类。其中固定利率抵押贷款是指在整个贷款期间按照贷款合同确定的利率计算全部贷款利息的贷款方式,这种方式的优点是可以事先计算出利息收入。可变利率贷款是指在贷款合同期内允许贷款利率根据债券市场利率定期调整,优点是降低了贷款人或者抵押贷款投资者的利率风险。

　　金融机构设计了不同的固定利率抵押贷款类型。其中一种形式叫作等额还款抵押贷款,是指在贷款期内,借款人每个月以固定利率按照相等的金额偿还贷款本息的贷款方式。每月还款额用公式表示为:

$$每月还款额 = \frac{贷款本金 \times 月利率 \times (1 + 月利率)^n}{(1 + 月利率)^n - 1} \tag{8.3}$$

n 为还款月数。这种付款方式的特点是,由于每个月还款额不变,剩余的本金随着时间的推移会越来越少,因此按照剩余本金来计算的每期的利息的比重将逐步下降,本金的比重越来越大直到贷款本息全部偿还完毕。所以等额还款抵押贷款在第一个月的还款额大部分都用于归还贷款利息。

另外一种固定利率抵押贷款类型叫等额本金还款抵押贷款,借款人会在贷款期内均匀地偿还本金,而每期的利息按照剩余的本金和约定的利率来计算。等额本金每个月还款额的计算公式为:

$$每月还款额 = \frac{贷款本金}{n} + (贷款本金 - 已归还本金累计数) \times 月利率 \tag{8.4}$$

使用等额本金还款的方式,每个月支付的本金是均等的,每个月支付的利息为递减的,因此每个月的总还款额也逐月下降。

还有一种特殊的固定利率抵押贷款形式叫作气球式抵押贷款,是指在贷款前几年中每月按固定数额还款,最后一次偿还所有贷款余额的抵押贷款方式,适用于短期贷款。因为还款方式前期少后期大,像一个气球的形状,所以称作气球贷。气球贷既能按照长期贷款期限来计算月供,减轻前期还款压力,又提供了一个较短的贷款期限。美国的住房市场在 20 世纪 30 年代大萧条以前以气球式抵押贷款为主,目前,我国的一些商业银行也开展了这项业务,例如平安银行和中国农业银行都推出了气球贷产品,设定的还款期限不高于 30 年,如果客户信用良好的话,可以在贷款到期之前对贷款余额进行再次的气球贷融资。

中国的固定利率贷款不是完全意义上的固定利率抵押贷款。当央行根据经济形势调整基准利率后,还款金额还是会发生变化。大多数的银行在央行调整基准利率后,次年年初会执行新的贷款利率。在 2019 年 10 月 8 日开始执行的央行房贷利率新政,规定商业性个人住房贷款利率以最近一个月相应期限的贷款市场报价利率(LPR)为定价基准加点形成。新政的意思就是不再使用官方公布的基准利率而是使用市场报价方式决定的利率作为贷款利率的基础,新的 LPR 市场化程度更高。新政实施之后,已经发放的房贷的实际执行利率的调整期可以通过协商决定,时间最短 1 年。

固定利率抵押贷款虽然简便易行,但是在利率剧烈波动以及通货膨胀严重的时期,固定利率抵押贷款有可能会给贷款人带来亏损的风险,为了防止利率风险,可调整利率和分期付款方式的抵押贷款被金融机构创造了出来。可调整利率抵押贷款是借贷双方根据指数比率调整贷款利率和还款方式的抵押贷款种类。指数比率综合反映了未来利率、通货膨胀率和各种金融风险等因素,更适合作为调整抵押贷款利率的根据。由于美国在 20 世纪 70 年代末期市场利率不断上升,可调整利率贷款在美国开始实施。可调整利率贷款通常的付款模式一般是借款人最初两三年中只需支付很低的固定利息,但是优惠期之后房贷的利率将会上升到较高的程度,借款人的压力也会增大。

一般来说,对于长期抵押贷款而言,可调整利率贷款在债券收益率曲线向上倾斜的期间优势尤其明显。因为收益率曲线向上倾斜代表了短期的债券定价比长期债券低,这发生在当通胀水平长期预期会上升时或者由于刺激性的政府货币政策或者对短期资本的当前需求较低而暂时降低短期实际利率的时期。与固定利率抵押贷款相比,可调整利率抵押贷款的平均预期到期收益率通常会略低一些。这是因为即使在没有通货膨胀担忧或者扩张型货币政策的情况下,收益率曲线也通常至少略微向上倾斜。当然,这并不意味着借款人不劳而获,这是因为在收益率降低的同时,借款人为贷款人承担了利率风险。

投资者最关心的还是回报率。我们已经学习了不同类型的房地产抵押贷款形式以及每月还款额的计算。贷款的收益率通常是指其内部收益率 IRR,此内部收益率是在贷款的整个剩余潜在寿命中计算的,就好像贷款不会被预付一样,而且投资者将会把贷款持有至到期。所以贷款的收益率更准确地来说应该被称为贷款的到期收益率。举个简单的例子,一个年利率为 8% 的 30 年期限的 100 万元的等额还款抵押贷款,根据计算月供的公式,每个月应该还款 7 337.65 元。那么这个贷款月收益率就可以通过以下等式计算出来:

$$100 万 = \sum_{n=1}^{360} \frac{7\ 337.65}{(1+r)^n}$$

当然这里的收益率 r 就等于 0.67%,也就是贷款合同上的年度收益率 8%。如果我们假设银行收取 1% 的贷款启动费,总额 100 万元的贷款总额中,贷款人最终给借款人 99 万元贷款。那么按照收益率计算公式,此时的贷款总额为 99 万元,计算出来的持有期收益率为 0.68% 每月,年收益率为 8.11%。

当投资者在二级市场上买卖房地产抵押贷款时,可以用计算收益率类似的方法来计算贷款的价值,用这样的方式给贷款定价。同样的,在现实中,收益率成为在债券市场上衡量抵押贷款价格的便捷方式。通过将相关市场收益率对应在给定的抵押贷款上,你就可以确定该抵押贷款的市场价值。还是举一个简单的例子。考虑总额为 100 万元,年利率为 8% 的气球贷,该气球贷的还款期限为 30 年,10 年到期,如果此时市场的收益率为 7.5%,那么这笔贷款的价值是多少? 30 年期限的等额还款抵押贷款每月的还款额为 7 337.65 元,十年后应偿还的贷款余额为 87.7247 万元,7.5% 的年利率对应的月利率为 0.625%。利用现金流贴现模型,前 120 个等额还款期的价值是用月还款额以 0.625% 的贴现率水平计算现值再加上 10 年后的贷款余额 87.724 7 万元以 0.625% 的贴现率水平贴现的现值即为当前贷款的总价值。这其实就是我们在计算收益率问题的逆向过程。在计算收益率时,我们已知未来现金流价值的现值来计算收益率,而在计算贷款价值的时候,我们已知要求的回报率,因此可以直接计算隐含的现值。这个隐含的价值就是指基于市场价值,以净现值为零的水平可以交易的贷款价格。

在学习了债券市场相关知识的基础上,在房地产抵押贷款的内容中,我们进一步学习了基本的量化抵押贷款的现金流和收益率的方法。这里所学的方法和过程都与住房抵押贷款有关,也和商业地产抵押贷款相关。这些内容对于借款人和贷款人都同样重要。此外,通过对中美两国不同的住房金融市场对比,我们了解了房地产证券化、再融资和逆向年金住房抵押贷款可能产生的效果以及对中国市场的意义。

第九章 汇率、外汇市场和人民币国际化进程

在这一章中,我们将学习外汇、汇率以及外汇市场的基本知识。结合过去不同国家发生的货币危机以及我国的"一带一路"经济合作倡议,我们会进一步讨论我国的外汇市场、汇率制度以及人民币国际化等内容。首先,我们进入关于汇率的基本知识的了解。

第一节 汇率的基本知识和决定因素

一、汇率的基本知识

外汇这个概念指的是外国货币、外币存款和外币有价证券等以外国货币表示的、能用来清算国际收支差额的资产。一种外币以及用其表示的资产能成为外汇有三个前提。第一,可换性,即外汇要可以自由兑换;第二,可支付性,外汇在国际经济往来中能被各国普遍接受和使用;第三,可获得性,当外汇在外国使用时能够保证得到偿付。在全世界100多种流通货币中,已有50多个国家的货币可自由兑换,人民币属于有限度的自由兑换货币。我国有20余种外币可以在外汇市场上挂牌买卖。

汇率就是两国货币的相对价格。例如,如果美元和人民币之间的汇率是1:7,那么在世界外汇市场上,你可以用1美元兑换到7元人民币。也就是,如果中国居民想要购买1美元的话,他必须支付7元人民币的价格。我们在新闻里以及电视上看到的汇率,通常是指"名义汇率"。汇率的表达方式有两种,一种是直接标价法或者说外币的直接标价法,也就是固定外国货币的数量,以本国货币表示这一固定数量的外国货币的方式。例如,2024年8月4日,中国银行外汇牌价美元兑人民币汇率的中间价为100美元兑713.76元人民币。另外一种叫间接标价法或者也叫外币的间接标价法,是指固定本国货币的数量,以外国货币表示这一固定数量的本国货币,从而间接地表示出外国货币的价格。还是以人民币兑美元的汇率为例,用间接标价法表示的美元的汇率就是,每100元人民币等于14.01美元。用数学公式表达,外币间接标价法的计算方法就是1除以直接标价法表示的汇率。因此,在直接标价法下,汇率的数值越大,

意味着 1 单位的外国货币可以兑换越多的本国货币,也就是本币的币值越低。本国货币币值降低称为贬值,币值升高称为升值。假如每一美元兑换 7 元人民币上升到兑 7.2 元人民币,代表了美元的升值,人民币的贬值。

根据不同的适用情况,我们可以将汇率进行各种分类。按照汇率确定的方式分类,可以分为基本汇率和套算汇率。基本汇率就是本币与关键货币的汇率。如果两种货币之间没有直接的汇率报价,需要根据这两种货币各自与第三种货币的汇率进行套算,便可以得到两种货币间的套算汇率。以常见的人民币、美元和欧元为例,假设美元兑人民币的汇率为 7.01 元人民币/美元,1 美元可以兑换 0.90 欧元。那么可以通过美元兑欧元的汇率计算人民币兑欧元的套算汇率,计算出人民币兑欧元的汇率为 7.79 元人民币/欧元,也就是 1 欧元可以兑换 7.79 元人民币。

按照允许汇率波动的程度分类,汇率还可以分为固定汇率和浮动汇率。固定汇率是指本国货币当局用经济、行政或法律手段,限定本国货币与某种外国参照货币之间的比价在一定波幅之内的汇率制度。固定汇率制度下偶尔会发生汇率水平的大幅度上升或下跌,被称为货币升值(revaluation)或贬值(devaluation)。浮动汇率是指货币比价由外汇市场上的供求关系决定,本国货币当局不加干预的汇率制度。在浮动汇率条件下,汇率向上的波动被称为汇率上浮或者汇率上升(appreciation);反之,被称为汇率下浮或者汇率下跌(depreciation)。

我们在银行官网上查询汇率报价的时候,还会看到报价中有买入汇率、卖出汇率,还有中间汇率,除了现钞汇率以外,还有现汇汇率,这些是按照银行买卖外汇的角度分类的汇率种类。买入汇率,又称买入价,是银行从客户那里买入外汇时所使用的汇率。卖出汇率,又称卖出价,是银行将外汇卖给客户时所使用的汇率。中间汇率,是买入汇率和卖出汇率的均值,也称汇率中间价,不属于实际的外汇买卖汇率,是为了方便计算汇率的趋势而产生的。现钞汇率是银行买卖外币现钞的价格,一般现钞买入价会低于现汇买入价,现钞卖出价会高于现汇卖出价,这是因为现钞既不能产生利息,而且储存现钞需要成本,因此会和现汇价格产生差异。

交割就是买卖双方达成协议后,一手交外汇、一手交本币的过程。按照外汇交割的时间分类,汇率又可以分为即期汇率和远期汇率。即期汇率,也称现汇汇率,是买卖即期外汇时所使用的汇率。需在买卖成交后两个营业日内,也就是 T+2 日办理交割。远期汇率,又称期汇汇率,是买卖远期外汇时所使用的汇率。远期外汇,是指外汇买卖成交后不需要立即交割,而是在未来双方约定的时间办理交割。即期汇率和远期汇率之间的差额叫远期差价,如果外汇的远期汇率高于即期汇率,这个差价称为升水;远期汇率低于即期汇率时,这个差价叫作贴水;如果恰好相等,则称为平价。因为远期升水和贴水都针对外汇而言,因此在直接标价法下,远期汇率就等于即期汇率加升水或者远期汇率等于即期汇率减贴水。而在间接标价法下,远期汇率就等于即期汇率减去升水或者加上贴水。外汇远期也有两种报价的方法,一种是直接报出远期的汇率;而较为普遍的是第二种,即远期差价报价法,外汇银行只在即期汇率之外,标出远期差价,因此,远期汇率必须通过计算才能够进行交易。举个例子,已知英镑兑美元的即期汇率为一英镑可以兑换 1.576 8—1.579 1 美元,这里的 1.576 8 代表了英镑的银行买入价,1.579 1 代表了英镑的银行卖出价。一个月的远期差价为 20/24 基点,基点为汇率最小变动单位,就是报价的最后一位数,这里的基点为 0.000 1,也就是万分之一。针对远期汇率的计算,对于英镑来说,现在我们使用的是英镑的直接标价法,因此英镑远期汇率的买入价为 1.576 8 加上 0.002,为 1.578 8,英镑远期汇率的卖出价为 1.579 1 加上 0.002 4 为 1.581 5。因此英镑兑美元的远期汇率为 1.578 8—1.581 5。这里有一个简便的计算原则,就是左小右大往上加,左大右小往下减。也就是说,当你看到即期汇率报价的数字左边小于右边的时候,也就是我们刚才看到的外汇在直接标价法下,买入价低于卖出价时,直接将远期差价加到即期汇率的左右两边。如果相反的话,就将即期汇率减去差价来计算远期汇率。之所以这样计算的原因就是,远期汇率的买卖价差应该大于即期汇率的买卖价差,因为银行会对未来汇率变动的不确定性要求补偿。

按照经济含义分类,汇率还可以分为名义汇率和实际汇率。名义汇率就是我们在日常生活中看到并且可以使用的两个国家货币之间的汇率,也就是我们在换钱或者查询汇率的时候看到的外汇牌价,代表了两个国家通货的相对价格。实际汇率是两国产品的相对价格,也就是说我们可以以什么样的比率用一国的产品来交换另一国的产品。举例来说,假设一个品质相同的苹果在中国销售 14 元人民币,在美国销售 1 美元。现在我们无法比较苹果在这两个市场的价格,必须要转化成同一种货币衡量才可以。假如此时 1 美元值 7 元人民币,那么美国苹果的价值就为 $1 \times 7 = 7$ 元人民币。由此,我们可以得出结论,美国苹果的价格为中国苹果的一半,也就是说,我们可以用两个美国苹果换一个中国苹果。这也就是实际汇率的含义,用数学公式来表示即为:

在直接标价法下,

实际汇率=名义汇率×外国产品的价格/本国产品的价格

因此,人民币兑美元的实际汇率即为 7 元人民币/美元×1/14＝0.5 元人民币/美元。这是单一产品的实际汇率的计算方法,由此我们可以得出更广泛的由多个单一产品组成的一篮子产品的实际汇率的计算方法。此时,单个商品在不同国家的价格可以替换为一国的价格水平,那么实际汇率的计算公式为:

在直接标价法下,

实际汇率=名义汇率×外国的价格水平/本国的价格水平

因此,如果实际汇率高,代表了外国商品相对昂贵,本国商品相对便宜。实际汇率低,就代表了外国商品相对于本国商品更加便宜。

我们可以看到,我们讨论的汇率都是本国货币和某一外国货币之间的比价,如果我们想要知道某种货币例如人民币的总体波动幅度以及在国际经济贸易和金融领域中的总体地位时,我们可以使用一个有用的汇率分类,就是有效汇率。简单来讲,有效汇率是某种加权平均的汇率,权重我们可以使用一国对某国的贸易在其全部对外贸易中的比重。举个例子来说,假设中国只有 3 个贸易伙伴,日本、美国和欧元区。表 9-1 中分别列出了中国跟这三个地区间的贸易占贸易总额的比重,以及人民币和该地区货币的汇率。根据有效汇率的计算公式,2024 年人民币的有效汇率即为:25%×7.79+45%×7.13+30%×0.049=5.170 7。当然,有效汇率的变化更有意义,在实践中,你可以计算每一年的有效汇率来进行趋势以及比较分析。

表 9-1　　　　　　　　　　　　贸易比重与货币汇率

国家或地区	在中国贸易总额中的比例	RMB/FX(2024)
欧元区	25%	7.79
美国	45%	7.13
日本	30%	0.049

二、影响汇率的因素

在上面的内容中,我们学习了汇率的基本知识,接下来会概括地介绍影响汇率的因素。汇率反映了一国的宏观经济,同时也是一国对外关系的表现。因此,影响汇率的原因非常复杂,经济、政治因素都会导致汇率发生变化,但是主要的因素有以下几个。

（一）利率

货币就是一种金融资产,将货币存在银行或者购买国债的话可以获得利息收入。因此,两国之间的相对利率的高低就会影响国际资本的流动。如果一个国家的利率水平较高,也就是说该国的固定收益类产品,例如存款、债券等的收益率就会相对较高,因此会吸引更多的国外资金的流入来投资这些可以产生利息的金融产品。此时外汇市场上外汇的供给大于需求,会造成外汇的汇率下降,本币汇率上升。如果本国的相对利率水平较低,那么投资者将会需要大量的外汇来投资外国的生息债券或者存款,此时国际资金的流动方向是流向外国的,会造成外汇市场上对外汇的需求大于供给,因此外汇汇率上升,本币汇率下降。因为国际资本的短期流动资本对利率的变化非常敏感,利率的变动会引起国际资本迅速发生反应,所以利率因素是一个短期影响汇率的因素。由于一国利率的变动属于本国的货币政策之一,也就是由该国的中央银行控制的,比如,美国是通过美联储,中国通过央行来影响国家的利率水平,因此利率是一个国家短期稳定本国汇率的重要政策手段。但是利率对长期汇率水平的影响有限。

(二)国际收支

在17世纪初期,国际收支简单地被解释为一个国家的对外贸易差额。因此,狭义的国际收支就是指这种对外贸易差额。随着国与国之间政治、经济和文化等方面的往来更加频繁,贸易方式更加灵活,国际投资导致的跨境资本流动增多,对外贸易差额并不能全面地描绘国际收支,因此诞生了广义国际收支的概念。广义的国际收支是指在一定时期内,一个经济实体的居民同非居民之间所发生的全部经济往来的系统记录。我们在新闻中经常听到的贸易顺差这个词,就来源于国际收支的贸易项下出口大于进口的状态。由于出口需要外国支付外汇,贸易顺差就代表了外汇的净流入。此外,资本项目是国际收支中另外一个重要的组成部分,资本项目顺差代表了外汇资本的流入大于流出。因此,出口和资本流入会形成一国的外汇收入,进口和资本流出则构成了外汇支出。当一国的国际收入大于支出即国际收支顺差时,可以说外汇的供应大于需求,因此外国货币相对本国货币贬值,本国货币相对于外国货币升值。同理,当一国的国际收入小于支出即国际收支逆差时,外汇的供应小于需求,本国货币贬值,外国货币升值。但要注意的是,短期的、临时性的、小规模的国际收支差额可以很容易地被影响汇率的短期因素例如国际资金的流动、利率、央行的外汇市场干预等其他因素所影响,因此,只有长期的数额较大的国际收支才会对汇率产生作用。

(三)价格水平

实际汇率是通过两国的相对价格水平和名义汇率来计算的。实际汇率等于名义汇率乘以外国的价格水平除以本国的价格水平。因此名义汇率就等于两国货币的实际汇率乘以本国的价格水平除以外国货币的价格水平。理论上讲,实际汇率水平不会发生太大变化,因此,如果本国价格水平相对于外国的价格水平上升,也就是通货膨胀率变高,此时本国的名义汇率在直接标价法下价值会上升,代表了外汇的升值,本币的贬值。如果本国的价格水平下降,相对于外国的通货膨胀率更低,那么直接标价法下的名义汇率水平会下降,也就是本币升值,外汇相对贬值。例如,在2000年到2013年间,中国和美国都经历了通货膨胀,因此一单位的人民币和美元的购买力都下降了,但是由于人民币的价格水平的增长率也就是通货膨胀率一直低于美国,也就是说美元的价值下降比人民币要更多,因此,随着时间的推移,用1美元能买到的人民币的数量减少了。直观上,如果一国的价格水平上升,本国商品在国际市场上的竞争力就变弱,不利于出口,因此会导致贸易出现逆差,出口小于进口。此时对外汇的需求会大于供给,外汇会升值,本币就会相对贬值。价格水平的变化需要通过国际收支来影响汇率,因此价格水平属于影响汇率变化的长期因素。

（四）央行的直接干预

由于短期汇率的剧烈波动会给国内经济尤其是国际贸易带来巨大的影响，对于需要以进口原材料来生产的生产部门，汇率的剧烈变动也是一种损害。因此，各国的央行或多或少都会通过公开市场交易来干预外汇市场，起到稳定汇率的作用。例如，在本币汇率过低的时候，央行就会利用外汇储备来购买本币，增加对本币的需求，使本币汇率上升。或者当本币汇率过高时，可以卖出本币，购买外汇，使得外汇汇率上升，本币汇率下降，维持在对本国经济有利的汇率水平。例如，在 1997 年亚洲金融危机时，泰铢遭到了国际游资的攻击，以索罗斯为代表的巨额国际资本在外汇市场上大量卖空泰铢，泰国央行只好出手购买泰铢以及提高利率来稳定泰铢的汇率。最终，泰国的外汇储备耗尽，实行固定汇率制度的泰国最后只能宣布泰铢贬值。

（五）经济增长状况

如果一国的经济增长是由于劳动生产率的提高，代表了该国经济实力和国际竞争力的改善，因而有利于提高本国货币的基础价值，促使本币升值。但是如果一国的经济增长是由于扩张性的政策导致的，例如扩大货币供给以及增加政府支出，反而会导致一国的价格水平上升，从而导致本币的币值下跌。不过，劳动生产率对货币汇率的影响是缓慢而长期的，不会对汇率有迅速的影响。

（六）政局变动

如果一国的政局不稳，出现变动，通常会引发经济波动，造成该国货币的贬值。因为与历史上的金本位不同，当今世界的货币没有实际的价值，属于法定货币，货币之所以有价值是因为政府的信用以及同样持有该货币的人也相信手中的货币有价值。因此，当一国的主权信用出现变化的时候，就会造成汇率的变动。例如，2010 年发生的欧债危机。由于希腊的国家主权债券可能出现违约风险，外加 2008 年世界金融危机导致了一些欧洲国家的房地产市场以及银行出现大额亏损，除希腊以外的其他欧盟国家也相继出现了主权债券违约的风险，因此，市场对欧盟的信心下降，欧元的汇率随之大幅度下跌。

（七）人们的预期

对经济状况的预期可以通过影响事前的经济因素来发生实际的作用，从而影响汇率。举个例子，如果预期未来外汇会升值，那么在外国的固定收益类投资的收益率就会预期增长，从而使得国际资本发生变动，会造成当前外汇的汇率发生同方向的变动。此外，还有人们对政治的预期也会对汇率产生巨大的影响。例如，2018 年 8 月 10 日，美国总统特朗普在推特上突然宣布：由于土耳其里拉贬值，美国政府决定将对土耳其钢铝产品加征关税翻倍，铝关税调整为 20％，钢铁关税调整为 50％。一句"我们与土耳其当前的关系不好",直接引发土耳其里拉兑美元接近跌破 6.30,创历史新低,日内一度跌超 20%。

要特别注意的是,以上影响汇率变动的七个因素是基于假设其他条件都不变的情况下来单独分析某个因素变动会对汇率造成的影响。但是在现实世界里,以上的因素绝对不会孤立存在的,对汇率的影响也不是绝对的。所有的这些因素会交叉起来对汇率发生影响,此外还有各种复杂的社会和政治因素都会影响汇率,从而使得在现实中分析汇率变动的任务变得非常困难和复杂。因此,当你预测汇率的时候,注意要综合考虑各种因素,不仅考虑本国的,还应该考虑外国的。如果你想知道外汇市场上的其他人对未来汇率有什么预期以及如何减少未来汇率变动可能给你带来的损失,那么你将在接下来外汇市场的内容中学到有关的知识。

第二节　外汇市场及其交易机制

一、外汇市场简介

外汇市场和股票市场以及债券市场一样,是最重要的金融市场。国际货币市场的借贷业务、国际资本市场的投资活动以及国际黄金市场和商品市场的交易都需要使用外币,因此这些活动都离不开外汇买卖。在定义上,外汇市场是外汇进行交易的场所,参与者包括外汇银行、外汇需求者、供应者和中介商,组成要素包括交易网络、交易设施、组织结构和制度规则。狭义上,外汇市场也就是专门从事外汇交易的市场,是交易量最大的金融市场。据国际清算银行报告显示,根据 2022 年三年一度的央行对外汇和场外衍生品市场的调研,2022 年 4 月,外汇市场的日均交易量达到 7.5 万亿美元,跟 3 年前同期相比增长 14%。外汇衍生品交易持续增长,已经超过现货交易。

（一）外汇市场的分类

按照组织形态来分的话,外汇市场可以分为有形的外汇市场和无形的外汇市场。有形的外汇市场是指有具体交易场所的外汇市场。如果此时你是坐在教室里阅读本书,就可以称为有形的教室,此时在网络上阅读这本书的时候,就可以叫作无形的教室。外汇市场的最初形式是在证券交易所大厅的一角,叫作外汇交易所。因为外汇市场最早出现在欧洲大陆,所以又称"大陆式市场"。目前瑞士苏黎世、法国巴黎的外汇交易所都是"大陆式市场"。无形的外汇市场就是由电话、传真、计算机等通信工具联通买卖双方的外汇市场。无形的外汇市场最早产生于英国和美国,因此又称"英美式市场"。伦敦、纽约、香港、新加坡、东京等的外汇市场都是"英美式市场"。

按照交易主体划分,外汇市场又可以分为外汇零售市场和外汇批发市场。外汇零售市场就是银行同客户之间交易的市场,交易金额较小,利润来自买入和卖出价格之间的差价。外汇批发市场是在银行同业之间交易的市场。银行同业市场,也叫作银行间市场,是由外汇银行间相互买卖外汇而形成的市场,后来非银行金融机构的加入扩大了交易主体的范围。例如,2019年9月,华为获国家外汇管理局同意,获准进入银行间人民币外汇市场,成为银行间外汇市场第二家非银类型即期会员。外汇的批发市场存在三个层次的交易,商业银行之间的交易是为了轧平银行在零售市场上交易产生的外汇头寸。比如,商业银行在某天多买或者多卖了外汇,如果不能及时轧平头寸,商业银行就需要承担汇率风险。央行同商业银行之间的交易目的是央行通过商业银行对外汇市场进行干预。各国央行之间也会存在外汇交易,来联合干预外汇市场。外汇批发市场的交易量占整个外汇市场90%以上。因为外汇批发市场交易金额大、起点高,所以外汇批发市场决定了汇率的变动。

与即期汇率和远期汇率相匹配,按照交割的时间划分,外汇市场也可以进一步划分为即期外汇市场和远期外汇市场。即期外汇市场的交割时间是买卖双方在买卖成交后2个交易日内办理交割。远期外汇市场是买卖双方签订交易合同后,约定在将来某一时间,按照合同规定的汇率、金额进行交割的市场。

按照管制的程度来划分,外汇市场还可以分为自由市场、平行市场和外汇黑市。自由市场的外汇交易不受政府限制;平行市场,即官方外汇市场或者政府认可的非官方外汇市场;外汇黑市,即政府不认可的非法交易的外汇市场。

按照市场地位来区分,外汇市场还可以分为全球性的外汇市场和区域性的外汇市场。全球性的外汇市场包括伦敦、纽约、新加坡、东京以及香港。区域性的外汇市场,主要是由所在地周边的居民参与,例如米兰以及阿姆斯特丹的外汇交易市场。

(二)外汇市场的主要参与者

1. 商业银行

商业银行是外汇市场的主体。在外汇市场上,交易活跃的商业银行被称为外汇银行,它们同时从事外汇批发和零售的业务。零售业务中,商业银行通过为客户服务赚取买卖差价。批发业务中,商业银行通过与其他银行的交易来轧平零售市场交易所带来的敞口外汇头寸。商业银行的外汇客户不仅有个人还有企业、国际投资者、跨国公司,他们会通过委托商业银行间接进行外汇买卖。商业银行参与外汇市场交易主要有四个目的:轧平头寸;投机套利套汇;参与衍生外汇市场的交易、设计与提供外汇衍生产品;作为做市商。

第一个目的,轧平头寸。头寸是指银行所持有的专门用于外汇买卖业务的外汇库存。有时候银行会超买,也就是某种外汇买入数量超过其卖出数量,以至外汇库存过多,形成多头头寸。有的时候银行会超卖,银行卖出某外汇的数量超过买入该外汇的数量,形成空头头寸。当银行存在多头或空头头寸的时候就存在敞口头寸,银行就会受到外汇风险的影响。例如,假设银行有外汇库存为 100 美元,今天汇率为 7 元人民币/美元,1 个月后的即期汇率为 6 元人民币/美元,那么如果银行 1 个月后出售该 100 美元,将损失 100 元人民币。因此,银行需要在汇率变动前通过同业交易来轧平头寸。

第二个目的,投机套利套汇。如果银行预计外汇升值,那么可以今天买入该外汇,从而赚取利润,当然这个目的不会明说。举个例子,假设今天英镑兑欧元的汇率为 1.17 欧元/英镑,明天英镑兑欧元的汇率为 1 欧元/英镑,我们将如何赚取利润? 首先我们先判断一下英镑可以兑换的欧元变少了,代表了英镑相对于欧元贬值,欧元相对升值。因此我们可以用 1 英镑买入 1.17 欧元,第二天用 1.17 欧元可以兑换 1.17 英镑,我们得到的净利润即为 0.17 英镑。

第三个目的是关于外汇衍生品的内容,这将在后面的内容中介绍。

商业银行参与外汇市场交易的第四个目的是充当做市商的角色。做市商的职责就是向外汇市场提供流动性。做市商会使用自有资金与客户交易,并按照报价接受客户买卖要求,通过买卖价差赚取利润,出现的敞口头寸就需要与其他银行交易以轧平头寸。我国在 2005 年正式引入了做市商制度,对做市商的定义是,经外汇局核准,在我国银行间外汇市场进行人民币与外币交易时,承担向市场会员提供买卖价格义务的银行间外汇市场会员。那么中国的做市商的义务就是在规定时间内,连续提供人民币对主要交易货币的买卖双向价格。

2. 外汇经纪商

外汇经纪商就是协助外汇交易双方进行交易的中介机构,和做市商最大的区别就是经纪商本身不参与交易,而是通过向客户服务而收取佣金。通过引入外汇经纪商,可以提高外汇交易的效率。经纪商的优势在于他们从多家银行收集大多数外汇买卖的报价,能够迅速地以最低成本获得最有利的报价,还可以帮助客户匿名不泄露身份。一般每个金融中心仅有为数不多的授权经纪商。

3. 其他参与者

外汇市场上的参与者还有进行商业或投资活动的企业和个人。例如,进出口商、跨国证券投资者、跨国公司和个人。他们的目的都是为了规避国际交易中的汇率风险。此外,外汇市场中还有投机者和套汇者,他们的目的就是为了进行套汇套利,一般由规模较大的国际银行的外汇交易员代表进行套汇套利活动。最后,中央银行也会参与外汇市场交易。通常央行不直接参与外汇市场活动,指令会通过经纪商实现。参与的目的不是为了规避风险,主要是为了稳定汇率以及对外汇储备进行保值和增值。

外汇交易市场已经成为世界上交易规模最大的市场。而且是一个一体化运作全天交易的市场。以新加坡市场为例,上午可以跟香港、东京、悉尼外汇市场交易,中午可以同中东的巴林交易,下午与伦敦、苏黎世、法兰克福欧洲市场交易,晚上同纽约市场交易。因此,欧洲时间下午 1 到 3 点是世界外汇市场交易量最大最活跃最繁忙的时间,因为此时几大外汇市场——伦敦、法兰克福、纽约和芝加哥都在营业,因此是外汇顺利成交和巨额成交的最佳时间。

二、外汇市场交易类型

外汇市场交易类型众多,这里,我们将重点讨论 5 种交易类型,它们分别是即期外汇市场上的套汇交易、远期外汇交易、外汇期货交易、外汇期权交易以及外汇互换。

(一)即期外汇市场上的套汇交易

套汇交易就是利用两个或两个以上不同市场的汇率差价,在低价市场买入某种货币,同时在高价市场卖出该种货币,以赚取利润的活动。简单来讲,就是如果同一种商品在不同市场价格不一样的时候,投资者就可以低买高卖赚取利润。最简单的套汇类型叫作直接套汇,也叫双边套汇,就是在两种外汇市场间的套汇行为。举个例子,假如现在纽约外汇交易市场上的美元兑日元的汇率为 78.56—78.60 日元/美元,伦敦外汇交易市场上的美元兑日元的汇率为 78.62—78.65 日元/美元。如果你是一个银行的外汇交易员,此时持有 1 亿美元,应当如何赚取差价?

首先我们确定两个市场中的银行买卖外汇价格的高低。在直接标价法下,数值大的汇率代表了日元币值比较低,可以看到日元在纽约市场的价格比较高,在伦敦市场的价格比较低。因此,遵循低买高卖的原则,首先你可以在伦敦市场卖美元,也就是用美元兑换日元,得到 78.62 亿日元。随后在纽约市场卖美元,也就是用手中的日元兑换成美元,最后得到 78.62 亿日元/(78.60 日元/美元)=1.000 2 亿美元。通过双边套汇,你总共赚取利润 2 万美元。

另外一种相对复杂的套汇方式叫作间接套汇,也叫三角套汇或者多角套汇,就是在三个或更多外汇市场间的套汇。首先,选择其中的 2 个汇率,换算成第三种汇率;其次,与第三种汇率进行类似于直接套汇的比较;最后,确定交易方式。举个例子,现在有三个市场的汇率报价:伦敦市场上英镑兑欧元的汇率报价 1.481 2—16 欧元/英镑,纽约市场上英镑兑美元的汇率报价 1.970 2—970 8 美元/英镑,法兰克福市场上欧元兑美元的汇率报价 1.340 1—05 美元/欧元,如果你是一个银行的外汇交易员,此时持有 1 亿美元,将如何赚取差价?

首先我们选择一个交易汇率,这里选择美元/欧元作为示范,当然也可以选择欧元/英镑或者美元/英镑。其次,根据伦敦市场和纽约市场上的报价计算美元/欧元的汇率。此时,你用欧元兑换美元也就是银行买欧元卖美元的价格为:1.970 2 美元/英镑/(1.481 6 欧元/英镑)等于 1.329 8 美元/欧元,拿美元兑换欧元的价格,也就是银行卖欧元买美元的价格为:1.970 8 美元/英镑/(1.481 2 欧元/英镑)=1.330 5 美元/欧元。因此与法兰克福市场的 1.340 1—05 美元/欧元汇率相比,套算汇率 1.329 8—1.330 5 美元/欧元中的欧元价格比较低,法兰克福市场的欧元价格比较高。因此遵循低买高卖的原则,可以在伦敦和纽约市场买入欧元卖出美元,再在法兰克福市场卖出欧元买入美元,具体操作过程可以是,在纽约市场将 1 亿美元兑换成 1 亿美元/(1.970 8 美元/英镑)=0.507 亿英镑,再将英镑在伦敦市场上兑换成 0.507 亿英镑×1.481 2 欧元/英镑=0.7516 亿欧元,最后将欧元在法兰克福市场上兑换成 0.751 6 亿欧元×1.340 1 美元/欧元=1.007 2 亿美元,最后收益为 72 万美元。

以上的内容介绍了套汇交易的原理,那么进行这样的套汇交易需要什么条件? 首先,参与者必须及时得到报价信息,否则机会稍纵即逝。其次,只有在没有外汇管制的市场才能进行这样的套汇交易。最后,套汇交易时不需要现金,因为即期交易在未来 2 天才需要结算,套汇交易时只需要银行的信用等级即可。

(二)远期外汇交易

远期外汇交易是指交易双方按照约定的汇率,在未来某一确定的日期,交割一定数量的某种货币的外汇交易。远期交易合约属于"量体裁衣"式的合约,合约上的合同金额、到期时间、约定汇率由双方协商确定。因此,远期外汇交易是非标准化、流动性差的场外交易,而且无须缴纳保证金,因此会有信用风险。

利用远期外汇合约,企业家或者国际投资者可以使用外汇掉期来规避交易风险。外汇掉期的概念就是在进行一笔外汇交易的同时,进行另一笔币种相同、金额相同、方向相反、交割期限不同的交易。外汇掉期可以同时使用即期对远期,即买入与卖出现汇的同时,卖出或买进期汇;也可以同时使用远期对远期,即买入与卖出期汇的同时,卖出或买进另一笔交割时间不同的期汇。举个例子,假如美国 A 公司准备在欧洲证券市场投资 2 000 万欧元,预计 3 个月后收回。已知即期汇率为 1 欧元=1.422 5—29 美元,3 个月的远期差价为 20/24。作为一个财务人员,应当如何规避风险? 首先我们计算一下远期汇率,根据第一节内容,计算远期汇率的原则为:左小右大往上加,远期汇率为 1 欧元=1.424 5—53 美元。因此,财务人员可以首先按照即期汇率使用 1.422 9 欧元/美元的汇率购买需要的 2 000 万欧元。由于 3 个月后,公司需要卖出欧元,因此风险来自欧元贬值,此时卖出一份远期欧元,3 个月后不论汇率如何变化,公司都能锁定未来的收入。因此 3 个月到期后,公司可以确定收入 2 000 万欧元×远期汇率 1.424 5 美元/欧元=2 849 万美元。这就是一笔即期对远期的外汇掉期交易。

另外,利用远期外汇交易,企业以及国际投资者还可以进行套期保值。套期保值是指当事人为避免已有外币资产或负债因到期时汇率变动而承担风险,因而通过期汇合约卖出或买入未来日期办理交割的外汇,使外汇头寸实现平衡。要注意,套期保值的目的不在于获取收益,而在于规避风险。举个例子,假设日本 A 公司向美国出口产品,合同规定 3 个月后收到 2 000 万美元货款。此时日本公司应该如何使用期汇合约套期保值? 首先我们分析一下外汇风险的来源,未来确定收到 2 000 万美元,因此风险来自美元的贬值,即收到美元之后兑换的日元将变少。因此,为防止美元价格下跌,该公司今天可与银行签订合约,卖出 2 000 万 3 月远期美元。假设合约价格为 USD/JPY=85,那么 3 个月后 2 000 万美元收入等于 170 000 万日元。假设 3 个月后的即期汇率为 USD/JPY=75,即美元贬值,那么该公司通过套期保值规避了风险。

套期保值与外汇掉期交易是有区别的。首先套期保值可能只有一个外汇交易,即使有两笔交易,也未必同时发生;而外汇掉期交易同时包含两笔外汇交易。套期保值交易操作原则有:(1)币种相同或相近:所选择币种与已经持有的币种一致;(2)期限相同或相近:所持有的合约的交割时间与已有头寸的到期时间一致;(3)方向相反:已有的外币头寸和新持有的头寸在方向上必须相反,原则:一个亏损,一个盈利;(4)数量相当:两个头寸之间在数量上要尽可能相等。

如果企业将会收到一笔无法在外汇市场上自由兑换的货款,银行也没有该货币的远期合约,企业又该如何避险? 在这种情况下,企业就可以利用无本金交割远期(non-deliverable forwards,NDF)来规避风险。无本金交割远期是指合约到期后,双方不进行本金交割(无合同基础货币交割),而是根据合同确定的远期汇率与合约到期日的即期汇率的差额,以可自由兑换货币(通常是美元)进行差额支付。举个例子,假设某客户买入 3 个月 NDF 的韩元 10 亿,合约汇率为 1 200 韩元/美元,合约到期日即期汇率为 1 250 韩元/美元。因为韩元贬值了,所以客户在 NDF 市场上受到了损失,损失为 10 亿韩元/(1 200 韩元/美元)-10 亿韩元/(1 250 韩元/美元)=3.33 万美元。利用 NDF 进行外汇交易相当于根据远期合约买进韩元(在即期市场上卖出韩元)。总结一下无本金交割远期 NDF 的特征:(1)NDF 不涉及基础货币的实际交易,故对基础货币的汇率影响小,但 NDF 反映了市场对即期汇率变动的预期;(2)NDF 适用于存在汇率管制的国家,发达国家的远期外汇市场发达;(3)NDF 一般在货币发行国之外的离岸市场进行。

以上是外汇市场上即期和远期的外汇交易的内容,利用远期外汇交易,进出口商以及国际投资者可以进行套期保值,银行可以平衡头寸,而外汇投机者可以进行外汇投机。

第三节　外汇衍生品市场交易

一、外汇期货交易

在第二次世界大战之后,各国确认建立了布雷顿森林体系,各国货币与美元挂钩,美元与黄金挂钩的固定汇率制度。1960 年底,第一次"美元危机"爆发。1971 年 8 月15 日,美国被迫宣布实行"新经济政策",停止其对外国政府和中央银行履行以美元兑换黄金的义务。1971 年 12 月,美国与西方各国达成《史密森协定》,企图恢复以美元为中心的固定汇率制度,然而,许多西方国家已然开始实行浮动汇率制度,至此,布雷顿森林体系终于崩溃。1973 年以后,浮动汇率制度逐渐取代了固定汇率制度。在汇率不确定性加强以及石油危机的历史背景下,外汇期货市场迅速发展起来,旨在为投资者回避外汇市场上的商业性、金融性汇率风险。

1972 年 5 月,芝加哥商品交易所推出世界上第一张外汇期货合约;1976 年,外汇期货市场迅猛发展,交易量激增;1978 年,纽约商品交易所也增加了外汇期货业务;1979 年,纽约证券交易所设立了专门进行期货交易的交易所;1981 年 12 月,芝加哥商品交易所首次开设了欧洲美元期货交易。随后,澳大利亚、加拿大、荷兰、新加坡等国家和地区也开设了外汇期货交易市场,外汇期货市场从此蓬勃发展。

期货是指买卖双方在期货交易所指定的日期办理交割的某种标准化商品或金融产品的合约。外汇期货合约是标准化合约,规定了外汇期货的报价、交易币种、交易单位、最小变动价位、合约月份、交易时间、最后交易日、交割日期、交割地点、保证金等。与定制的远期合约不同,外汇期货是一种标准化的衍生品,因此流动性比较高。由于外汇期货是标准化的,所以利用外汇期货进行套期保值,很可能不能做到完全规避风险。

除了标准化以外,外汇期货的第二个特征就是保证金制度,保证金制度是指买卖期货合约必须缴纳保证金,保证金为合同价值的 1%－10%。美国的保证金制度同时有初始保证金(即签订期货合约时缴纳的保证金)和维持保证金(指的是保证金的最低水平)。而英国没有维持保证金。既然有保证金,那么期货交易所就需要保证期货交易会员每天能够达到保证金的要求,因此外汇期货的第三个特征就是每日清算制度,也叫逐日盯市制度。逐日盯市制度指的是期货交易所在每个交易日结束后,以期货合约收盘前 30 秒或 60 秒的平均价作为结算价,计算交易所会员账户的盈亏情况,并根据盈亏调整该会员保证金的过程。

　　下面我们举个例子来说明期货合约的保证金制度和每日清算制度。假设你是一个投资者,2019 年 7 月 11 日,你在芝加哥商品交易所买入 9 月份到期的英镑期货合约,合约面值为 62 500 英镑,合约规定远期汇率为 1.970 2 美元/英镑,初始保证金为 1 620 美元,维持保证金为 1 200 美元。你只需要缴纳 1 620 美元的保证金,就可以交易 62 500 英镑的资产,因此保证金有巨大的杠杆作用。首先买入一份英镑期货代表了你预期英镑会涨,英镑升值,这张合约可以产生盈利,英镑下跌,这笔期货交易会给你带来亏损。假设你购买这张期货合约后的第二天,英镑汇率由 1.970 2 美元/英镑上升到 1.976 6 美元/英镑,那么你的保证金账户就增加了 400 美元。高于初始保证金的部分可以自由提取。第三天,英镑汇率由 1.976 6 美元/英镑下跌到 1.968 8 美元/英镑,此时亏损 487.5 美元,保证金账户现在变为 1 532.5 美元,虽然低于初始保证金,但是此时仍然高于维持保证金,因此可以不做任何操作。第四天,英镑汇率继续下跌,下跌至 1.961 2 美元/英镑,这时你一共亏损 475 美元,保证金账户只剩下 1 057.5 美元,低于维持保证金,因此此时必须补足到初始保证金之后才能继续交易。直到最后平仓之后,你就可以提出全部的保证金了。

　　外汇期货价格一般以现货价格为基础,不能无限偏离现货价格。此外,有相关研究表明,远期汇率对外汇期货价格具有显著影响,二者有较强的正向联动关系。期货价格和现货价格之间的差别叫作基差,一般来说,越接近期货合约交割日基差就越小。因此,利用外汇期货和现货价格的这种关系,我们可以利用外汇期货进行套期保值交易、外汇期货投机和套利交易。

　　但是由于存在基差以及期货合约的标准化特征,利用外汇期货进行套期保值交易时,交易者需要承受不能完全套期保值以及基差的风险。举个例子,假设有个美国进口商 6 月 7 日从德国出口商处购买一批货物,价格为 125 000 欧元,现汇汇率为 1.199 4 美元/欧元,双方约定 1 个月之后支付货款。如果在支付货款的时候欧元升值,该进口商就会遭受损失。那么该进口商可以在期货市场上购买欧元期货,这样期货市场上因为欧元升值带来的收益就可以用来抵消现货市场因为欧元升值带来的损失。假设进口商当日在期货市场购入 1 张 9 月到期的欧元期货合约,面值为 125 000 欧元,价格为 1.202 2 美元/欧元。一个月后,现汇汇率变为 1.212 6 美元/欧元,期货合约卖出价格为 1.214 2 美元/欧元。在此过程中,该美国进口商的最终盈亏是多少呢? 如果该进口商不购买欧元期货合约,那么在 7 月 7 日,该美国进口商在现货市场上亏损 1 650 美元(125 000×1.212 6−125 000×1.199 4)。而在购买欧元期货合约后,在期货市场上,该进口商盈利 1 500 美元(125 000×1.214 2−125 000×1.202 2),从而净亏损减少到 150 美元(1 650−1 500)。这个例子表明,利用期货市场进行套期保值,进口商减少了损失。相反地,如果欧元贬值,那么期货市场上的亏损可由现货市场的盈利来弥补。

外汇期货投机交易的目的就是为了获利,是指通过买卖外汇期货合约,从外汇期货价格的变动中获取利益,是一种单向操作。如果预期未来期货价格高于今天的期货价格则买入,否则卖出。使用外汇期货来投机的好处就是,可以利用杠杆提高投机者的收益。套利指的是同时买进和卖出两张不同类型的期货合约,是一种双向操作。外汇套利交易又可以分成跨期套利、跨市场套利、跨币种套利。跨期套利是指交易者在买进某交割月份的期货合约的同时,卖出币种相同而交割月份不同的期货合约;跨市场套利是指交易者在某一交易所买入一种外汇期货合约的同时,在另外一个交易所卖出同种外汇期货合约;跨币种套利是指交易者在买进某一币种的期货合约的同时,卖出交割月份相同而交割币种不同的期货合约。

通过以上内容,我们学习了外汇期货交易的特征以及应用。与外汇远期相比,外汇期货交易有如下几个特点。第一,期货合约是一个标准化的合约,而远期合约的条款都是交易双方协商决定的;第二,外汇期货有固定的交易场所,即外汇交易所,而远期合约是客户与银行一对一的场外交易,通常通过电话来进行协商;第三,期货合约还有保证金,而远期合约没有,需要承担一定的信用风险;第四,期货合约由清算机构统一结算,因此进一步降低了违约风险;第五,外汇期货合约到期时,只有约5%的期货合约会进行实际交割,一般合约持有者会通过反方向头寸进行对冲,又称买卖平仓,而远期合约通常需要交割;第六,期货合约的客户需要给经纪商支付佣金,而远期合约不需要。

我国目前没有外汇期货交易市场,只有虚拟仿真的外汇期货交易试点,并且主要面向机构投资者。发展外汇期货市场有利于合理规避风险。尽管中国实行有管理的浮动汇率制度,但人民币仍面临较大的升值压力。利用外汇期货的套期保值功能,进出口企业可以规避汇率变动带来的风险,从而促进我国对外贸易的健康发展。同时,发展外汇期货市场有助于发现价格,对于汇率也有一定的预测导向作用。此外,由于外汇期货还兼有投机、投资功能,发展外汇期货市场可以拓宽投资渠道,同时吸引外资投资,这些都有助于中国经济的发展。不可否认,由于保证金制度,外汇期货也将吸引大量的投机者,因此对期货投资者的资格必须做好前期的教育以及严格的审查。

二、外汇期权交易

1982年,美国费城股票交易所成交了第一笔外汇期权交易:英镑和德国马克的外汇期权。随着金融衍生品交易的不断成长,期权交易也进入了爆炸性的增长阶段。现在已经出现了以虚拟货币为基础资产的虚拟货币期权产品。目前世界主要外汇期权市场由两大部分组成:以伦敦和纽约为中心的银行同业外汇期权市场;以费城、芝加哥和伦敦为所在地的交易所外汇期权市场。最初的期权交易是在场外进行的,后来在场外交易的基础上产生了场内交易。场内交易合约的买卖均是在交易所交易大厅进行的,并通过公开竞价的方式决定合约的价格,而场外交易主要是通过电话、电传等通信设备进行的,由交易双方通过协商决定合约的价格。

期权的买方在向卖方支付特定的期权费后,便可以在合约规定的期限内以特定的价格向期权卖方买进或卖出一定资产,期权卖方需按合约规定卖出或买进一定的资产。简而言之,期权买卖的是一种权利,因为权利不是义务,权利可以放弃,所以期权的持有者不需要一定按照合约卖出或买入资产,从这方面来看,期权比期货更灵活。外汇期权是指支付一定期权费后,获得在未来约定日期或一定时期内,按照约定汇率买入或卖出一定数量外汇资产的选择权。

根据买入者的权利,期权可以分为看涨期权(call option)和看跌期权(put option)。看涨期权是指期权购买者可以在预先规定的时间以特定的价格向期权出售者买入一定数量基础资产的金融工具。因此,譬如投资者担心外汇升值时可购买看涨期权以规避相关风险。看跌期权是指期权购买者可以在预先规定的时间以特定价格向期权出售者卖出一定数量基础资产的金融工具。所以当投资者担心外汇贬值时可购买看跌期权以规避风险。外汇期权的特殊属性是在买入(卖出)某种货币的同时,卖出(买入)另外一种货币,因此某种货币的买入期权相当于另外一种货币的卖出期权。

根据行权时间的区别,期权还可以分为美式期权和欧式期权,美式期权是买方从合约签订日到合约到期日之间的任何一个工作日都可以行使权利的期权。欧式期权是买方只能在合约到期日行使权利的期权。按照交易环境和方式来分,期权还可以分为场内期权和场外期权。场内期权是标准化的期权,期权的到期日、执行汇率、合约金额、交割地点等都是由交易所规定,买卖双方能够决定的只有期权费;场外期权是通过电子通信网络或者交易双方协商在柜台上进行交易的期权,场外期权的卖方一般是银行,买方是银行的客户,可以根据客户需要设计到期期限、行权价、数量等要素,因此比较灵活。

对于一个看涨外汇期权的买方,只有当外汇即期汇率大于执行汇率加上期权费的时候,买方才会获得利润,利润等于即期汇率减去执行汇率与期权费之和。在这种情况下,买方的最大亏损就是期权费,但是盈利可能是无限的。而作为一个看跌期权的买方来说,只有当即期汇率加上期权费小于外汇的执行汇率时,买方才能得到利润。利润的数量等于执行汇率减去即期汇率与期权费之和。举个例子,某机构预期欧元兑美元会升值,但又不想利用期货合约来锁定价格。于是以每欧元 0.05 美元的期权费买入一份执行价格为 1 欧元＝1.19 美元的欧元看涨期权。那么当欧元现汇的汇率小于 1.19 美元/欧元的时候,买方出现损失,损失为期权费 0.05 美元。当汇率上升到

1.19 美元/欧元到 1.24 美元/欧元之间的时候,该机构的损失随着欧元汇率升高而减少,当汇率等于 1.24 美元/欧元的时候,盈亏平衡。当汇率高于 1.24 美元/欧元的时候,该机构的收益就会随着欧元汇率上升而增加,且没有上限。

知道了期权的盈亏如何计算之后,我们将会通过一个例子来学习如何使用期权规避外汇风险。假设美国的 A 公司 3 个月后需要 2 000 万欧元,今天的汇率为 1.340 5 美元/欧元,该公司担心 3 个月后欧元会升值,希望可以规避欧元升值的风险。已知看涨期权的执行价格为 1.342 0 美元/欧元,期权费为 0.01 美元/欧元,这个公司应该如何规避风险?对于该公司来说,欧元升值会带来损失,那么该公司就可以做一笔欧元升值可以带来收益的交易来降低风险,因此应该选择购买 2 000 万欧元看涨期权,那么期权费就是 20 万美元(0.01×2 000)。假设 3 个月后欧元贬值了,到 1.325 0 美元/欧元,因为欧元贬值低于执行价格,因此公司不需要执行该看涨期权,它只损失了期权费 20 万美元。如果 3 个月后,欧元升值了,汇率为 1.362 0 美元/欧元。高于行权价格加上期权费用,公司会执行看涨期权。因此 3 个月后公司购买 2 000 万欧元的总成本为 1.342 0 美元/欧元×2 000 万欧元+20 万美元=2 704 万美元。如果公司没有购买看涨期权,那么 3 个月后的总成本为 1.362 0 美元/欧元×2 000 万欧元=2 724 万美元。所以使用期权使得公司盈利了 20 万美元。使用期权不仅可以规避外汇风险,还可以进行投机。

我国商业银行针对有需求的客户较早开展了外汇期权业务。中国银行于 2002 年 12 月份率先推出我国个人外汇期权交易品种“两得宝”,它属于结构化存款产品,客户在银行存一定数额的某种外币,选择另外一种货币作为挂钩货币,等合约到期时,银行根据外汇市场实际情况有权将客户的存款货币按照协定汇率转换为挂钩货币。但是这些银行提供的并不是人民币-外币远期汇率期权产品,而是以两种外币汇率为标的物的外汇看涨期权或者看跌期权,并不能满足进出口贸易公司的实际需求。自 2011 年 4 月 1 日起,取得外汇局备案核准的银行均可以申请开办对客户期权交易,目前的外汇期权主要是普通欧式期权,交易币种覆盖了人民币对主要外汇的类型。银行对企业客户只能办理买入期权业务,期权类型都为欧式期权。虽然不利于对发生日期不确定的头寸保值,但是欧式期权容易定价,而且买入期权控制了客户会面临的汇率风险范围。目前,越来越多的国内商业银行大力开拓外汇业务,竞争已经白热化。

我国银行间的外汇交易市场逐渐改革,交易品种增多,交易时间延长,市场组织为外汇交易中心,引入了做市商制度和经纪商制度,交易及清算方式发展成为竞价交易加上询价交易的方式。与外汇交易市场相比,外汇衍生品市场发展相对较缓慢。目前我国没有标准化的场内外汇期权交易,现有的外汇期权交易主要在中国外汇交易中心和银行间市场进行。中国外汇交易中心于 2011 年 4 月 1 日开始办理人民币对外汇期权业务,2011年银行间期权市场全年累计成交名义本金合计10.1亿美元。在2019年8月22日,中国外汇交易中心通知,为进一步发展银行间外币对市场,满足市场外汇风险管理需求,中国外汇交易中心将于8月26日在新一代外汇交易平台CFETS FX2017推出外币对期权交易。初期推出欧元对美元、美元对日元、英镑对美元、澳元对美元和美元对港币五个货币对的普通欧式期权交易,支持看涨期权价差组合、看跌期权价差组合和自定义期权组合等期权组合。随着人民币国际化进程以及利率市场化进程,我国开展规范的场内外汇期权交易的条件也逐渐成熟,未来个人、企业投资者以及商业银行将会有更多规避人民币汇率风险的选择。

三、外汇互换

外汇市场上还有一种很普遍的交易叫作外汇互换交易。外汇互换交易属于金融互换。金融互换的意思就是双方通过签订协议,同意在未来某一定期限内交换一定现金流或资产。外汇互换就是指交易双方交换不同币种但期限相同、金额相等的货币及利息的业务。这样的外汇互换交易包括三步:本金的初始互换,双方定期支付利息,本金的再次互换。互换合约也是一种管理风险的工具,但是交易自身也可能存在风险,例如市场风险和信用风险。

外汇互换交易在我国存在一定的限制,因为目前人民币还没实现完全可自由兑换,因此开展外币对人民币的互换交易存在一些具体的限制。各大商业银行的国际业务部都曾经积极尝试外币对外币的互换交易,但是发展得并不是特别理想。原因可能是因为:第一,国内的银行和企业大多数缺少境外融资和融券的经验,这样就难以发现自己在融资方面的比较优势。因为外汇互换交易的基础就是利用各自的比较优势进行互换,所以国内商业银行和企业的现状使得交易难以促成。第二,我国的金融市场发展还不够成熟完善。我国的金融市场以现货为主,结构比较单一,缺乏为货币互换定价的基础。第三,银行在互换业务中扮演重要的中介角色,因此需要我国的商业银行掌握各大企业的财务状况、筹资能力及需求信息,而且长期与这些企业有密切联系,目前我国的商业银行还有所欠缺。第四,缺乏资质信用比较高的客户。因此,以上的种种原因成为我国金融互换业务的阻力。

第四节　购买力平价论

在1970年末,1美元相当于358日元,10年后,也就是1980年末,1美元相当于203日元。到2019年的夏天,1美元就只能兑换109日元。许多投资者会觉得长期这种货币价格的变化实在难以预测,外汇市场上几家欢喜几家愁。我们不禁要问,在长期中,这种剧烈的汇率变化背后究竟隐藏着什么样的经济动因? 在本节内容中,我们将学习价格和汇率之间关系的理论解释,在学习完成后,我们将会理解什么是一价定律,并理解汇率的购买力平价理论以及这种理论与国际商品市场一体化之间的关系。运用所学的知识,我们将可以描述在长期内,像目前价格水平的通货膨胀率这样的货币因素是如何影响汇率的。

一、一价定律

一价定律的意思是在自由交易条件下,任何一种商品在不同的地方都只能是同样的价格(换算成同币种后)。自由交易的条件就是指没有运输费用和官方贸易壁垒(例如关税)。简而言之,当贸易是开放的且交易费用为零时,同样的货物无论在何地销售,其价格都必然相同。因为如果价格不相等,就存在套利机会。比如你在美国买一部华为手机需要 800 美元,在中国买一部华为手机需要 5 000 元人民币,此时汇率假设为 6.5 元人民币/美元,那么在美国买一部手机的价格换算成人民币为 5 200 元人民币。此时,你可以在中国买一部手机拿到美国去卖,随着美国市场上供给增多,手机的价格会下降,直到换算后的价格相等。用数学式来表示就是在直接标价法下,汇率 S 就等于该商品在本国的价格 P 除以该商品在外国的价格 P^*。我们知道,麦当劳是全球连锁的餐厅,它的巨无霸汉堡在世界各地的规格都是一样的。而且巨无霸汉堡的原料比较常见简单,基本在各地都可以自己生产,不需要进口,因此不涉及关税。那么按照一价定律,它的价格在换算成同币种之后,在不同的国家或地区只能是同样的价格。因此经济学人杂志社在 1980 年后根据一价定律的原理制定了巨无霸指数来对比各国的物价。根据巨无霸指数计算出来的汇率可以用来衡量该国货币汇率是否被低估或者是被高估。举个例子,如果一个巨无霸汉堡在美国的标价是 5 美元,在中国的标价是 20 元人民币。那么按照一价定律,汇率为 1 美元＝4 元人民币。如果此时的现货市场汇率为 1 美元兑换 6.4 元人民币,那么人民币被低估。

经济学人杂志社利用巨无霸指数来计算各国汇率被低估以及高估的情况。被低估的主要是欧洲国家,例如瑞士、挪威和瑞典。大部分国家的货币或多或少都被低估了,其中汇率低估最严重的是乌克兰,中国处于中度低估的位置。根据巨无霸指数,是不是可以认为人民币被低估了?

我们一起来思考一下巨无霸指数的缺陷。首先,人们的偏好不一样,造成了需求供给在不同国家的不一致,而不仅仅是购买力;其次,巨无霸汉堡的价格不仅包含了原料,还包括了工资、房租、电费、运输、广告,国家间这些费用的成本并不相同;第三,定价因素还跟销售策略有关,存在走量多价格低的市场,也有走利润高量少的市场。针对人力成本不同的这一缺陷,也就是比较穷的国家人力资本便宜,比较富裕的国家人力资本高这一点,改良的巨无霸指数根据人均 GDP 做了调整。经济学家发现巨无霸的价格和人均 GDP 有明显的正相关关系。我们不要忘记,一价定律以及购买力平价解释的是长期汇率的水平,而调整后的巨无霸指数更能反映当下或者短期内的汇率水平。调整后的汇率水平发生了巨大的变化,巴西的汇率现在处于被高估的第一名,欧元被轻微高估了 2.6%,人民币此时被轻微低估了 3.9%。

二、购买力平价理论

那么,如果对所有的商品一价定律都成立的话,一国的价格水平,或者说一个基准商品和服务篮子的价格,与另一个国家的价格水平之比是否可以反映两国货币之间的汇率? 这就涉及本节介绍的第二个经济学上非常经典的理论——购买力平价论,也叫绝对购买力平价(purchasing power parity)。在 20 世纪初,瑞典的经济学家古斯塔夫·卡塞尔推广了购买力平价理论,现在是汇率理论的核心部分。购买力平价论认为,持有外国货币的动机是因为外汇在国外具有商品的购买力。因此,两种货币的汇率,主要是由这两国货币各自在本国的购买力之比,即购买力平价决定的。购买力就是价格水平的倒数,或者可以看作一单位本币能够买到一定价格水平商品或者一篮子商品的数量。如果价格有差异,那么就会存在我们刚才提到的套利行为来使折算后的价格相等。因此,购买力平价是一价定律的宏观表现,将两国的相对价格联系起来。如果一价定律成立,购买力平价也会成立。举个例子,如果在 A 国的一篮子商品的价格为 0.1A 元,B 国同样的一篮子商品的价格为 0.2B 元,那么就代表了 1 单位的 A 国货币可以购买 10 个商品篮子,1 单位的 B 国货币可以购买 5 个商品篮子,也就是说 1 单位的 A 国货币等值于 2 单位的 B 国货币,A 国货币和 B 国货币的汇率为 1:2。

由此可见,购买力平价是指两国货币的购买力的比值,用等式来表示就是:

$$购买力平价 = \frac{A\ 国货币购买力}{B\ 国货币购买力} = \frac{\dfrac{1}{A\ 国的价格水平}}{\dfrac{1}{B\ 国的价格水平}} = \frac{B\ 国的价格水平}{A\ 国的价格水平} \quad (9.1)$$

因此根据购买力平价,直接标价法下的汇率水平 S 为本国(B 国)的价格水平 P 除以外国(A 国)的价格水平 P^*。

$$S = \frac{\dfrac{1}{P^*}}{\dfrac{1}{P}} = \frac{P}{P^*} \quad (9.2)$$

把价格移到左边,得到另外一个表述方式。

$$SP^* = P \tag{9.3}$$

左边是购买一个商品篮子在 A 国用 B 国货币表示的价格,右边就是一个商品篮子在 B 国的价格。所以,购买力平价理论实际上是,如果用同一种货币来表示,所有国家的价格水平将是相等的。这里一个需要思考的问题是,一价定律如果不成立,购买力平价是否成立?经济学家认为,这个理论的正确性,并不要求一价定律一定成立。因为当一国商品或服务价格暂时高时,对其货币和商品的需求就会下降,逐渐汇率就会回到购买力平价所预测的水平上来。

既然有绝对购买力平价,那么就有相对购买力平价。相对购买力平价论认为,在任何一段时间内,两种货币汇率变化的百分比将等于同一时期两国国内价格水平变化的百分比之差。绝对购买力平价指两国价格水平和汇率水平之间的关系,相对购买力平价指价格水平变动与汇率水平变动之间的关系。相对购买力平价是根据绝对购买力平价推导而来。这里价格水平的变动就是一国的通货膨胀率。举个例子,美国的物价一年上涨 10%,而中国只上涨 5%,那么相对购买力平价理论预测美元对人民币将会贬值 5%,从而使得两种货币各自相对的国内购买力和国外购买力保持不变。为什么有了绝对购买力平价还需要相对购买力平价?因为在现实社会中,政府通常不会花精力去采用国际标准的商品篮子来计算本国的价格水平,通常政府只会公布 CPI,也就是物价指数。那么此时相对购买力平价的概念就会十分有用,可以拿来应用。

具体而言,假设 z 为一国的价格指数,那么价格指数乘以基年的价格水平就为当前的价格指数。由于两国之间基年的价格水平不太可能相等,那么,使用价格指数 z 来计算的绝对购买力平价是不准确的。但是对于相对购买力平价来说,由于汇率的变化等于两国价格变化的差,那么无论基年的价格水平如何,价格的变化是不受基年选择的影响的,因此相对购买力平价不受制于价格指数。也就是当绝对购买力平价不成立的时候,相对购买力平价也可能成立。但是相对购买力平价成立的话,绝对购买力平价不一定成立。

现在你可能会问,购买力平价理论在多大程度上能够解释有关汇率和价格水平的实际数据?答案就是,所有版本的购买力平价理论都不能解释。因为一价定律是购买力平价论的基础。经济学家发现,自 20 世纪 70 年代初以来,一些十分相似的制成品在不同市场上的售价相差很大。那么既然一价定律都不成立,购买力平价理论在经验数据面前站不住脚也就不足为奇了。既然一篮子商品的价格难以得到,那我们换一种思维,通过考察实际汇率的变化情况,来检验购买力平价是否成立。根据实际汇率的计算公式,我们可以推论出,如果购买力平价成立,那么实际汇率应该为 1,或者,如果相对购买力平价成立,那么实际汇率的变化应当为 0。通过检验实际汇率时间序列的特征,各种研究都没有找到支持购买力平价的证据。

先不要觉得白费力气,因为购买力平价在经验分析方面的失败给我们提供了许多重要的启示。例如,揭示了影响汇率的一个重要因素:价格。但是失败的教训会让我们更深入地思考:价格的调整过程到底是如何? 短期和长期的价格调整是否有差异? 应当如何解释对购买力平价不利的经验证据?

一价定律或购买力平价存在几个直接的问题:第一,假设条件非常严格,现实生活中,非贸易品,例如理发无法进行贸易,人力也无法自由流动,运输费用和贸易壁垒会使得商品或服务无法在两国之间自由贸易;第二,价格指数的选择也没有严格的标准;第三,汇率和价格之间的关系不是单向的因果关系,而是互为因果关系;第四,国际收支不仅包括经常项目,还包括了资本项目,不能完全忽略资本项目差额对汇率的影响。

对购买力平价理论做一个总结。首先一价定律是购买力平价理论的基础,一价定律认为在自由竞争且没有贸易障碍的情况下,一种商品在世界各地的售价是一样的,但是该理论的有效性并不要求一价定律对所有商品都适用;其次,购买力平价论基于货币数量论,也就是不认为价格有刚性,购买力平价属于一种中长期的理论,只强调了价格的作用,忽略了偏好、生产率以及市场结构等因素;最后,购买力平价和一价定律缺乏实证支持,这个理论之所以出现缺陷,是因为贸易壁垒的存在和非自由竞争,出口商可以对不同市场进行区别定价,而且贸易品以及非贸易品是有区别的,不是所有的商品都可以进行运输的。

第五节　利率平价论

利率平价论是从金融市场角度分析汇率与利率所存在的关系,也就是把货币看作是一种金融资产这样的一个理论。与购买力平价理论相比,利率平价论是一种短期的分析。在中长期,货币供应数量决定了货币的购买力,货币的购买力决定了汇率水平。在短期,货币的供求数量决定了利率水平,利率水平决定了汇率水平。

利率和汇率是存在联系的。举个简单的例子,如果你今年年初在法国购买了一瓶红酒,预计今年年底欧元实际收益率为 15%;如果在今年年初投资一只债券,预计今年年底人民币实际收益率为 10%。假设其他条件(风险和流动性)相等,你会选择哪种资产? 答案是无法比较,因为只有当收益用共同的计量单位表示出来,例如都用人民币或者欧元,才能使我们比较出哪种资产可以提供最高的预期实际收益率。因此,除了收益率,你还必须知道汇率将如何变化以便将以不同货币计量的收益率进行转换和比较。

假设你购买债券和红酒时的汇率为 8 元人民币/欧元,年底预计汇率变成 7.5 元人民币/欧元。是否可以比较红酒和债券哪种收益更高呢? 首先,我们把这两种资产的价格都换算成人民币的价格。对于法国红酒来说,首先在年初时,用 8 元人民币去购买价格 1 欧元的红酒,收益率为 15%,因此一年后价值为 1.15 欧元,再换算成人民币为 8.625 元人民币,那么在法国投资一瓶红酒换算成人民币的收益率为 7.8%。低于在中国购买人民币债券收益率 10% 的收益,因此,投资者会选择在中国投资债券。这里,有一个便于计算的简便法则:欧元资产的人民币收益率约等于欧元的利率加上人民币相对欧元的贬值率或减去升值率。

利率平价论是一种基于资产视角的汇率决定理论,关注由货币供给和需求引起的短期变化,结合了一个考虑更广的市场范围(不仅仅是货币),强调了国际投资者短期的资产组合调整对汇率的影响。假设投资者可以选择在欧洲存款或者购买欧洲债券赚取利息,也可以在国内存款或者购买中国的债券。根据我们刚才的例子中的计算方法,用经济学原理解释就是,在直接标价法下,用人民币表示的欧元存款的预期收益率为欧洲存款的收益率加上人民币相对于欧元的预期贬值率。因此,决定投资者的以外国货币计价的债券收益率来自两个方面,一个是债券本身的固定收益,另外一方面是与预期货币升值或贬值相关的货币汇率预期的收益或损失。假设人民币和欧元存款风险差异不影响外汇资产的需求,忽略流动性,那么在某一汇率水平上,市场参与者将愿意持有现有的各种货币存款,我们称外汇市场处于均衡状态。也就是说,当所有货币提供相同的预期收益率时,市场达到均衡。用公式来表示的利率平价条件即为等式左边的人民币债券收益率等于外国债券收益率加上人民币相对于外汇的预期贬值率。

$$R_{rmb} = R_{\text{€}} + (E^e_{rmb/\text{€}} - E_{rmb/\text{€}})/E_{rmb/\text{€}} \tag{9.4}$$

只有当利率平价条件满足时,外汇市场才能处于均衡状态。我们把收益率在图 9-1 上表示,横轴是以人民币表示的收益率,纵轴是直接标价法下的人民币汇率。

汇率总是在不断调整以维持利率平价。本国收益率不受到汇率变化的影响,因此是一条竖线。以人民币表示的欧元存款利率,如果人民币贬值,以人民币计算的欧元债券收益率会下降。如果人民币升值,也就是 $E_{\text{rmb}/\text{€}}$ 下降,总收益率会上升。在图中表示,就是一个反比的曲线。两条收益率曲线相交的点就是均衡汇率。如果此时汇率水平处于点 2,对应的欧元债券收益率比较低,因此对人民币的需求会增加,汇率的值会逐渐下降,也就是人民币会相对欧元升值,直到达到点 1 的水平。如果此时汇率水平处于点 3,对应的欧元债券收益率高于人民币债券收益率,因此对欧元的需求会上升,汇率值会上升一直到点 1 才会停止移动。

本国利率变动会影响汇率。如图 9-2 所示,当本国利率水平上升之后,代表本国收益率的一条直线向右移动,新的均衡汇率水平从点 1 变化到了点 2。与原来的汇率水平相比,汇率值减小,代表欧元贬值,本币升值。因此,假设其他条件不变,本国利率

汇率
$E_{rmb/€}$

$R_€+(E_{rmb/€}^e-E_{rmb/€})/E_{rmb/€}$

$E_{rmb/€}^2$ ·2

$E_{rmb/€}^1$ ·1

$E_{rmb/€}^3$ ·3

R_{rmb} 收益率
(以人民币表示)

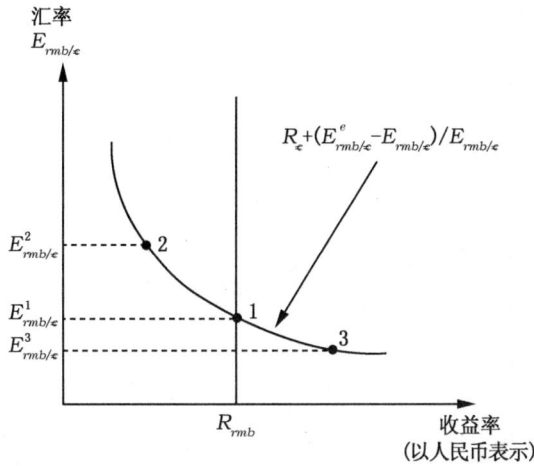

图9—1 均衡汇率

上升,本国货币的相对汇率升值。通过运用利率平价论对外汇市场的分析我们可以解释本国利率的上升会使本币升值背后的原理。

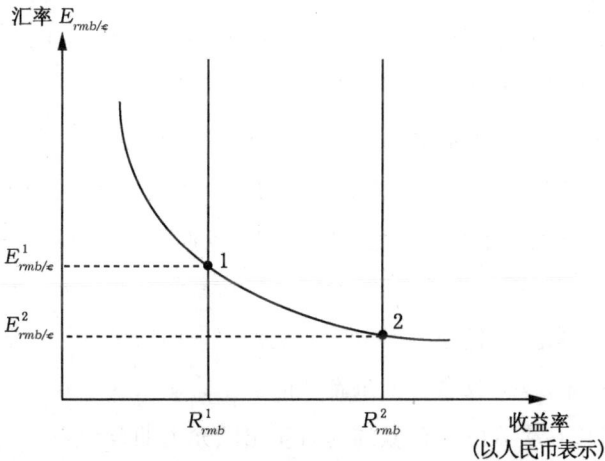

汇率 $E_{rmb/€}$

$E_{rmb/€}^1$ ·1

$E_{rmb/€}^2$ ·2

R_{rmb}^1 R_{rmb}^2 收益率
(以人民币表示)

图9—2 本国利率变动情况下的均衡汇率

外国利率发生变动也会影响汇率。如图9—3所示,如果欧元债券利率上升了,代表欧元债券利率的曲线就会向右上方移动,新的均衡汇率在点2,与点1相比,新的均衡汇率水平更高,代表了欧元的升值,本币的贬值。因此,假设预期汇率不变,欧元利率上升,本国货币的相对汇率贬值。注意预期汇率不变这一假设,现实生活中往往不成立。利率的变动会伴随着预期汇率的变动,反过来预期汇率的变动又导致了利率的变动。因此在现实生活中,除非我们知道利率为什么会变动,否则我们将不能预测利率变动对汇率产生的影响。

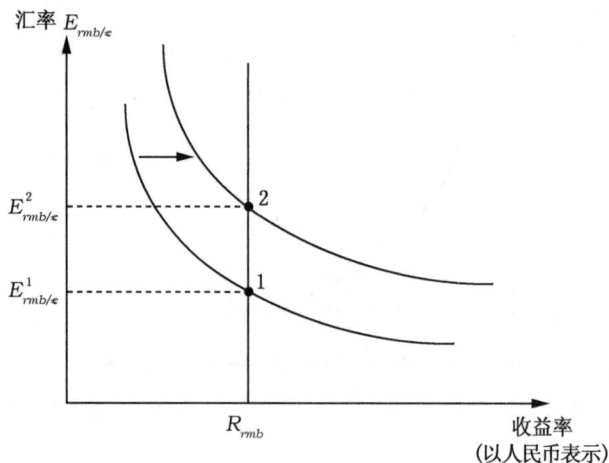

图 9-3　外国利率变动情况下的均衡汇率

　　假设预期汇率不变,两国利率同时变动,这种情况下就需要看利率变动的净效应,主要是看利率变化之后人民币债券收益率和欧元债券收益率相比谁的水平更高。如果预期汇率变动,根据利率平价条件,预期汇率和即期汇率成正比。因此,预期汇率上升,即期汇率也会上升,两者呈同方向运动。

　　至于造成预期汇率变动的原因,可能是由于人们见风使舵,这时会容易造成外汇的投机泡沫。也可能是因为投资者相信购买力平价理论,因此会产生汇率水平最终会变动到购买力平价预测的水平上。也可能是因为新闻引起了预期汇率的变动,例如政府策略的改变以及国际新闻事件或政治新闻等,这些都会形成人们对未来的预期。

　　运用利率平价理论,我们还可以解释远期汇率是如何决定的。抵补的利率平价理论不涉及预期的未来汇率,投资者如果希望能够确定年末这笔欧元存款等值的人民币数额,投资者就可以在买入欧元存款的同时卖出欧元远期合约来避免汇率风险。如果通过抵补交易,即使用远期合约锁定的欧元债券收益率低于人民币债券收益率,投资者就不会愿意持有欧元,还是增加对人民币的需求,直到汇率水平调整到两种资产的收益率相等为止。因此,抵补的利率平价条件就是人民币存款的利率等于欧元存款的利率加上欧元相对于人民币的远期升水。在实践中,货币交易者往往会根据当前的利率和即期汇率,运用抵补的利率平价理论来给远期汇率报价。但是如果一个国家出现了政治风险,例如政府通过管制禁止资金跨国自由流动时,抵补的利率平价条件就会出现偏差。

　　因此,对于抵补的利率平价来说,隐含的假设就是没有资本控制,不会出现政治风险。而对于非抵补的利率平价理论来说，假设为风险是中性的，投资者没有风险偏好。当两个理论都成立时，远期汇率与远期交易生效日的即期预期汇率相等。

总结一下本节的内容，理论基础是，汇率是一种资产价格，一种资产的现值取决于对这种资产的未来购买力的预期。在外汇市场上交易的各种货币存款的收益，取决于利率和预期汇率的变化。因此，外汇市场的均衡需要满足非抵补利率平价条件。当利率和预期汇率一定时，用利率平价条件可以确定当前的均衡汇率。当其他条件相同时，本国利率的上升会使本国货币相对外国货币升值，外国利率的上升会使本国货币相对于外国货币贬值。即期汇率也受预期汇率水平同方向影响。

第六节　汇率制度

汇率制度就是一国政府或者国际组织对货币汇率水平的确定、维持和调整的所有有关事务所做出的系统规定。根据汇率是由官方制定还是市场决定，汇率制度主要分成三种类型：第一种是固定汇率制度，包括货币局、美元化。第二种是浮动汇率制度，包括自由浮动和管理浮动，单独浮动、钉住浮动和联合浮动。介于两者之间的属于第三种叫作中间汇率制度，包括汇率目标区、爬行钉住、爬行带内浮动、BBC 规则。

一、固定汇率制度

固定汇率制度是指维持货币之间相对稳定的兑换比率这样一种制度，固定汇率制度下，国家有义务干预并维持汇率稳定。各国在 1973 年以前基本属于固定汇率制度。早期的固定汇率制度包括金本位制度以及可调整钉住汇率制度的布雷顿森林体系，当前的固定汇率制度主要是货币局制度以及美元化。

（一）货币局制度

货币局制度开始于 1949 年的毛里求斯，后在 20 世纪中后期被中央银行制度所代替。在 20 世纪 90 年代，货币局制度又在部分国家和地区复兴。货币局制度是一种货币汇率制度，这种制度通过法律的形式规定货币当局发行的货币必须以等额的外汇储备作为支持，本币和外币可以按照事先确定的汇率进行兑换。对于汇率制度的原则，货币局制度下的本国货币汇率钉住一种作为基准的外国货币，例如美元或欧元，以保证该国钞票和硬币能以某一固定的汇率完全兑换成被钉住的货币。货币局制度还是一种货币发行制度，原则是所发行的货币完全以外汇储备作为后盾。货币局制度不能发行超过与其外汇储备等值的钞票和硬币，这样可防止政府通过印钞票来为其活动融资，能避免因此而产生的通货膨胀。

中国香港的联系汇率制就是一种典型的货币局制度。香港没有中央银行,也没有货币局,货币发行的职能是由三家商业银行汇丰、渣打和中国银行承担的。香港先后经历了银本位制度、与英镑挂钩的早期货币发行局制度以及浮动汇率制度。在1983年10月15日,港英政府公布新汇率政策,即按7.8港元兑1美元的固定汇率与美元挂钩的联系汇率制度。联系汇率制度的运作机制是发钞银行按照1美元∶7.8港元的价格出售美元给外汇基金,外汇基金通过金管局向发钞银行出售负债证明书,发钞银行依据负债证明书按照1∶7.8的比率发行港币。发钞银行通过向外汇基金出售负债证明书和港币,金管局向外汇基金购买港元、收回负债证明书,向发钞银行出售美元,发钞银行同样可以在流通过程中回收港元。通过这种发钞机制,如果港币兑美元的汇率上升到7.9港元/美元时,发钞银行就会以7.8港元/美元的汇率水平向外汇银行出售港币,赎回美元。并以1∶7.9的汇率在市场上用美元购买港币,港币的市场汇率就会因为发钞行的套汇行为而逐渐降低,港币现钞兑美元的汇率就能保持在1美元=7.8港元。

货币局制度最大的特征是100%的货币发行保证。因此,有利于抑制通胀,政府无法通过随意发行本币来弥补财政赤字。但是,银行体系的稳健性受到削弱,难以对商业银行提供有效的救助及保持银行体系的稳健。所以救助银行体系的危机只能通过官方储备以及国内紧急贷款。并且在货币局制度下,国际收支可以自动调节,而且由于100%的货币发行保证及完全可兑性的承诺有助于维持人们对本币的信心,因此投机行为可以使市场汇率向固定汇率靠拢,而不是偏离。

货币局制度的优点就是固定汇率制度的优点,汇率稳定以及没有外汇风险,利于国际贸易和投资。但是也存在弊端。第一,货币局制度下政府无法通过印钞为其活动融资,不能作为银行系统的最后贷款人;第二,货币局制度下政府不能采用汇率调节手段隔离外来冲击,经济容易受到外来冲击的影响;第三,丧失货币政策独立性,货币制度需与锚货币发行国一致,这样容易受到投机攻击。例如,在1997年的时候,泰国采用的固定汇率制度,在遭到国际游资攻击之后,不得不宣布实行浮动汇率制度。香港在1997年时,被国际游资以同样的方式攻击,香港通过提高利率以及动用外储大量买入港币的手段,稳住了港币的汇率。但是过高的利率损害了香港的三大支柱产业地产、金融和旅游业,使得1997年危机之后,经济发展受到了阻碍,而且货币局制度限制了香港的货币政策独立性,利率水平取决于美国。面对通货紧缩、失业率上升以及国际收支逆差的现状,香港需要重新思考更适合的汇率制度。就像经济学家弗兰克尔(Frankel)说的,没有一种汇率制度在任何时期适应所有的国家或地区。

(二)美元化

另外一种非常典型的固定汇率制度,叫作美元化。美元化是指一国居民在其资产中持有相当大一部分外币资产。在美元化制度下，"美元"大量进入流通领域，逐步取代本国货币，并具备货币的部分或全部职能，成为该国经济活动主要媒介。这里的"美元"不仅仅指的是美元，而是泛指一切被选择为替代货币的强势货币，例如欧元、新西兰元和澳大利亚元等。美元化通常以国内银行体系的外币存款占广义货币的比例来衡量，国际货币基金组织认为截止到 2019 年，世界上 13 个国家或经济体实现了完全的美元化。

在美元化的制度下，放弃本币并用"美元"代替本币执行货币的各项职能，没有独立的利率和汇率政策。美元化制度一般是因为公民对中央银行完全失去信心，也不期望中央银行将来会变好的情况下才实行的制度。美元化国家开始都是加勒比海发展中国家，取代本国货币是为了解决眼前危机，譬如控制高通胀等。近期的美元化的例子，便是在津巴布韦。自 2007 年 10 月以来，津巴布韦出现现金短缺现象，2008 年 1 月津巴布韦的通货膨胀率达到百分之十万。新发行的面值为 5 000 万津元的货币，在黑市上仅仅价值 1 美元。2009 年 1 月 16 日，津巴布韦发行了人类历史上最大面值的钞票，100 万亿津元。2009 年 2 月份新成立的政府废除了当地货币，采用多种外币同时流通的措施，津巴布韦的通货膨胀率才得到了有效控制。

从广义的角度看，美元化的本质其实是货币替代。货币替代指的是在开放经济条件下，外币在充当价值尺度、支付手段、交易媒介和价值贮藏等方面部分或全部取代本币的现象。现代的纸币是法定货币，实际上没有任何价值。因此当公众因为政府无力控制通货膨胀等而对政府失去信心时，货币替代会尤其严重，而货币可完全自由兑换的国家，货币替代更加有条件发生。

美元化有助于避免国际投机攻击，消除外汇风险。美元化可以有效约束政府行为，提高货币可信度，避免了通货膨胀，更加利于政府长期融资。此外，美元化在降低交易成木以及促进贸易和投资方面也具有优势。但是，采用美元化的政府会得不到铸币税，因而损失货币发行的收益；并且丧失货币政策的自主性之后，本国经济受制于美国的货币政策。而央行只能通过与美国签订双边美元化条款、允许国内银行进入美联储的贴现窗口、向国际货币基金组织借入美元等方式，维持最后贷款人的功能。对于美国来说，可能不得不干预美元化国家的经济失衡等。此外，对于完全美元化的国家的人民来说，使用别国的货币，容易损害本国人民的民族自豪感。

二、浮动汇率制度

汇率制度中另一种常见且重要的汇率制度是浮动汇率制度。浮动汇率制度是指汇率的变动主要是由外汇市场上的外汇供求关系决定的。浮动汇率制度不规定货币平价，也不规定汇率波动幅度。在实行金本位制度前，美国、俄罗斯等国家就采用了浮动汇率制度,但是浮动汇率制度真正流行是在 1972 年美元危机后。按照货币当局是否干预外汇市场,浮动汇率制度可以分为自由浮动和管理浮动。按照是否与他国货币建立联系,浮动汇率制度又可以分为单独浮动、钉住浮动和联合浮动。

自由浮动是指货币当局对汇率的浮动不做任何干预,外汇市场供求决定汇率变化。管理浮动是指货币当局采取措施干预外汇市场(公开或不公开),使汇率水平与货币当局的目标保持一致。目前各国普遍采用的是管理浮动制度。

单独浮动是指一国货币的汇率由外汇市场决定,不与任何其他国家的货币发生固定联系。美元、日元、加拿大元、澳大利亚元和少数发展中国家的货币采取单独浮动。钉住浮动是指一国货币与外币保持固定比价关系,随外币的浮动而浮动。根据钉住目标的不同,钉住浮动还可以分为钉住单一货币和钉住一篮子货币。一些国家由于历史上的原因,对外经济往来主要集中于某一发达国家或主要使用某种外币。为稳定这种贸易及金融关系,使用该发达国家的货币作为"货币锚",使本币钉住该国货币变动,叫作钉住单一货币。而一些国家为了摆脱本币受某一种货币支配的状况,将本币与一篮子货币挂钩,通过一篮子货币加权平均算出汇率(篮子货币由与该国经济联系最为密切的国家的货币组成),叫作钉住一篮子货币。据国际货币基金组织统计,单一钉住美元的比例从 2008 年占成员国中的 33%,下降到了 2019 年的 19.8%。更多的国家越来越多地采用不明说货币锚的方式,在实施货币政策中会监视多个不同的指标,这样的国家由 2008 年占整个国际货币基金组织成员国的 6.4%上升到了 2019 年的 23.4%。第三种浮动汇率制度为联合浮动。联合浮动的意思是国家集团在成员国之间实行固定汇率,同时对非成员国货币采取联合浮动的方法。例如欧元推出之前欧洲货币体系成员国实行联合浮动。

三、中间汇率制度

位于完全固定汇率制度和完全浮动汇率制度之间的汇率制度就叫作中间汇率制度。中间汇率制度包括上述的管理浮动以外,还包括汇率目标区、爬行钉住以及 BBC 安排等。汇率目标区是指政府设定本国货币对其他货币的中心汇率(central rate),并对汇率上下浮动规定范围,同时,政府对中心汇率按一定标准作定期调整。汇率目标区不同于自由浮动汇率制度或者管理浮动汇率制度,央行会对外汇市场进行干预,使汇率在期望的范围内波动,而不是确定某一具体目标。汇率目标区不同于严格的固定汇率制度,央行没有义务干预市场,且目标区本身可以随时调整。

爬行钉住是指货币当局对汇率作较小调整,使汇率逐步趋向于目标水平。如果钉住的目标是基于本国与外币国的通货膨胀差异(过去的通胀差异,或是预期的通胀差异)对汇率进行调整,就叫作购买力爬行钉住,背后的经济学原理就是购买力平价理论。如果不设参照物,就叫作任意爬行钉住,预见性与购买力爬行钉住相比会比较差。根据国际货币基金组织 2019 年的报告,以通货膨胀率作为钉住目标的国家由 2009 年占成员国的 15.4% 上升到了 2017 年占成员国的 21.4%。

爬行带内浮动是比爬行钉住更灵活的规则。爬行带内浮动规定了汇率波动幅度,一般是中心固定汇率的上下 1%。优点就是汇率具有灵活性,有助于吸收对经济基本面造成冲击的干扰因素,缺点是当汇率达到爬行带界限时可能引起投机性货币攻击。

约翰·威廉森(John Williamson)提出了 BBC 规则,BBC 分别代表了货币篮子(basket)、浮动幅度(band)、爬行(crawling)。约翰·威廉森认为中国单一钉住美元是不合理的,他认为中国不是小国,主要贸易伙伴不是美国,没有必要放弃货币政策的独立性。约翰·威廉森认为中国的汇率应该遵循钉住一篮子货币来确定中心汇率,规定较大的波动范围,以适应经济基本面的变化,同时为货币政策独立性提供空间。一些机构和市场人士认为,中国最终将实行新加坡式的 BBC 制度,但该制度所需的一系列条件在中国不一定具备。与新加坡不同的是,我国为了保持独立的货币政策,还存在着资本项目管制。我国从 2005 年 7 月 21 日开始实行了以市场供求为基础,参考一篮子货币,有管理的浮动汇率制度。从此人民币不再单一钉住美元,而自 2010 年 6 月 19 日起,人民币汇率波动范围逐步扩大,事实上结束了人民币钉住美元的制度。

四、汇率制度的优缺点

由于官方汇率制度往往与实际汇率安排存在很大差异,即名实不符,所以自 1999 年 4 月起,国际货币基金组织根据汇率弹性程度以及正式和非正式对汇率变化路径的承诺,对成员国的事实汇率制度进行了分类。首先我们看到占比最大的还是软钉住,也就是介于完全固定和完全浮动制度中间的汇率制度。其中传统的钉住制度占所有成员国汇率制度的最大比重。国际货币基金组织对我国汇率制度的划分在 2003 年至 2006 年之间属于传统钉住加其他有管理的制度,2007 年和 2008 年属于爬行钉住,2008 年到 2010 年属于稳定化制度,2010 年到 2014 年属于类似爬行钉住。我国的汇率制度其实在逐渐放开管制,但是从 2009 年到 2017 年,国际货币基金组织的其他会员国浮动汇率制度的占比在逐年减少,而硬钉住或者固定汇率制度,以及中间汇率制度或者软钉住其实在逐年增加。世界上大部分国家出现了害怕浮动的趋势。至于为什么会害怕浮动,为什么要向固定汇率制度转变,这就涉及浮动汇率制度的优缺点了。

首先浮动汇率制度的第一个优点是可以发挥汇率对国际收支的自动调节功能,可以确保国际收支的持续均衡。如果出现国际收支逆差,也就是外汇的供给小于需求时,外汇的汇率相对本币就会上升,这样促进了出口同时减少了进口,此时国际收支达到了平衡。除了可以自动调节国际收支,对一个国家的内外均衡也更易于调节。在固定汇率制度下,国际收支逆差的时候,政府只能通过紧缩的政策改善国际收支来维持外部均衡,而紧缩的政策又会导致国内的经济衰退。而在浮动汇率制度下,当国际收支逆差时,汇率可以自动调节,国际收支可以达到均衡,国内经济也达到均衡。此外,浮动汇率制度还有利于防止国际游资冲击,隔离外来经济冲击的影响,减少对国际储备需求。在固定汇率制度下,容易出现单向的投机行为。国际游资会卖出软货币,也就是可能发生贬值的货币,买入硬货币,也就是可能出现升值的货币。通常会导致软货币国为了维持汇率稳定而造成国际储备的流失,而硬货币国为了维持汇率稳定只能投放本币,造成国内输入型通胀。但是在浮动汇率制度下,汇率就可以自由调节来抑制投机,而且货币当局没有进行外汇干预的义务,因此也不需要保留过多的国际储备。

虽然浮动汇率制度有这么多优点,但是维持汇率的稳定依然十分重要。汇率经常变动是不利于国际贸易和投资的,也就是会出现汇率风险。尽管我们在外汇市场交易中介绍了套期保值,但是套期保值提高了交易成本。此外,虽然单向投机不存在,但是汇率波动增加了金融市场的不稳定性,助长了国际金融市场上的投机活动。浮动汇率制度还容易引发竞相贬值,此外,还可能诱发通胀。例如,使用扩张性的政策刺激国内经济增长,而本币贬值外币升值,又会造成进口成本的增长,引发价格水平上升。因此,现实中的汇率制度本身并不存在绝对的优劣,只有适合与不适合的区别。

第七节 货币区和人民币国际化进程

我们接下来学习加入货币区有什么益处和损失,如何决定要不要加入货币区以及人民币的国际化进程。

一、货币区

货币区是一个地理区域的概念,区域内成员国间的货币建立紧密联系。货币区的初级阶段是固定汇率制度例如货币局、美元化等,最高阶段是成员国使用统一货币,例如欧盟。欧盟曾经发生了这样两件大事:一是欧债危机。2001 年希腊为了加入欧元区,便求助于美国投资银行高盛做假账。高盛设计了一套金融衍生品,为希腊政府掩饰了一笔数额很大的公共债务,让希腊达到加入欧元区的标准。也就是希腊像是一个穷小子,打扮一番加入了类似德国这样的高富帅的队伍。加入以后,伴随着汇率波动的消除,希腊的主权债券的利率不断向欧盟国家信用最好的德国的主权债券利率水平靠拢,接近 25 个基点或者更低。这样使希腊借钱的成本变得非常低。因此,希腊依靠四处借钱来扩大政府开支,刺激国内的经济。高消费和高通胀又进一步扩大了希腊的国际收支逆差。直到 2009 年,伴随着新的希腊政府的诞生,这个新政府宣布希腊的财政赤字达到了 GDP 的 12.7%,而公共债务余额占 GDP 的 110%,显然几年来,前政府一直在错误地报道它的经济数据。2010 年希腊国债的评级被降为垃圾级,有很高的违约风险。因为各国的商业银行都持有希腊的国债,一旦希腊政府违约,将会造成银行大量的坏账,以及引起私人资本的恐慌并逃离,这样希腊债券的危机将会蔓延至整个欧洲。因此,欧洲央行只能违背《马约》的精神,向希腊伸出援手,来保证希腊国债到期时有资金可以偿还。与此同时希腊以及所有接受欧洲央行援助的国家都被要求采取紧缩的财政手段,减少支出以减少国家的公共债务。

第二件事就是英国脱欧。出于对欧盟的质疑,英国觉得不应该由勤勤恳恳工作的人来共同为好吃懒做的希腊买单,而欧盟也认为英国既不使用欧元,也不履行帮助成员的职责。因此,2013 年 1 月 23 日,英国首相卡梅伦正式提出如果赢得大选,将会就脱欧问题进行全民公投。三年后英国在 2016 年 6 月 23 日举行脱离欧盟公投并获过半票数支持。2017 年 3 月 29 日首相特蕾莎·梅给欧盟写信,正式启动脱欧程序。接着就开始了长达两年的脱欧拉锯战,脱欧草案难以达成一致。首相特雷莎·梅也于 2019 年下台。然后欧盟方面同意英国将"脱欧"延期至 2020 年 1 月 31 日。

一个是与欧盟牵手后的故事,一个是与欧盟分手的故事,这两个复杂的事件可以简化为一个货币问题,那就是要不要加入一个货币共同体? 或者说加入货币共同体有什么益处和损失? 甚至可以再深入这个问题,加入货币共同体,等于选择了固定汇率制度,放弃浮动汇率制度。结合我们在汇率制度中讨论的不同汇率制度的优点和缺点,为了权衡一国加入固定汇率的集团后的得失,我们需要一个框架来系统地考虑它带来的一国在保持稳定权力方面做出的牺牲以及提高效率和信誉的收益。这就是所谓的最优货币区理论。

1999 年 1 月 1 日,11 个欧盟国家通过接纳由欧洲中央银行体系发行的共同货币——欧元,建立了经济与货币同盟。我们以希腊是否决定退出欧元区为例,构造一个简单的图形来说明希腊的选择。加入货币区首要的优点就是简化经济结算,而且未来的价格比较容易确定和预测。例如,如果中国每个省有自己的货币,不仅是我们的日常生活,贸易往来也将变得充满不确定性和麻烦。

因此,如果两个国家的贸易额比较大,加入货币区降低的风险和成本也就越大。此外,如果两个国家之间能够实现要素的完全自由流动,比如说做跨国投资的收益会减少汇率变动带来的风险,那么两个国家之间汇率固定带来的益处更多。在别国的工人的工资变化也就越少。因此,用一个简单的曲线来表示就是 GG 曲线,横轴是一体化程度,纵轴就是加入国的货币效率收益,如图 9-4 所示。

从贸易和要素流动两个方面来看,加入固定汇率区意味着放弃了运用汇率和货币

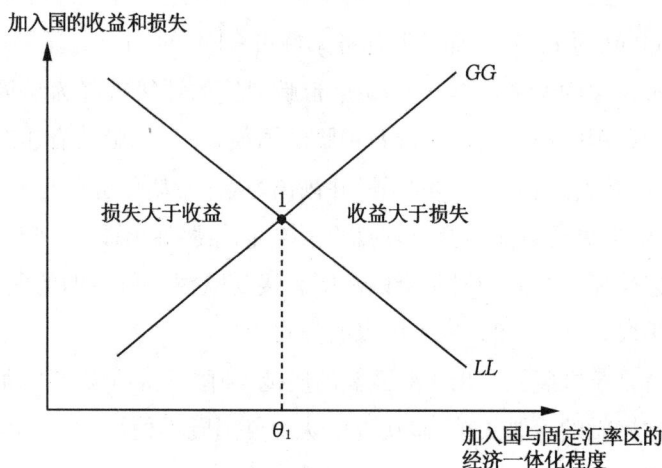

图 9-4 GG-LL 曲线

政策使得就业与产出保持稳定的权力。以前国家可以用两种政策即货币政策和财政政策一起调控,现在等于砍掉了一只手。这种损失被称为经济稳定性损失。那么当一国的经济失去稳定的时候,如果要素流动越高,那么失业的人口可以迅速在邻国找到工作。如果贸易联系紧密,那么一国的需求减少,价格降低,会得到邻国迅速的反应,需求迅速上升,价格恢复稳定。因此,如果和货币区内国家的经济化一体程度越高,加入货币区之后的损失就越小,用曲线表示,就是 LL 曲线,横轴是经济一体化程度,纵轴代表了加入国的稳定性损失,如图 9-4 所示,曲线向下倾斜。把 GG 曲线和 LL 曲线结合起来看,交点就在 θ_1。如果希腊和欧元区经济一体化的程度大于等于 θ_1,那么希腊就应该加入或继续留在欧元区。对于英国来说,欧盟成员国之间的差异比之前想象的要大,也是想要脱欧的原因之一。

最优货币区就是通过商品和服务的贸易以及要素的流动,使得多国经济紧密相连的地区。最优货币区能在总体上提高宏观经济政策的效能,更好地实现宏观经济目标。有利于资源在区内的有效配置,消除汇率的不确定性和投机,增强应对外来金融冲击的能力。但区内各国要放弃一部分政策运用的自主权。我们发现,如果各国之间的贸易和要素流动性很大,那么,实行固定汇率区对各个成员国都有益处。研究发现欧洲内部贸易的规模,从数量方面来说,欧元区仅将使用欧元国家的贸易水平提高了9%,而且大多发生在 1999 年。此外,学术研究也没有找到 1999 年使用欧元之后欧元区内部的价格一体化的证据。研究还发现欧洲劳动力的流动情况也非常低,美国在90 年代变换居住地区的人口占总人口的百分比为 3.1%,英国同样的指标为 1.7%,德国为 1.1%,意大利仅为 0.5%。因此,欧元区并不是最优货币区。

　　与欧美相比,亚洲货币合作的发展相对落后。1991 年东亚及太平洋地区中央银行行长会议组织(EMEAP)成立。2003 年 6 月,该组织发行第一期亚洲债券基金,成员国央行共同出资 10 亿美元,投资于其 8 个(日本、澳大利亚和新西兰除外)成员国的主权与准主权债权。亚洲债券基金旨在利用各成员国的外汇储备,为发展中国家拓展融资渠道,增强区域内流动性。2005 年,日本学者提出亚洲货币单位(ACU),同年 10 月,亚洲开发银行表态支持。可是亚洲各地区和国家的经济发展水平过于悬殊,区域内生产要素的流动性较差,货币合作的政治基础比较薄弱。因此,截止到目前,亚洲区域的汇率合作没有太大进展。

二、人民币国际化进程

　　2009 年,跨境贸易人民币结算试点,掀开了人民币国际化序幕。人民币国际化的最终目标是使人民币在国际货币体系中拥有与中国经济相匹配的地位。具体的,人民币国际化的目标可以概括如下:首先是人民币应该可以在境内和境外自由兑换成外币;其次是在国际贸易和结算中,可以以人民币为计价单位和支付货币;第三是人民币可以作为国际投资和融资的货币;最后是人民币可以作为国际储备货币,不仅可以作为各国政府或中央银行干预外汇市场的手段,并且在特别提款权中占有一定的比例。

　　中国在 2013 年提出了"一带一路"倡议,"一带一路"是"丝绸之路经济带"和"21 世纪海上丝绸之路"的简称。"一带一路"倡议的主要内容是,依靠中国与有关国家既有的双多边机制,借助既有的、行之有效的区域合作平台,一带一路旨在借用古代丝绸之路的历史符号,高举和平发展的旗帜,积极发展与沿线国家的经济合作伙伴关系,共同打造政治互信、经济融合、文化包容的利益共同体、命运共同体和责任共同体。"一带一路"的范围涵盖了历史上丝绸之路和海上丝绸之路行经的中国大陆、中亚、北亚和西亚、印度洋沿岸、地中海沿岸、南美洲、大西洋地区的国家。"一带一路"倡议增加了人民币的跨境流通。在跨境流通中使用人民币结算,可以降低双方的交易成本和汇率风险。此外,支付可以通过印发人民币来实现,也就是我国可以收取铸币税。"一带一路"倡议有助于提高人民币的信誉,扩大了人民币的国际影响。但是还是要注意境外人民币的突然大量回流可能会给我国造成风险。同时,根据最优货币区理论,在多国区域内形成最优货币区需要具备若干条件:生产要素流动、经济开放、金融市场一体化、产品多样化、贸易结构互补和政策协调等。"一带一路"推进了区域经济一体化,为"人民币区"的形成创造了良好条件。

　　央行发布 2023 年人民币国际化报告,报告称,2022 年以来,人民币国际使用延续稳步增长态势,人民币在全球货币体系中保持稳定地位,银行代客人民币跨境收付金额合计为 42.1 万亿元,同比增长 15.1%,收付金额创历史新高。截至 2022 年 12 月末,境外主体持有境内人民币股票、债券、贷款及存款等金融资产金额合计为9.6万亿元。2016年10月1日,人民币正式纳入国际货币基金组织特别提款权(SDR)货币篮子,这是人民币国际化的重要里程碑。据环球银行金融电信协会(SWIFT)统计,2023年9月,人民币成为全球第二大支付货币,市场占有率为5.8%,同比上升了1.6个百分点。据国际货币基金组织的数据,截至2022年末,人民币储备约合2 984亿美元,占标明币种构成外汇储备总额的2.69%。据不完全统计,截至2022年末,至少有80多个国家和地区将人民币纳入外汇储备。

第十章 智慧金融

数字经济是推动经济增长的新动能。金融是现代经济的血脉,在数字经济时代,科技是推动金融行业发展的新引擎,将科技创新赋能金融,能够发挥金融行业累积的海量数据和丰富的应用场景优势,打造智慧金融新生态,从而促进数据要素潜能释放、服务流程智能高效、服务渠道多元融通、风险防控及时有效,推动产业数字化转型,提高金融服务实体经济、防范系统性金融风险、维护金融稳定能力。为了全面展现智慧金融产业生态,本章从市场规模、监管政策和核心技术三个方面入手,介绍中国智慧金融产业发展现状,并从技术属性和行业主体角度选取了 6 个案例进行介绍分析,案例内容涵盖人工智能、区块链、云计算、大数据、物联网和隐私计算等前沿技术在银行、基金、保险和科技公司等金融科技主体的应用,涉及智能投顾、普惠金融服务、线上缴费、智能风控、UBI 车险和金融数据融合等多个场景的创新应用,旨在从多角度展现科技与金融业务的深度融合与在智慧金融产业中的优秀实践。

第一节 智慧金融产业发展现状与技术基础

一、市场规模持续增长,企业转型速度加快

目前对于智慧金融尚无统一定义。2017 年国务院印发《新一代人工智能发展规划》首次提出发展"智能金融",要"创新智能金融产品和服务,发展金融新业态"。中国金融四十人论坛发布的《中国智能金融发展报告(2019)》认为智能金融是指人工智能技术与金融业深度融合的新业态,是用机器替代和超越人类部分经营管理经验与能力的金融模式变革[①]。随着金融科技的创新发展,除人工智能技术外,大数据、云计算和区块链等科技也与金融行业结合紧密。可以看出,智慧金融通常指人工智能、大数据、云计算和区块链等现代科技成果与金融产品和服务的结合,从而利用科技创新金融业态,提高服务效率。

---

① 转引自肖钢等:《中国智能金融发展报告(2019)》,中国金融出版社,2020 年。

从投入产出角度来看,智慧金融产业链主要包括上游基础设施、中游金融科技企业,以及包括传统金融机构在内的下游企业,金融企业所服务的非金融企业和个体及各类监管主体(见图10—1)。其中上游基础设施包括能够提供底层通用网络、通信软硬件系统和基础信息技术的服务提供商、金融要素市场和金融基础设施,以及包括企业和个人信用信息基础数据库在内的基础征信系统。智慧金融产业链的主体为金融科技公司,目前我国金融科技市场主体主要包括由央行发起成立的金融科技公司、传统金融机构成立的金融科技公司以及互联网企业向金融行业扩张过程中形成的金融科技企业三大类。

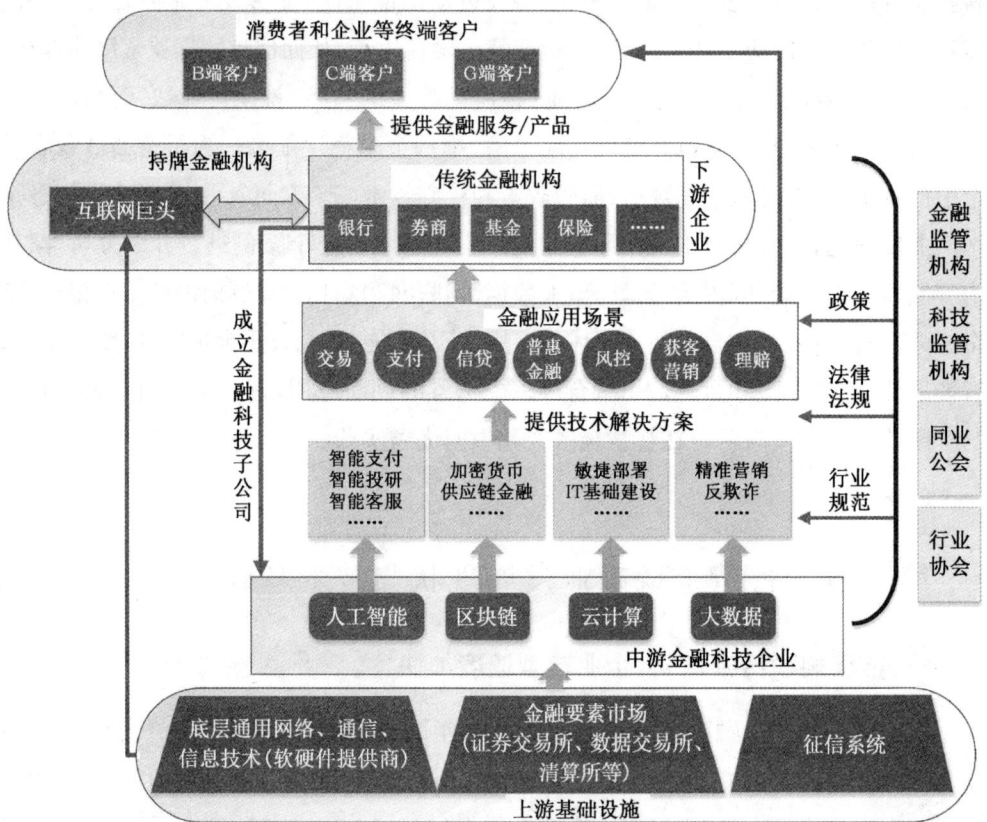

图10—1 智慧金融产业链示意图

(一)市场规模增长稳定,投融资市场持续回暖

近年来,我国金融科技蓬勃发展,市场规模整体呈现稳定增长趋势。根据赛迪顾问《2023中国金融科技发展研究报告》数据,2016—2022年,我国金融科技市场规模保持增长态势,呈现波动发展趋势,见图10—2。2022年,在政策导向、数字基础设施不断完善,应用场景创新持续驱动下,中国金融科技加速落地,市场规模持续增长,中国金融科技整体市场规模达到 5 321 亿元。前瞻初步统计测算 2023 年,中国金融科技整体市场规模达超过 6 000 亿元。

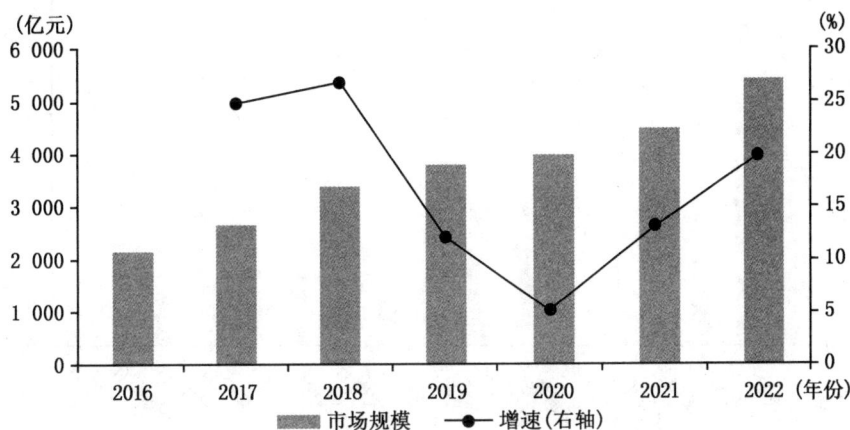

资料来源:毕马威。

图 10—2 我国金融科技投资规模

(二)传统金融机构加快转型,金融科技企业发展迅猛

随着金融科技产业不断发展,政策环境和监管体系不断优化,传统金融机构在数字化转型进程中主动性不断增强,具体表现为金融科技给银行、保险、证券等领域带来的数字化变革。从银行业来看,金融科技的发展对其冲击力度最大,多年沉淀的数据资产为银行业的数字化转型奠定了坚实的基础。2021 年我国上市银行对科技的投入持续增加,六大国有银行的信息科技投入共达到约 1 075 亿元,同比增长约 12%,其中工商银行、建设银行和农业银行科技投入分别达到 260 亿、236 亿和 205 亿元,而交通银行金融科技投入占营收比例最高,达到 3.25%。对于股份制银行而言科技投入占营业收入比例呈现较高水平,其中招商银行科技投入达到 133 亿元,占营收比重达到 4.01%,远高于其他股份制银行。部分城商行也紧跟数字化转型趋势,其中 2021 年北京银行科技投入为 23 亿元,虽然投资数额较低,但是占营收比重达到 3.50%[①],具有广阔的提升空间。(见图 10—3)

同时,各大银行积极成立金融科技子公司,据不完全统计,截至 2022 年 6 月共有 16 家银行成立了金融科技子公司,另有浦发银行和中原银行科技子公司正在筹建中(见表 10—1)。从发展定位来看,大部分银行系金融科技子公司定位于对内向集团成员提供科技创新服务、助力于集团数字化转型,对外进行金融技术和服务输出,仅有招银云创定位于招商银行金融科技对外输出平台,面向国内企业数字化服务领域。

---

① 资料来源:各大银行年报,Wind。

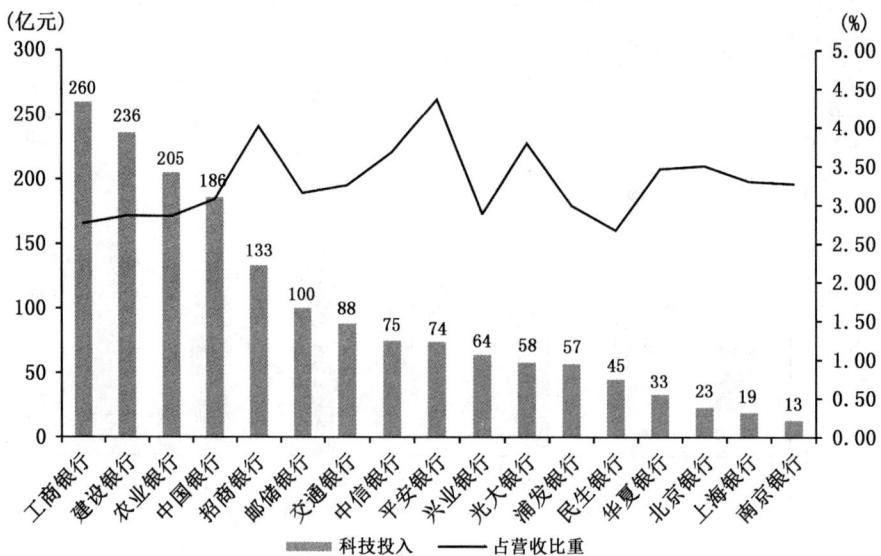

资料来源：Wind，中信证券研究所。

图 10－3   2021 年我国上市银行金融科技投入及占营业收入比重

表 10－1   银行系金融科技子公司（截至 2022 年 6 月）

序号	所属银行	金融科技子公司	时间	注册地	注册资本（亿元）
1	兴业银行	兴业数字金服务（上海）股份有限公司（兴业数金）	2015 年 11 月	上海	3.5
2	平安集团	上海壹账通金融科技有限公司	2015 年 12 月	上海	12
3	招商银行	招银云创（深圳）信息技术有限公司（招银云创）	2016 年 2 月	深圳	2.49
4	深圳农商行	前海金信（深圳）科技有限责任公司（前海金信）	2016 年 5 月	深圳	0.105
5	光大银行	光大科技有限公司（光大科技）	2016 年 12 月	北京	2
6	建设银行	建信金融科技有限责任公司（建信金科）	2018 年 4 月	上海	16
7	民生银行	民生科技有限责任公司（民生科技）	2018 年 4 月	北京	2
8	华夏银行	龙盈智达（深圳）科技有限公司（龙盈智达）	2018 年 5 月	北京	0.21
9	工商银行	工银科技有限公司（工银科技）	2019 年 3 月	雄安新区	6
10	北京银行	北银金融科技有限公司（北银科技）	2019 年 5 月	北京	0.5

续表

序号	所属银行	金融科技子公司	时间	注册地	注册资本（亿元）
11	中国银行	中银金科	2019 年 6 月	上海	6
12	浙商银行	易企银（杭州）科技有限公司	2020 年 2 月	杭州	0.2
13	农业银行	农银金科	2020 年 7 月	北京	6
14	交通银行	交银金科	2020 年 8 月	上海	6
15	厦门国际银行	集友科技创新（深圳）有限公司（集友科技）	2020 年 9 月	深圳	0.1
16	廊坊银行	廊坊易达科技有限公司（易达科技）	2020 年 11 月	廊坊	0.02
17	浦发银行	浦发银行科技子公司（筹）			
18	中原银行	中原银行科技子公司（筹）			

资料来源：《哪些银行成立了金融科技子公司？》，https://baijiahao.baidu.com/s? id=1723653134424868699&wfr=spider&for=pc，2022 年 2 月 2 日；以及网上公开资料。

从保险行业来看，2021 年 2 月 1 日起，银保监会发布的《互联网保险业务监管办法》正式实施，该办法对互联网保险业务进行规范，在防范风险的同时鼓励保险业务与互联网、大数据等新技术融合创新，并明确了"十四五"期间我国保险科技在线上化率、自动化率、信息投入占营收比、信息科技人员数量占比、正式从业人员数量比率等关键指标的发展目标。目前，保险行业正处于数字化转型初期，2021 年我国互联网财产保险保费收入达到 862 亿元，同比增长 8%[①]。单月保费收入显示 2021 年上半年财险保费收入增长势头良好，自 8 月起保费收入明显下降，主要是受到对"首月 1 元"等互联网保险乱象整治的影响，经过整治和规范，保费收入从 11 月开始回升，到 12 月达到单月保费 76 亿元（见图 10—4）。相较于传统财产保险，互联网财产保险更具便捷性，能够在更大程度上迎合后疫情时代消费者的线上消费需求，同时能够满足消费者的风险保障需要。在保险行业，科技的创新应用使得业务流程得到优化，服务质量有所提高，同时可以看到互联网保险行业还存在很多不规范、不完善的方面，产品创新需要在强化监管下进行，在满足消费者需求、保护消费权益的同时加强风险防控能力，以促进行业持续健康发展。

从证券行业来看，根据中国证券业协会披露数据，我国证券公司全行业信息技术投入金额从 2017 年的 159.86 亿元增长至 2021 年的 338.2 亿元，累计金额接近 1 200 亿元。2021 年我国证券公司全行业信息技术投入同比增长 28.7%，占 2021 年度营业

① 资料来源：中国保险行业协会发布《2021 年互联网财产保险发展分析报告》，http://www.iachina.cn/art/2022/5/13/art_22_106027.html，2022 年 5 月 13 日。

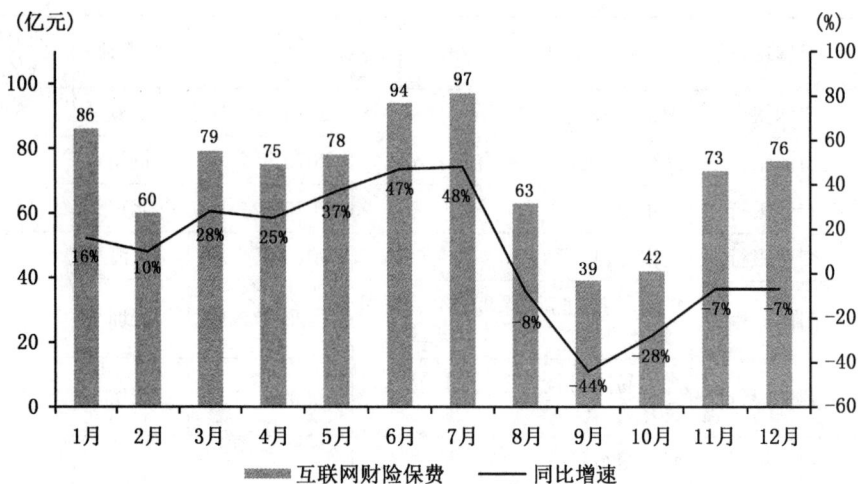

资料来源：中国保险行业协会。

图 10－4   2021 年互联网财产保险单月保费收入及同比增速

收入的 7.7％（见图 10－5）。总体来看，2019—2021 年我国证券行业积极布局提升科技创新能力，信息技术投入呈现较快增长趋势。

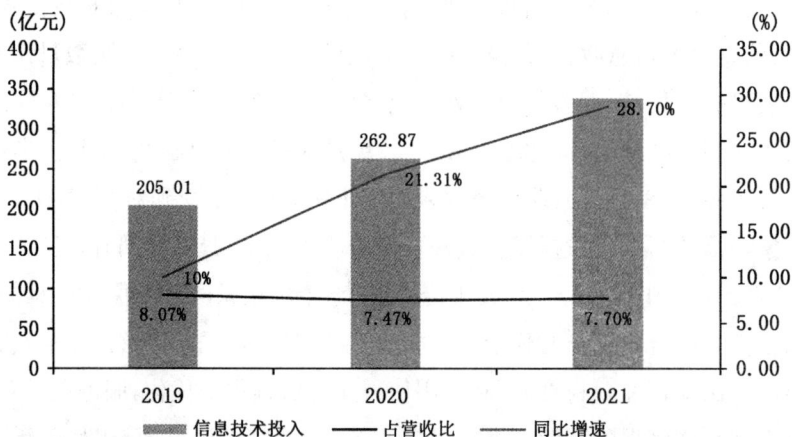

资料来源：中国证券业协会。

图 10－5   2019—2021 证券业信息技术投入、增速及占营业收入比重

相较于传统金融机构，金融科技企业在信息技术与金融业务的融合中，逐渐形成自身的核心竞争力，这类企业更加强调发挥自身科技属性，侧重于提供科技输出和服务。2021 年 12 月毕马威中国评选出我国金融科技企业"双 50"名单，该名单由毕马威中国依据创新与变革、科技与数据、金融服务普及、资本市场认可度与行业发展前瞻度等五个核心维度，以及团队、技术、产品、市场、融资等维度综合量化评估产生。评选出的 100 家企业基本涵盖综合金融科技、财富科技、保险科技、普惠科技、供应链科技、支付科技、监管科技和平台技术等领域的龙头企业。从上榜企业从事的业务领域来看，从事平台技术赋能业务领域的公司占比 31%，在上榜企业中占有绝对优势，其次为财富科技类企业，占比 17%，普惠科技和保险科技类企业并列第三，占比 13%。从地域分布来看，上榜企业所在地呈现出以京、沪、深为中心，向新一线城市扩散的趋势。所有企业中来自北京、上海、深圳的企业占比达到 75%，在新一线城市中，杭州、成都等城市的金融科技产业发展也呈现出强劲势头（见图 10—6）。在主要技术要素上，人工智能、大数据、云计算和区块链仍然为企业采用的核心技术，其应用分别占比 80%、72%、57% 和 49%[1]。除此之外，知识图谱、深度学习、自然语言处理、机器人流程自动化（RPA）、计算机识别和物联网等创新技术也有不同程度的应用，科技创新赋能金融服务速度加快。

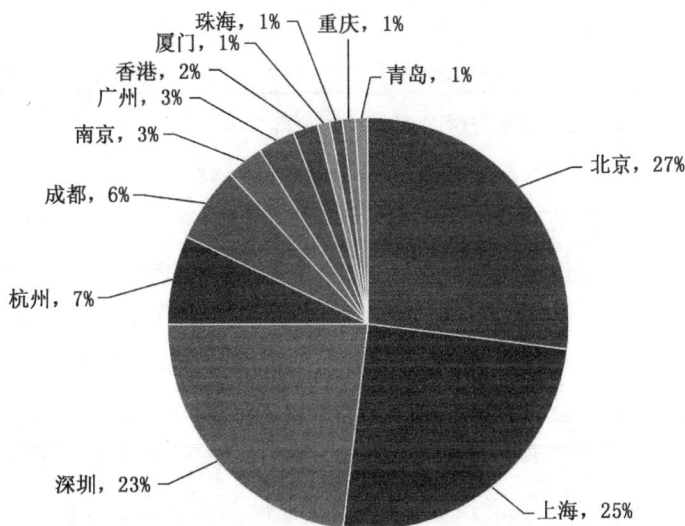

资料来源：毕马威。

图 10—6　2021 年毕马威中国金融科技企业"双 50"企业城市分布

在市场结构方面，我国金融科技市场目前仍以少数大型互联网企业为主导。2021年我国入选《2021 年胡润全球独角兽榜》的金融科技公司共 11 家，总估值达到 13 425亿元[2]，其中大部分公司业务经营领域集中于信贷和支付业务（见表 10—2）。然而大型金融科技公司拥有数据、网络等综合优势，可能导致金融科技行业发生"赢者通吃"的不良局面，因此防止头部公司的垄断化是金融科技监管需要关注的重点问题。

---

① 资料来源：毕马威《2021 毕马威中国金融科技企业双 50 报告》。
② 资料来源：2021 年胡润全球独角兽榜。

表 10-2   2021 年中国金融科技独角兽上榜名单

公司名称	经营领域	成立年份	估值(亿)
蚂蚁集团	平台	2014	10 000
微众银行	信贷	2014	2 000
万得	咨询、软件	2005	380
空中云汇	跨境支付	2016	260
银联商务	支付	2002	195
度小满金融	平台	2018	195
PingPong	境内、跨境支付	2015	100
汇立集团	消费信贷	2013	100
岩心科技	消费信贷	2015	65
微牛	软件	2016	65
中关村科金	消费金融、软件	2007	65

　　资料来源:2021 年胡润全球独角兽榜、前瞻产业研究院。

　　(三)应用场景不断扩大,数字普惠金融加速推进

　　从应用场景来看,金融科技应用场景不断扩大,除信贷、保险和支付领域外,金融科技在数字人民币、智能投顾、第三方支付等场景都得到了平稳发展。近几年,数字人民币试点范围不断扩大,应用场景持续扩容。截至 2021 年 12 月底,数字人民币试点场景已超过 808.51 万个,累计开立个人钱包 2.61 亿个,交易金额达到 875.65 亿元[1]。目前,发展数字人民币已被纳入多地规划文件,未来将进一步落脚到服务实体经济和百姓生活方面,在更多场景中试点推广。在智能投顾领域,商业银行、证券公司、基金公司和互联网企业积极探索智能投顾应用,自基金投顾业务试点以来,已有 60 家机构获批基金投顾试点,其中包括 25 家公募基金、29 家证券公司、3 家银行和 3 家第三方独立销售机构[2],目前基金公司正在广泛开展智能投顾管理平台开发研究,而对于其他金融科技主体,智能投顾尚处于探索期,随着监管加强,未来智能投顾业务将更加注重金融机构自身技术水平和投研团队实力等综合因素的考量。第三方支付领域的市场规模在近年来平稳增长,2021 年我国第三方移动支付与第三方互联网支付的总规模超过 300 万亿元(见图 10-7),有三批合计 90 家机构的支付业务许可证到期,仅有

---

　　① 资料来源:《人民银行:数字人民币试点场景已超过 808.51 万个》,https://baijiahao.baidu.com/s? id=1722280439933023422&wfr=spider&for=pc,2022 年 1 月 18 日。

　　② 资料来源:中关村互联网金融研究院《中国金融科技和数字普惠金融发展报告(2022)》。

74 家成功续期[①],存量支付牌照呈减少趋势。然而,随着国内第三方支付市场逐渐饱和,第三方跨境支付市场规模急速增加,从 2016 年的 2 437 亿元增长至 2021 年的 14 285 亿元,呈现出强劲增长趋势[②]。

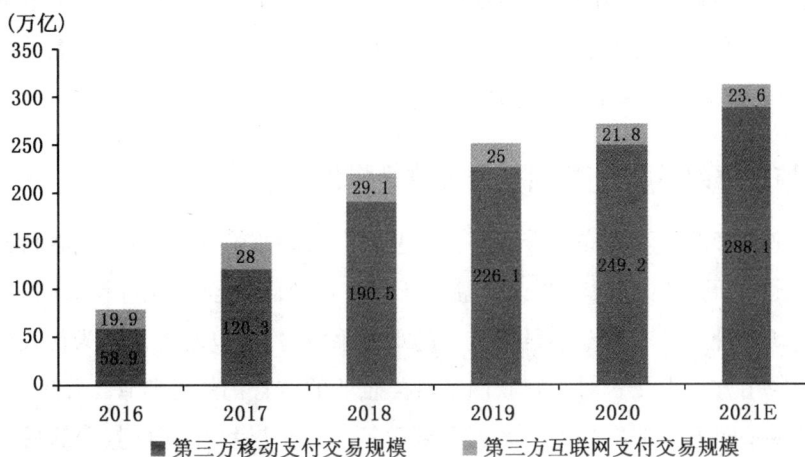

（万亿）

图例：
- 第三方移动支付交易规模
- 第三方互联网支付交易规模

年份	第三方移动支付交易规模	第三方互联网支付交易规模
2016	58.9	19.9
2017	120.3	28
2018	190.5	29.1
2019	226.1	25
2020	249.2	21.8
2021E	288.1	23.6

资料来源:中关村互联网金融研究院。

图 10-7　第三方支付市场规模

除此之外,金融科技在普惠金融领域的场景应用也更加丰富。在助推乡村振兴方面,通过将金融科技应用于供应链金融综合服务平台发展农业产业链金融,实现金融资源在农村经济社会发展的合理配置。在绿色金融发展方面,通过利用大数据、区块链等技术进行风险建模,提高绿色金融风险防控能力和绿色金融产品服务的开发能力。在小微企业融资方面,利用金融科技手段转变信贷投放模式、优化信贷审批流程、实现风险动态监控,从而为小微企业提供融资便利。在民生领域方面,加强数字融合技术和开放平台建设,促进税务、人社、医保等部门系统互联互通,赋能民生领域数字化转型。

除上述应用外,金融科技在防范化解金融风险方面也发挥着重要作用,传统金融风险具有隐蔽性、传染性、突发性和破坏性等特征,而金融机构凭借大数据、人工智能和区块链等技术能够及时发现并阻断风险传播渠道,从而为风险防范提供新的技术手段[③]。利用大数据技术,金融机构能够根据客户个人信息和交易数据完成客户画像,据此对客户进行分类,分析特定客户群体背后的信用规律,从而完善白名单准入规则,

---

① 资料来源:《支付机构的 2021:90 家牌照到期续 74 家,4 张千万罚单》,https://baijiahao.baidu.com/s?id=1720728854248976489&wfr=spider&for=pc,2022 年 1 月 1 日。

② 资料来源:中关村互联网金融研究院《中国金融科技和数字普惠金融发展报告(2022)》。

③ 严伟祥,孟德锋:《金融科技在金融风险管理中的应用探讨》,《当代经济》,2018 年第 23 期。

提高信用风险防范效率。同时,将大数据技术与人工智能方法结合并应用于多维数据,能够优化信用评估和反欺诈风险建模,提高风险识别率和决策效率。利用区块链技术,金融交易过程能够被完整记录并防止篡改,有利于促进交易透明度提高且缓解了信息不对称问题,从而降低交易欺诈风险[1]。同时,对于监管机构,基于金融科技手段的监管科技发展丰富了监管手段,对于提升监管能力和监管效率、防范系统性金融风险、维护金融稳定发挥了巨大作用。

二、监管框架不断完善 科技创新监管强化

近年来监管部门不断完善金融科技的监管框架和监管规则,对于金融科技创新的监管呈现出不断强化的趋势,要求金融创新在审慎监管的前提下进行。同时,运用金融科技创新监管工具成为金融科技监管的重要手段,其中以监管沙箱为代表的监管科技手段的应用方兴未艾。对于互联网平台类企业的监管仍然是监管工作的重点,在持牌经营和反垄断方面都出台了一系列重要政策。对金融科技进行监管的另一个重要趋势是依法将金融活动全面纳入监管,对于细分业务领域的监管政策不断完善补齐。在严格监管下,金融科技市场环境不断优化,防范化解金融风险能力不断增强。

(一)金融创新监管强化,监管科技应用加快

"十四五"规划纲要明确提出"稳妥发展金融科技,加快金融机构数字化转型。强化监管科技运用和金融创新风险评估,探索建立创新产品纠偏和暂停机制",对金融科技监管做出了总体部署。2021年政府工作报告中也提出要"强化金融控股公司和金融科技监管,确保金融创新在审慎监管的前提下进行"。2022年1月中国人民银行印发《金融科技发展规划(2022—2025年)》将加强金融科技审慎监管作为发展金融科技的重点任务之一,并提出要"加快监管科技全方位应用""加强数字化监管能力建设""筑牢金融与科技风险防火墙""强化金融科技创新行为监管"。随后,2022年3月中国人民银行发布《人民银行金融科技委员会召开会议研究部署2022年重点工作》,在五项重点工作中有三项涉及金融科技监管,包括"建立健全金融科技伦理监管框架和制度规范""深化运用金融科技创新监管工具""强化数字化监管能力建设"等。可以看到,2021年来,加强监管成为发展金融科技的重要任务,尤其是对金融创新的监管呈现出不断强化的趋势。

围绕"强化监管科技运用",充分运用金融科技创新监管工具正在成为金融科技风险监管的重要手段。目前,金融科技创新监管试点应用持续展开,呈现出业务领域广泛、技术类型集中、参与主体突出等特点。截至2022年4月,从金融科技创新试点业

① 谷政,石岩然:《金融科技助力防控金融风险研究》,《审计与经济研究》,2020年第1期。

务领域的分布可以看出,试点类型主要为金融服务和科技产品两类,其中金融服务占比约为69.2%,科技产品占比约为30.8%,可见金融科技创新监管试点以提升金融服务、回归金融本质为主。信贷融资、风控和业务优化相关金融科技创新试点项目分别为81、70、48项,为试点业务涉及的主要领域(见图10—8)。

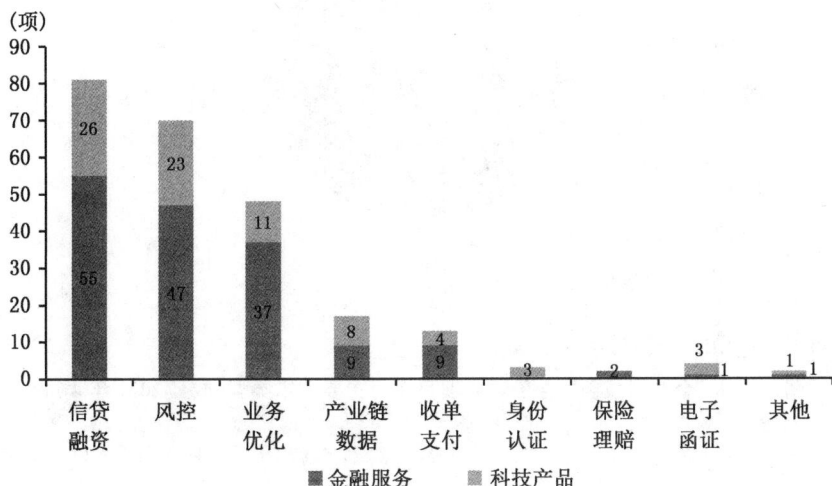

资料来源:中国人民银行、零壹智库。

图10—8 金融科技创新监管试点业务领域(截至2022年4月)

图10—9显示金融科技创新监管试点项目涉及的主要技术集中在大数据技术,采用大数据技术的项目多达110项,其次是人工智能、机器学习、区块链和图像识别等技术,以及加密技术、知识图谱技术等新兴科技,充分反映出金融科技在监管工具创新中的运用。图10—10显示,银行类金融机构为试点项目参与机构的主体,占比55.5%,科技公司占比23.8%,其他类型公司共占比20.7%[1],反映出金融科技创新监管主体较为突出,传统金融机构在创新监管中发挥主要能动作用。

截至2022年6月,京深渝三地共有7个金融科技创新应用项目完成测试顺利"出箱",在11家项目参与机构中,银行占比高达63.6%[2],项目涉及区块链、大数据、人工智能等主要技术(见表10—3)。以监管沙箱为代表的创新监管工具将金融科技创新限制在安全测试区内,既降低了金融科技产品进入市场的成本,又给予其一定的容错空间,使其能够在接近真实环境又能够实现风险可控的环境下得到充分的测试与改良。度小满(重庆)科技有限公司联合光大银行股份有限公司重庆分行申请的"磐石"智能风控产品作为顺利"出箱"的一款智能风控产品,综合运用大数据和人工智能技

---

[1] 资料来源:中国人民银行、零壹智库。

[2] 资料来源:中国人民银行、零壹智库。

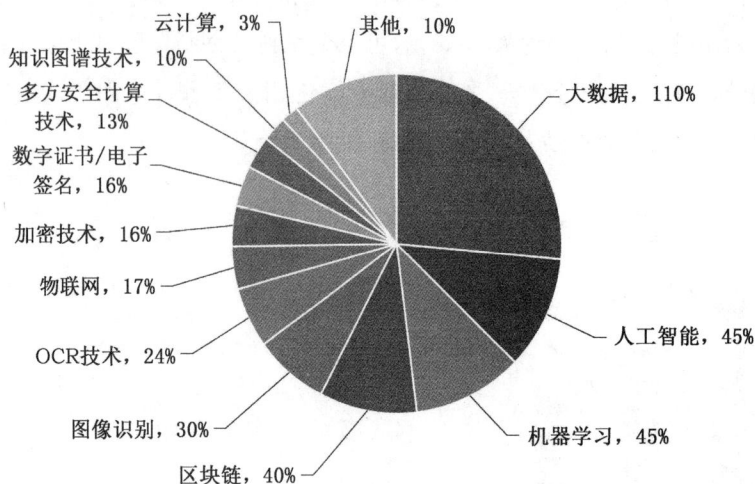

资料来源：中国人民银行、零壹智库。

图 10—9 金融科技创新监管试点项目应用主要技术类型（截至 2022 年 4 月）

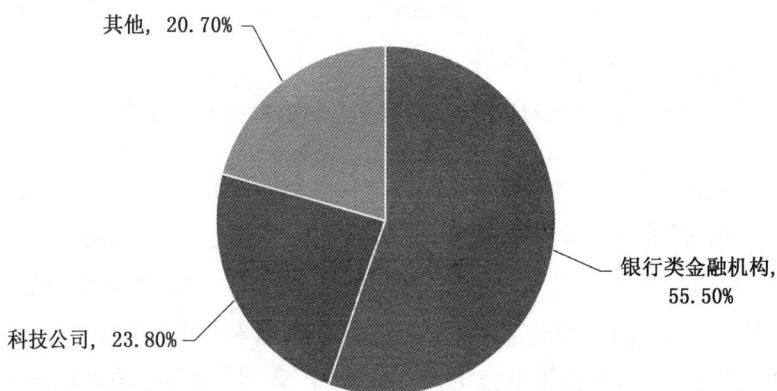

资料来源：中国人民银行、零壹智库。

图 10—10 金融科技创新监管试点参与主要机构类型

术，协助金融机构在贷前、贷中和贷后等信贷服务环节对小微企业客户进行风险监测、识别和预警，极大地推动了对小微企业提供融资服务的质效提升。此外，除中国人民银行支持金融科技创新监管试点工作之外，资本市场也积极开展金融科技创新试点工作，2021 年 11 月中国证监会北京监管局、北京市地方金融监督管理局发布《关于启动资本市场金融科技创新试点（北京）第一批试点项目的公告》遴选出首批 16 个项目纳入试点。通过创新试点平衡科技创新与金融风险，有利于促进我国金融科技创新监管体系不断完善，推动金融科技稳妥发展。

表 10—3　　　　　　　金融科技创新应用"出箱"项目（截至 2022 年 6 月）

地点	项目名称	参与机构
北京	基于物联网的物品溯源认证管理与供应链金融	中国工商银行股份有限公司
	AIBank Inside 产品	中国百信银行股份有限公司
	基于区块链的产业金融服务	中国银行股份有限公司
重庆	支持重庆地方方言的智能银行服务	重庆农村商业银行股份有限公司
	基于区块链的数据函证平台	中国互联网金融协会 厦门银行股份有限公司 重庆富民银行股份有限公司 博雅正链(北京)科技有限公司
	磐石智能风控产品	度小满(重庆)科技有限公司 中国光大银行股份有限公司重庆分行
深圳	百行征信信用普惠服务	百行征信有限公司

资料来源：中国人民银行、零壹智库。

（二）强调金融业务持牌经营，严管互联网平台类公司垄断

《金融科技发展规划（2022—2025 年）》中提到"按照金融持牌经营原则，坚持所有金融活动必须依法依规纳入监管"。2022 年 1 月《"十四五"数字经济发展规划》发布，其中也提到"强化反垄断和防止资本无序扩张，推动平台经济规范健康持续发展"，这表明金融科技公司开展金融业务必须持牌经营，严禁"无证驾驶"，是对涉及金融业务的金融科技项目进行监管的重要举措。

对互联网平台类金融科技企业的监管一直是监管工作的重点，自 2020 年 11 月国家市场监督管理总局发布《关于平台经济领域的反垄断指南（征求意见稿）》后，2022 年 1 月，国家发展改革委等 9 部门联合印发《关于推动平台经济规范健康持续发展的若干意见》，提出要"依法查处平台经济领域垄断和不正当竞争等行为。严格依法查处平台经济领域垄断协议、滥用市场支配地位和违法实施经营者集中行为"。6 月，中央全面深化改革委员会第二十六次会议审议通过《强化大型支付平台企业监管促进支付和金融科技规范健康发展工作方案》，强调要"要依法依规将平台企业支付和其他金融活动全部纳入监管"、"强化平台企业反垄断、反不正当竞争监管"。监管政策表明，对于严管互联网平台类金融科技企业的监管强调以服务实体经济为本，要求金融业务必须持牌经营的同时严格防范头部公司垄断化，避免大者通吃，以推动风险防控体系进一步健全，金融科技市场环境持续优化。

（三）金融活动监管全面，监管领域更加细化

近年来，金融科技创新速度持续加快，导致科技创新游离于监管之外的情况更为严峻。2021 年 3 月，中央财经委员会第九次会议提到"金融活动要全部纳入金融监

管"。同时,监管部门对于金融科技相关业务领域的监管规则更加细化,政策出台更加密集,以及时弥补监管框架和规则的空白与漏洞。在支付领域,2021年中国人民银行先后印发了《非银行支付机构条例(征求意见稿)》《非银行支付机构客户备付金存管办法》《非银行支付机构重大事项报告管理办法》,从支付业务划分到规范非银行支付机构客户备付金管理再到规范非银行支付机构重大事项报告行为制定了一系列细则,形成非银行支付机构监管规范体系。在信贷领域,银保监会发布《关于进一步规范商业银行互联网贷款业务的通知》,明确规定出资比例,进一步规范互联网贷款业务行为。在征信领域,中国人民银行发布《征信业务管理办法(征求意见稿)》,对信息采集、处理和使用,以及征信业务活动进行规范。在保险领域,银保监会发布《关于进一步规范保险机构互联网人身保险业务有关事项的通知》对互联网人身保险业务进行监管,以规范市场秩序、保护保险消费者合法权益。短期健康保险保证续保、保险产品销售误导、强制搭售、费用虚高、违规经营等问题在多项监管政策的要求下得到全面整改。在资管领域,银保监会联合中国人民银行发布《关于规范商业银行通过互联网开展个人存款业务有关事项的通知》,对定期存款以及定活两便存款业务予以叫停,要求商业银行依法通过互联网开展存款业务,不得借助网络技术等手段违反监管规定、规避监管要求。整体来看,监管部门正在加快完善监管框架与监管规则,补齐各细分领域的监管短板,建立全方位监管机制。2021年以来部分金融科技业务领域监管政策如表10—4所示。

表 10—4   2021 年以来部分金融科技业务领域监管政策

业务领域	发布时间	政策名称
支付	2021/1 2021/1 2021/7	《非银行支付机构条例(征求意见稿)》 《非银行支付机构客户备付金存管办法》 《非银行支付机构重大事项报告管理办法》
信贷/征信	2021/1 2021/2	《征信业务管理办法(征求意见稿)》 《关于进一步规范商业银行互联网贷款业务的通知》
保险	2021/10	《关于进一步规范保险机构互联网人身保险业务有关事项的通知》
资管	2021/1	《关于规范商业银行通过互联网开展个人存款业务有关事项的通知》
平台经济	2022/1 2022/6	《关于推动平台经济规范健康持续发展的若干意见》 《强化大型支付平台企业监管促进支付和金融科技 规范健康发展工作方案》

资料来源:公开资料整理、中国通信院、中泰证券。

三、科技引领动能转换 底层技术赋能转型

(一)人工智能、区块链、云计算、大数据技术产业市场规模稳步增长

"十四五"规划纲要中提出要"充分发挥海量数据和丰富应用场景优势,促进数字

技术与实体经济深度融合,赋能传统产业转型升级,催生新产业新业态新模式,壮大经济发展新引擎",并将人工智能作为数字经济重点产业。近年来,人工智能技术已成为推动金融行业转型升级的关键底层技术,其与金融业务深度融合能够进一步提升金融行业的数据处理能力与效率,推动金融服务模式趋向主动化、个性化、智能化,成为金融行业服务实体经济、防控金融风险的重要驱动。目前,我国人工智能产业已进入稳步增长阶段,据艾瑞咨询测算,2021 年我国人工智能核心产业规模预计达到 1 998 亿元,带动相关产业规模达到 7 695 亿元(见图 10-11)。2021 年 1-7 月,共有人工智能产业融资事件 506 起,融资金额达到 1 840 亿元[1],投融资市场规模不断壮大。从区域位置来看,人工智能企业在京津冀、长三角和珠三角地区布局完善,相关产业企业数量分别为 656、672、596 家,而在川渝地区仅有 76 家[2],表明前三者更具人工智能产业发展区域优势。

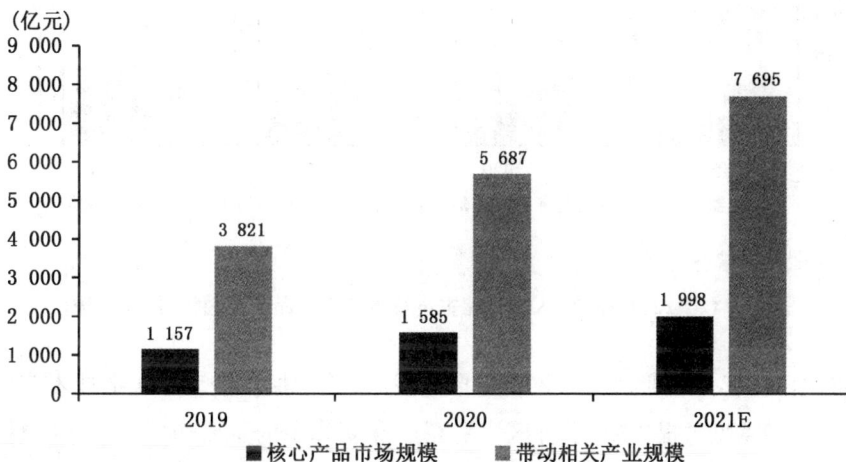

资料来源:艾瑞咨询《2021 年中国人工智能产业研究报告(Ⅳ)》。

图 10-11　2019—2021 年中国人工智能产业规模

人工智能产业主要的技术工具包括机器学习、知识图谱、自然语言处理、智能语音与对话式 AI、计算机视觉等,在所有技术中,机器学习目前仍在金融领域占有主要市场地位,根据艾瑞咨询测算,2021 年机器学习核心产品在金融领域市场规模达到 125 亿元,预计 2022 年将达到 150 亿元。在大数据背景下,以银行为代表的金融机构凭借其数据积累优势为机器学习模型训练提供了充足的数据资源,能够使机器学习在精准营销、智能风控、反欺诈等业务领域的应用得到充分发挥,为提高业务效率、防控金融

---

[1]　资料来源:中关村互联网金融研究院《中国金融科技和数字普惠金融发展报告(2022)》。

[2]　资料来源:中国新一代人工智能发展战略研究院《中国新一代人工智能科技产业区域竞争力评价指数(2021 年)》,艾瑞咨询《2021 年中国人工智能产业研究报告(Ⅳ)》。

风险提供新途径。除机器学习以外,计算机视觉也是金融领域主要应用技术,2021 年核心产品在金融领域规模达到 75 亿[1],位居第二。计算机视觉产品在金融领域的应用以人脸识别工作为主,目前已在金融机构得到广泛应用,未来将保持稳定增长。除以上两种技术外,知识图谱、自然语言处理、智能语音及对话机器人也落地金融领域,在数据分析和数据挖掘、语义理解和智能客服等领域发挥重要支持作用(见图 10-12)。

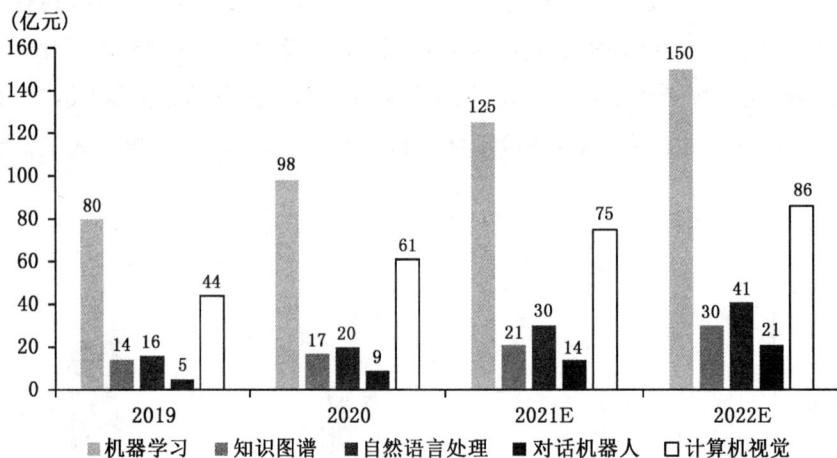

图 10-12　2019—2022 人工智能主要技术核心产品在金融领域市场规模

资料来源:艾瑞咨询。

2021 年 6 月,工信部和中央网信办联合发布《关于加快推动区块链技术应用和产业发展的指导意见》,提出要"发挥区块链在产业变革中的重要作用,促进区块链和经济社会深度融合,加快推动区块链技术应用和产业发展"。在金融领域,区块链技术在降低金融监管成本,构建大规模、低成本、高效安全的交易网络,保护隐私安全等方面具有重要应用价值。近年来,我国区块链产业规模持续增加,2021 年预计将突破 5 亿美元。在经历了 2020 年疫情影响后,我国区块链市场投融资规模有所回落,但在2021 年逐步回暖,共发生融资事件 105 起,融资金额达到 17.36 亿元(见图 10-13)。与人工智能产业布局相似,区块链产业聚集效应明显,目前全国共有 45 个区块链产业园区分布于 15 个省、27 个城市[2],相关企业主要分布于环渤海、长三角、珠三角和川渝地区。

近年来,我国云计算市场发展迅速,市场规模持续较快增长,2021 年我国云计算

[1]　资料来源:艾瑞咨询《2021 年中国人工智能产业研究报告(Ⅳ)》。
[2]　资料来源:中关村互联网金融研究院《中国金融科技和数字普惠金融发展报告(2022)》。

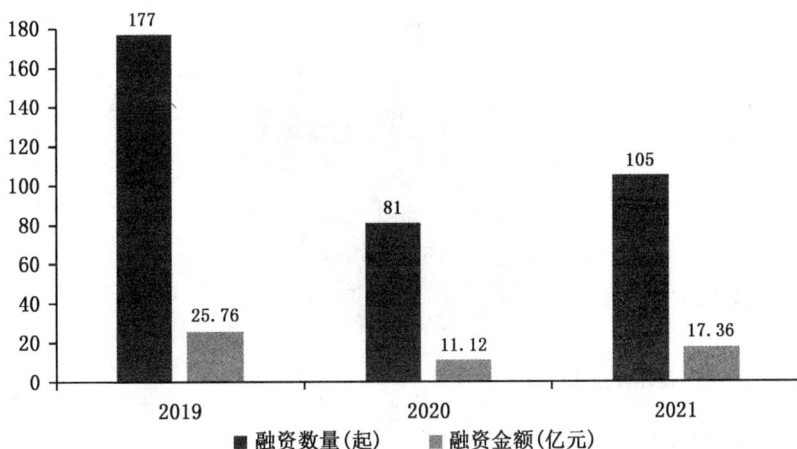

资料来源:中关村互联网金融研究院。

图 10—13 2019—2021 我国区块链产业融资情况

市场规模达到 3 102 亿元,同比增速 48.4％[1],其中公有云市场规模较私有云更高,预计 2021 年将达到 2 107 亿元[2]。从公有云细分市场来看,我国云计算仍以 IaaS(基础设施即服务)为主,2020 年我国公有云 IaaS 市场规模达到 895 亿元,占公有云比重高达 70.09％,受到疫情影响带动线上业务发展,2021 年公有云 SaaS(软件即服务)市场规模持续攀高,同时 PaaS(平台即服务)也有较高增长潜力,2021 年我国公有云 IaaS 市场规模占比下降至 62.14％,公有云 SaaS 占比达到 22.82％[3],并呈现稳定增长。在厂商市场份额方面,2021 年下半年我国公有云 IaaS 市场份额占比排名第一的服务商为阿里云,占比达到 37.8％,华为云、腾讯云、中国电信天翼云也位于市场前列,占比分别为 11.4％、10.9％和 10.3％[4](见图 10—14)。

① 资料来源:《2022 年中国云计算行业市场规模及竞争格局分析 市场规模超 3 100 亿元【组图】》,https://www.qianzhan.com/analyst/detail/220/220630—9e427272.html,2022 年 6 月 30 日。

② 资料来源:中关村互联网金融研究院《中国金融科技和数字普惠金融发展报告(2022)》。

③ 资料来源:《2022 年中国云计算行业市场规模及竞争格局分析 市场规模超 3 100 亿元【组图】》,https://www.qianzhan.com/analyst/detail/220/220630—9e427272.html,2022 年 6 月 30 日。

④ 资料来源:《2021 年中国公有云市场达 1 853 亿元! 前五名占 75％份额》,https://tech.ifeng.com/c/8G7o58iWRom,2022 年 5 月 18 日。

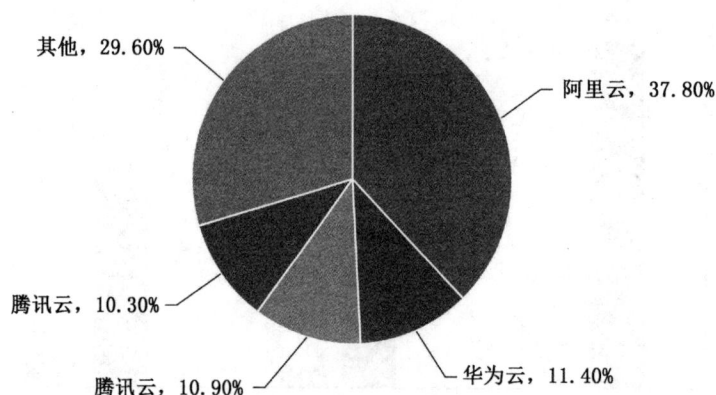

资料来源：IDC 中国。

图 10-14　2021 下半年我国公有云 IaaS 市场前四大市场份额占比

　　云计算具有实现信息技术和数据资源按需供给的技术优势，能够有效降低金融机构的信息技术成本，同时具有高扩展性和自动化运维能力，相对传统金融架构更加灵活便捷，近年来在金融领域得到广泛应用。在银行领域，使用分布式数据库、云服务器能够方便容量扩展，提高数据资源利用率。在证券保险业，云厂商提供的网状布局数据中心能够提高交易系统与行情系统智能化程度，减轻人力运营成本，同时内容分发网络的应用能够帮助客户快速获取常用信息，提升获客效率。金融云在我国具有一定的市场潜力，2021 年我国金融云市场规模为 394 亿元，增速达到 34.1%，预计到 2022年将接近 500 亿元（见图 10-15）。

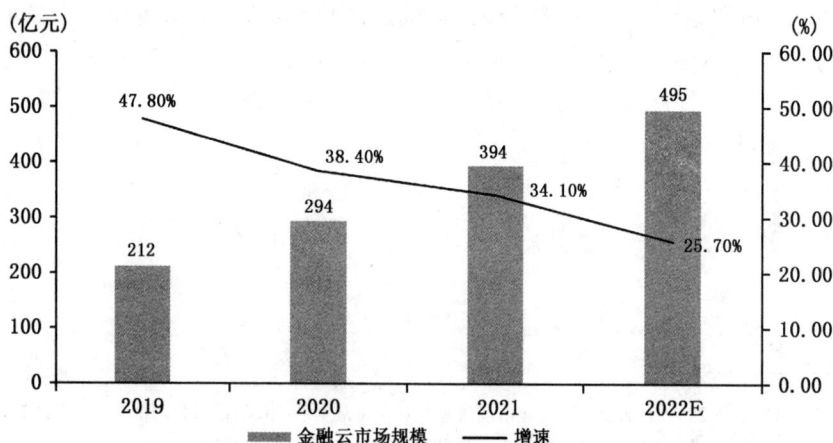

资料来源：艾瑞咨询《中国云服务行业应用白皮书》。

图 10-15　2019—2022 我国金融云市场规模

　　数据已经成为经济发展的重要生产要素,近年来,我国大数据市场规模呈现出稳定增长的趋势。2021 年我国大数据市场规模达到 7 512 亿元,同比增长 17.6%,预计到 2023 年市场规模将超过 10 000 亿元[①]。在数字化转型驱动下,我国数据中心建设速度加快,市场收入持续增长,2021 年我国数据中心市场规模达到 1 500 亿元,同比增长 28.5%[②](见图 10-16)。2021 年 12 月,工信部发布《"十四五"大数据产业发展规划》,将金融大数据作为行业大数据开发利用行动的重点内容之一。金融行业在为客户提供金融服务过程中积累了大量的数据信息,将大数据技术应用于金融领域能够强化数据管理能力,提升金融服务决策效率,通过精准营销等服务提升客户体验,同时能够助力于金融风险防控。目前大数据技术主要应用于实时风控、消费信贷、精准营销和反欺诈等领域。

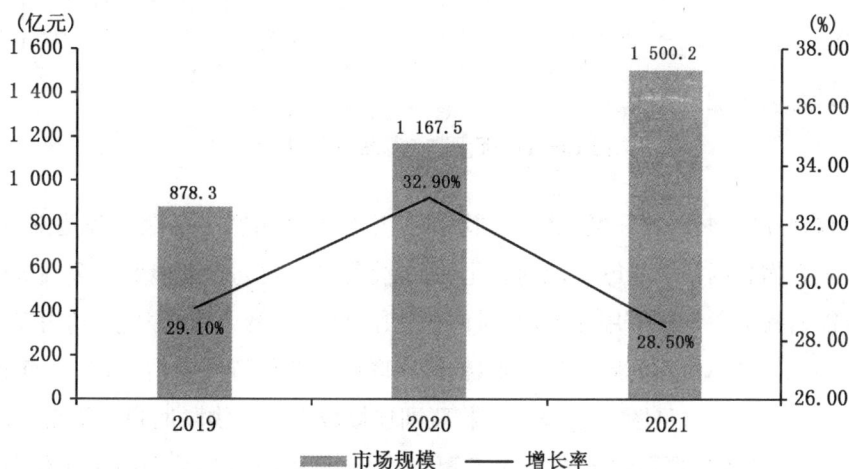

资料来源:中国信息通信研究院。

图 10-16　2019 2021 我国数据中心市场规模

（二）互联技术和安全技术等快速推进

　　除人工智能、区块链、云计算、大数据技术之外,互联技术也是金融科技发展的重要底层技术,移动互联技术和物联网技术是互联技术的主要应用。传统金融行业与移动互联网相结合,使得客户能够通过移动设备体验金融服务,极大提高了传统金融业务的参与度和协作性,促使中间成本降低,透明度更高,目前该技术主要应用于在线金融产品销售、金融电子商务等领域。2021 年我国移动互联网建设蓬勃发展,移动互联网接入流量达 2216 亿 GB,较上年增长 33.9%,手机网民规模达 10.29 亿人。在基础

①　资料来源:中关村互联网金融研究院《中国金融科技和数字普惠金融发展报告(2022)》。
②　资料来源:中国信息通信研究院《数据中心白皮书(2022)》。

设施建设上,截至 2022 年 4 月,我国已建成 5G 基站 161.5 万个,成为全球首个基于独立组网模式规模建设 5G 网络的国家[①]。

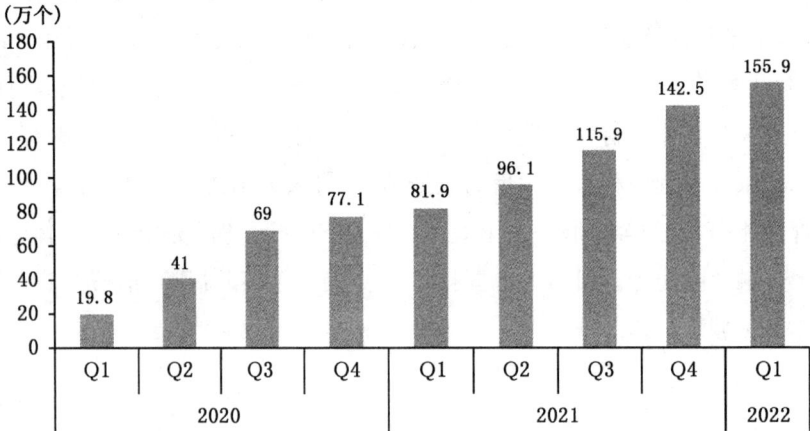

资料来源:Wind,工信部。

图 10-17 我国 5G 基站数量(万个)

除移动互联网外,物联网在金融领域的使用极大地拓宽了金融服务范围,创新了服务模式。物联网技术能够实现动态化、智能化管理以提高管理能效。金融机构可以利用智能监控手段创新信用体系,及时调整信用评级、提升风控能力,并利用多维度数据校验弱化信息不对称问题。近年来,我国物联网产业保持高速增长,2021 年市场规模突破 1.85 万亿元(见图 10-18),在物联网连接数中产业物联网超过消费物联网达到 26 亿元[②],目前物联网技术常与人工智能、云计算等技术相结合应用于信贷、保险和供应链金融等领域。

金融大数据产业迅猛发展的同时,数据安全技术也得到广泛重视,以隐私计算技术为例,其通常应用于借贷风险识别、精准营销、数字监管、保险理赔和生物特征信息保护等领域。根据艾瑞咨询调研,约 75.5% 的金融机构技术应用者认为隐私计算技术将在判断目标用户需求上发挥重要价值,约 67.5% 的技术实践者认为隐私计算将推动金融机构全域数字化建设。随着技术认知的逐渐深入,2023 年金融机构的隐私计算部署重点开始向"小而美"的场景应用转移,细分场景数据服务、隐私计算的平台升级等招投标项目有所增加。

[①] 资料来源:《中国移动互联网发展报告(2022)》。
[②] 资料来源:中关村互联网金融研究院《中国金融科技和数字普惠金融发展报告(2022)》。

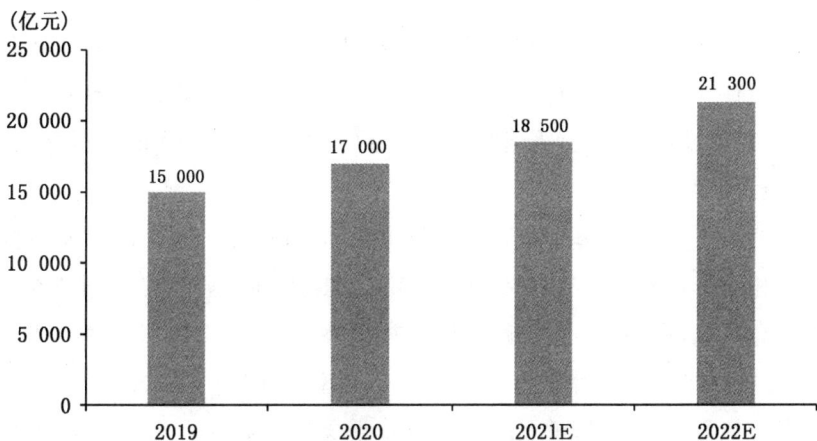

（亿元）

资料来源：中关村互联网金融研究院。

图 10－18　我国物联网产业规模（亿元）

第二节　智慧金融热点技术领域代表性案例分析

为了更加具体地展现我国智慧金融创新实践,本节从底层核心技术和金融行业主体角度进行分类,选取了 6 个案例进行介绍分析,案例内容涵盖人工智能、区块链、云计算、大数据、物联网和隐私计算技术等前沿技术在银行、基金、保险和科技公司等金融科技主体的应用,案例内容涉及智能投顾、普惠金融服务、线上缴费、智能风控、UBI车险和金融数据融合基础设施等多个场景的创新应用,旨在从多个角度展现金融产业的数字化转型。

一、人工智能技术应用——易方达基金投顾智能管理项目

近年来,我国经济发展迅速,居民收入稳步增长带来财富的持续积累,我国资产管理行业发展持续向好,公募基金管理规模呈现加速增长态势。自 2019 年 10 月证监会发布《关于做好公募基金投资顾问业务试点工作的通知》以来,各大基金公司积极开展基金投资顾问业务试点,通过专业投资顾问提供量身定制的资产配置计划并辅助投资者进行投资决策。在满足客户理财需求,提升客户投资体验的同时,投资顾问业务开展对于公募基金行业高质量发展起到推进作用。然而,在投顾业务实践中仍然面临诸多挑战,在基金研究方面,由于我国公募基金产品数量较多,做到全面且及时跟踪监测市场基金产品存在一定难度,同时对基金进行深入研究需要广泛收集相关信息,如何在零散信息中准确提取重要信息并满足时效要求成为基金研究的另一考验。在策略研究方面,受到基金产品限制申赎、策略容量限制等影响,实际执行组合与标准化基金投资组合可能存在偏离,如何选取最相似基金进行补位为策略执行增加了难度。此外,在交易执行方面,如何进行策略优化和制定再平衡方案,保持策略的风险收益特征稳定需要进行探索。

在这一背景下,易方达基金管理有限公司(以下简称易方达基金)将基金投顾业务与金融科技相结合,利用人工智能技术对全市场进行实时监测并从公司公告和舆情消息中进行信息提取,采用组合优化理论选择补位替代基金,将计算机输出结果结合专家经验,形成投顾策略智能管理,有力提升业务效率(见图10-19)。

在基金研究方面,为了能够及时跟踪与监测全市场基金动态,易方达基金投顾智能管理平台搭建了自然语言处理分析平台,基于外购数据库、基金官网和第三方网站等数据源,对申赎公告、定期报告和舆情信息等文本数据分别进行语义分析、信息抽取和文本挖掘,对全市场基金状态进行实时跟踪,以便及时捕捉重要信息用于基金研究,以支持基金策略构建。同时,采用知识图谱技术,利用有向图的形式将提取得到的信息与投研专家经验相结合,构建基金关联网络并进行存储,深入挖掘基金、市场与宏观经济之间的关联关系,实现跨领域数据链接、可视化统计、对比分析、搜索查询,进一步支持策略调整与执行。截至2021年11月底,基金报告机器阅读平台累计提取报告原文达20余万份,债券信用分析平台累计分析2.3万个信用主体,分析债券数量达到23万只[1],基本做到对市场进行全面覆盖。

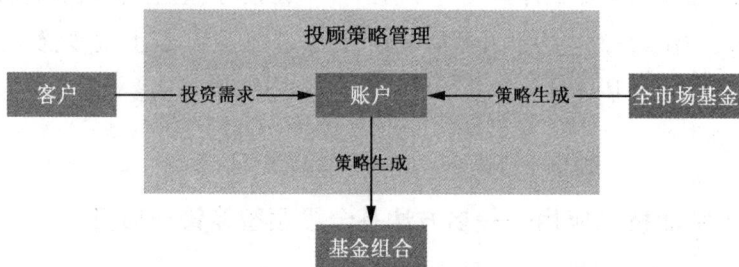

资料来源:杨涛、马洪杰:《"数字经济+科技向善"金融科技创新实践2021》,人民日报出版社2021年版,第217页。

图10-19 基金投顾管理流程

在策略研究方面,结合深度学习算法,采用知识图谱嵌入,将得到的投顾知识图谱中的实体和关系嵌入低维特征向量进行链接缺失补全,结合行业、风格、配置和归因分

---

① 资料来源:【实践案例】基金投顾业务实践案例分享——易方达基金投顾智能管理项目,https://www.amac.org.cn/businessservices_2025/mutualfundbusiness/publicOD/industryStyle/202112/t20211215_13150.html,2021年12月15日。

析等多个特征数据,利用神经网络算法对模型进行训练,运用知识图谱包含的先验经验对基金间的相似度进行量化,最终达到准确输出与目标基金最相似且可交易执行的基金进行补位替代,达到选取合适替代基金保持策略风险收益稳定的目标(见图10—20)。

在交易执行方面,受到宏观经济环境、市场情况和基金状态变化影响,需要对投顾策略进行优化及再平衡,利用运筹优化方法,易方达基金投顾团队在考虑市场环境、基金产品和客户需求等多层次复杂约束的同时,结合投研人员专业经验构建最优化模型,通过最优化理论进行模型求解从而实现策略优化。在策略再平衡时,添加换手率、交易费用和客户持有期等约束,在约束范围内求解最优再平衡调整方案,从而保证投顾策略的持续性和稳定性。截至2021年11月底,基金投资组合策略校验工具已对基金策略进行300余次校验,监控预警机器人在发现基金风险异常变动等预警信息9万余条,发送预警邮件达到800余封,精确率和召回率达到98%以上[1]。

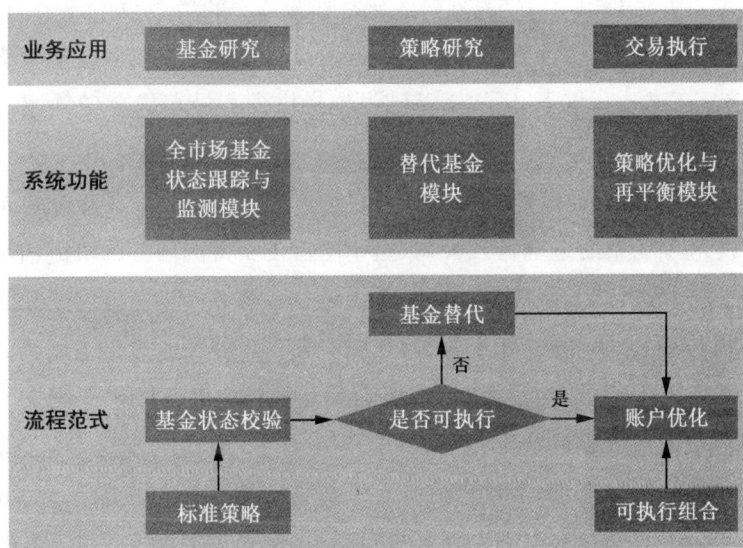

资料来源:杨涛、马洪杰:《"数字经济+科技向善"金融科技创新实践2021》,人民日报出版社2021年版,第218页。

图10—20　投顾策略智能管理系统

截至2021年9月末,易方达基金已先后在天天基金、交通银行、好买基金等10个

---

[1]　资料来源:《【实践案例】基金投顾业务实践案例分享——易方达基金投顾智能管理项目》,https://www. amac. org. cn/businessservices_2025/mutualfundbusiness/publicOD/industryStyle/202112/t20211215_13150. html,2021年12月15日。

平台上线,全平台客户复投率达到 44.5%,管理型投顾服务盈利客户占比达到82%①。易方达基金投顾智能管理项目通过将人工智能技术与专家经验相结合,实现及时准确跟踪和监测全市场基金状态以支持基金研究,匹配高相似度基金选择替代基金补位,运用最优化方法实现策略优化和再平衡以保持策略持续性和稳定性,为智能投顾业务提供了新的借鉴。随着资产管理市场规模增加、客户需求提高,将人工智能技术与投顾业务深度结合形成智能投顾生态已成为新趋势,相关机构应从客户需求出发,结合相匹配的金融科技提升客户体验,助力于投顾业务新生态建设。

二、区块链技术应用——零数科技普惠金融服务平台

近年来,区块链产业的发展得到我国政府的高度重视,区块链技术在金融领域的应用也得到不断扩展,2020 年 7 月,中国人民银行下发《推动区块链技术规范应用的通知》和《区块链技术金融应用评估规则》,对区块链技术在金融领域的应用和风险防范进行了规范,2021 年"十四五"规划将区块链列为数字经济重点产业之一,并提出了"以联盟链为重点发展区块链服务平台和金融科技、供应链管理、政务服务等领域应用方案"的要求。在这一背景下,区块链基础设施提供商积极布局金融领域,开发"区块链+金融"业务。

上海零数科技有限公司(原能链科技)成立于 2016 年,是一家具备领先区块链底层技术及深度应用场景的金融科技公司,是中国首批获得网信办区块链信息服务备案企业,也是唯一同步入选全国仅有的两个区块链试点省份(海南、云南)首批合作企业的区块链公司,曾入选毕马威 2021 金融科技 50 强。该公司通过自主创新的共识算法 xPoA,致力于为大中型国企、民企、行业协会及监管机构等合伙伙伴提供区块链解决方案。从而链接物理世界和数字世界,提高商业效率,推动产业数字化,赋能实体经济。利用区块链和隐私技术,零数科技开发了包括数据存证与核验平台、可信数据共享平台在内的数据安全共享与交易平台,包括可信资产信息服务平台、资产数字化交易系统、资产数字化清结算系统和资产数字化风控系统在内的资产数字化流通服务平台,以及包括供应链通票平台、融资租赁信息服务平台和中小企业普惠金融平台在内的普惠金融服务平台(见图 10-21)。

以普惠金融服务平台为例,在供应链金融方面,传统供应链金融业务可能存在应收账款无标准化流程导致的确权困难、票据无法拆分带来的使用成本高,信用难以传递到下游企业,同时多级供应商也导致较高的融资和流转成本等问题。面对供应链金

① 资料来源:《基金投顾试点成效显著 未来发展潜力巨大》,https://www.cs.com.cn/tzjj/jjdt/202110/t20211026_6213488.html,2021 年 10 月 26 日。

融的业务痛点,零数科技通过搭建区块链通票平台,采用数字票据替代传统票据开展中小企业应收账款融资服务。利用物联网、ERP 等核心企业系统结合区块链技术的分布式协同特点,中小企业能够摆脱对单一机构的依赖,在隐私保护的前提下直接参与融资。采用智能合约等技术对应收账款进行智能化管理,实现票据可拆分,支持通票多级流转,提高流转便捷性。同时区块链存证平台具有不可篡改、防丢失的特点,采用供应链信息存证确权能够有效防止企业无法自证和确权困难等问题。

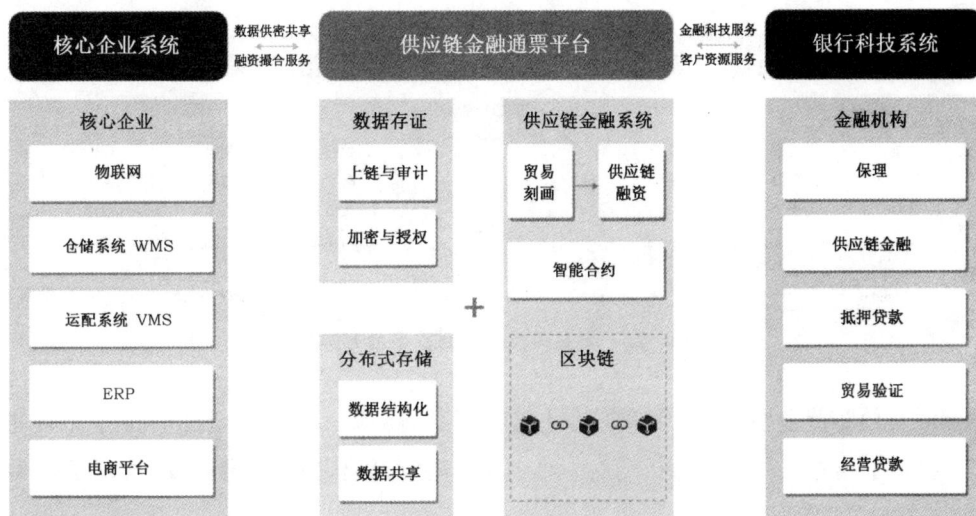

图 10—21 零数科技供应链金融平台方案架构

同时,零数科技还将区块链技术应用于融资租赁业务中,针对获客效率低、再融资困难和分布式资产存在的监管成本高等问题,面向企业、融资租赁公司、运营方、资金方、回收企业和监管部门等融资租赁行业参与者提供高效撮合对接功能,实现参与主体互联互通(见图 10—22)。利用区块链技术的不可篡改特点实现对资产数据的实时监控,采用资产数据穿透式采集与上链和链上智能审计,提高资产透明度和租赁业务标准化,在提升了融资效率的同时强化风控能力和监管能力。目前,零数科技与上海融资租赁经济股份有限公司合作打造长三角融资租赁(上海)在线服务平台,构建覆盖融资租赁全产业链的区块链穿透式资产数据管理体系实时监控底层资产数据,打造可信数据运用和租赁资产分层分类等服务模块,极大地降低融资机构信息获取成本,提高了业务效率。

针对中小企业融资难融资贵等问题,零数科技开发了将地方政府、金融机构、科技企业和中小企业相联系的综合金融服务平台,为有融资需求的中小企业提供高效征信和评估报告,为金融机构进行授信评估提供可靠参考,能够在提高企业融资获款能力

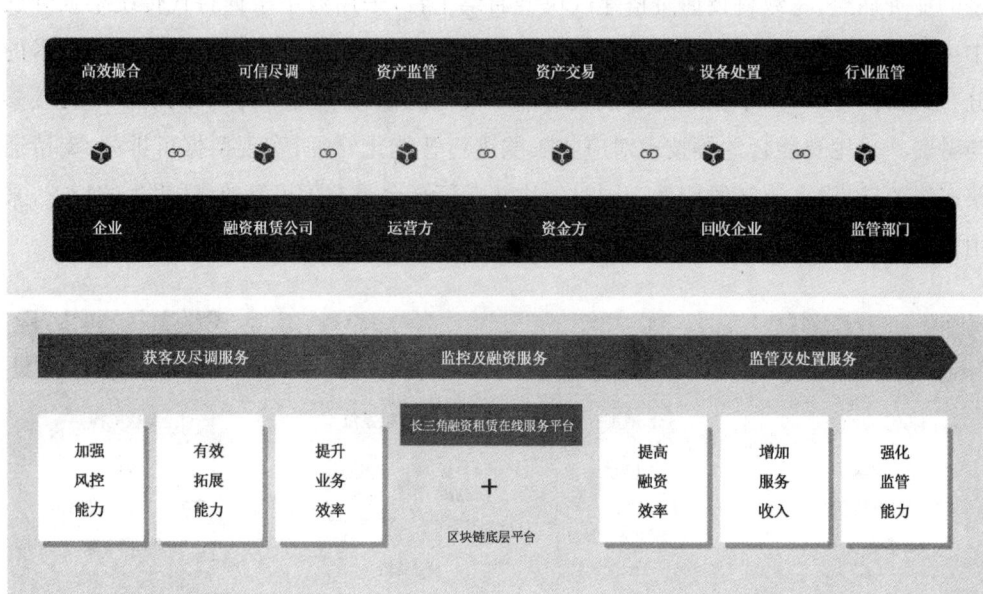

图 10－22   零数科技融资租赁平台方案架构

的同时有效防范金融风险。目前该平台应用于某省会城市的省级金控平台,有效促进了辖区政府金控集团的金融机构对中小企业的融资畅通,提高了金融服务实体经济能力。

从运行效果来看,零数科技作为区块链底层技术提供商协同政府部门、金融机构和企业搭建的普惠金融服务平台为数据可信采集、存证、确权和隐私保护与流通提供了产融结合的一体化平台,对于区块链底层技术创新应用,建设产融结合生态体系,赋能产业数字化发展具有促进作用。

三、云计算技术应用——光大云缴费

随着人们生活水平的不断提高,日常生活中的实物商品消费和服务消费等消费需求逐渐增加,涉及的缴费项目也越来越多,缴费已经成为大众生活中高频活动,发展便民缴费产业成为保障人民群众正常生活和改善民生的重要途径。近年来,移动生活缴费已成为人们日常缴费的主要方式,然而众多缴费项目和复杂的收缴机构对项目对接和运营维护带来了一定困难,因此,降低项目成本,提高缴费服务普惠化和便捷化程度成为缴费产业发展的重要目标之一。

光大云缴费平台是中国光大集团及中国光大银行打造的便民服务和金融创新产品,该产品将我国的个人缴费、企业缴费等各类缴费服务、各种缴费渠道和支付结算功能整合,将众多繁杂的缴费项目集中上收,并制定统一输出标准开放给缴费服务的各

类合作伙伴。通过光大云缴费平台,全社会用户可以随时随地通过任何渠道进行缴费,大幅节约了时间,提升了各类缴费的便捷性。光大云缴费通过将便民服务与普惠金融结合,已打造成为面向全社会用户的开放式平台、海量数据交互的信息平台、"金融+生活+服务"的生态服务平台和超小、超精、超快的普惠金融平台,形成了"生活+服务+金融"普惠金融生态圈。

云缴费平台主要由缴费开放平台、移动应用平台和收费托管平台三大平台构成,其中缴费开放平台将缴费事业单位和缴费渠道相连接,通过统一提供的 API 接口,服务供应商和渠道商可将自身平台接入云缴费开放平台,由云缴费平台渠道整合和收费能力输出,为人民群众提供便民缴费服务。除了日常生活缴费外,该平台还有丰富的应用场景,通过光大银行搭建了政务云、医疗云、物业云、租房云、教育云等行业云平台,将应用场景延伸到便民金融产业服务,进一步实现普惠金融与便民服务结合(见图10-23)。移动应用平台通过提供 API、H5、小程序和收银台等多种模式为客户提供生活服务。而收费托管平台能够提供云化 SaaS 服务,通过云端服务,收费企业能够将收费业务数据托管至该平台,并直接输出至缴费渠道,缴费渠道也可以快速对接到收费功能,为缺少计算机收费系统的小微企业提供收费便利(见图10-24)。

图 10-23 光大云缴费平台所涵盖行业云

在云缴费平台开发中,光大银行将科技与金融服务紧密结合,利用分布式、云计算技术,结合移动应用与人工智能技术采用全栈分布式架构进行自主研发。在云计算技术方面,项目基于光大银行私有云,具有良好的弹性伸缩能力,交易处理时间小于100毫秒,系统支持最大并发访问量超过 1 万笔/秒。该平台采用分层分域部署架构部署应用超过 200 台,能够实现系统 7×24 小时应用服务。

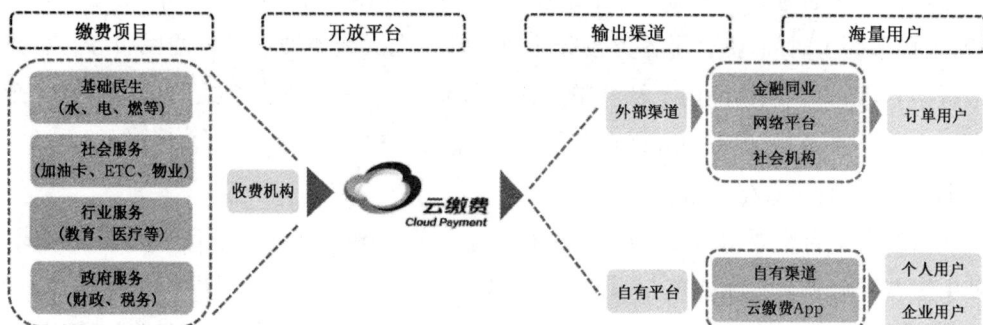

资料来源:光大云缴费、招银国际证券。

图10－24　光大云缴费业务模式

目前光大云缴费已成为我国最大的开放缴费平台,截至 2022 年 6 月底缴费服务笔数已达到 11.24 亿笔,线上缴费代收项目超过 1.3 万项,其中已有 31 个省市通过云缴费平台代收电费、有线电视费、通信费,水费和燃气费代收服务在全国地级市覆盖率分别达到 81% 和 72%。在提高生活缴费服务质量的同时,光大云缴费积极拓展产品应用场景,目前已向 70 余家政务服务平台、50 余家中央非税代收单位提供线上代收服务,对地方财政非税和全国个人社保代收服务覆盖分别达到 30 和 27 个省份[①]。此外,光大云缴费还推出"财富钱包"服务于普惠金融场景,提供"水电燃无忧保险"、1 元理财等小额财富金融产品。

在数字经济发展趋势下,数字普惠金融生态系统建设正在逐渐完善,尤其是在后疫情时代对于线上消费和金融服务需求的增加促使金融机构通过金融科技赋能促进普惠金融服务下沉。对于复杂的缴费项目,光大云缴费利用金融科技赋能生态建设,推动了普惠金融与便民缴费业务相结合的模式发展,促进了数字便民金融服务更加深入便捷,真正实现助力于人民生活幸福感和获得感提升。

四、大数据技术应用——广发银行大数据智能风控

防范化解金融风险一直以来都是金融工作的重点,"十四五"规划提出要"实施金融安全战略""守住不发生系统性风险的底线",反映出党中央对防范金融风险、维护金融安全工作的重视。金融科技在促进金融服务提质增效的同时,也为金融机构做好风险防控提供支持。以商业银行为例,在数字经济发展的趋势下,越来越多的商业银行加快数字化转型步伐,从零售业务到公司业务,从数字化运营到开放银行,商业银行数

字化转型正在经历从产品服务到数字化管理的转变。智能化的金融服务能够提升服务效率，提高客户体验，然而新技术的发展不可避免地为商业银行带来新的风险挑战，例如利用技术手段窃取客户信息进行信贷欺诈等风险对客户的资金账户安全构成了极大威胁。因此，在商业银行的数字化转型进程中，风控体系数字化转型探索需要走在前列，利用大数据技术进行风险防范能够实现数据整合和风险信息共享，通过与人工智能技术相结合对风险进行多维度分析，实现风险交易的有效干预，促进风险动态防控。

广发银行大数据智能实时风控平台依托大数据技术，并结合人工智能技术与自研的流计算技术，形成了能够对业务交易风险智能识别、多维度风险智能分析、差异化风险智能处置的实时动态风险侦测、预警、阻断体系，通过统一身份认证、终端风险识别、指标实时计算、风险智能决策和风险信息共享等核心功能，构建了面向多个前台及中台部门，贯穿事先准入控制、事中预警拦截、事后排查分析的跨渠道、跨产品、全流程、全行级的风控平台，建立起完备的欺诈风险联防联控机制（见图10－25）。

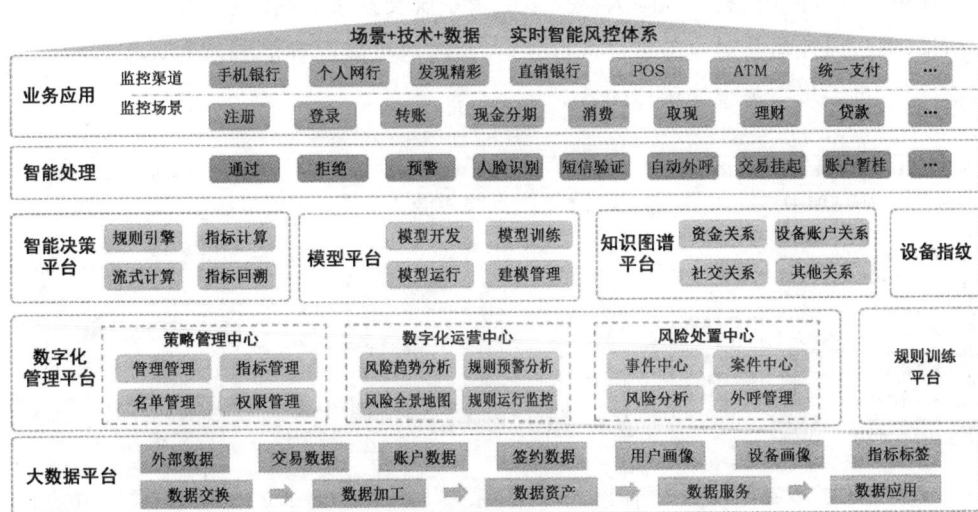

资料来源：广发银行"大数据智能实时风控体系"课题研究小组，王立、王泽坤、杨海龙：《基于大数据 AI 技术的智能实时风控体系》，《金融科技时代》，2021 年第 2 期。

图 10－25　广发银行大数据智能风控平台整体功能架构

在事前风险识别阶段，大数据 AI 智能风控平台利用设备指纹技术和行为特征学习技术得到账户安全和行为画像数据，并通过与业务渠道系统进行对接获取并整合各类交易数据。同时，交易风控中心的数据中心模块能够对涉及反欺诈的内外部征信、客户和设备相关数据进行汇集并上送风险决策引擎，为进行智能风控提供数据支持（见图10－26）。基于汇集起来的数据，利用大数据计算技术快速计算所需指标，为了提高指标计算速度,大数据 AI 智能风控平台使用能够实现每秒百万笔计算任务的流计算技术,将历史时间的指标计算结果与当前计算结果相结合,实现时间分片的实时指标计算,使得指标计算能够在短时间内迅速完成,达到"指标配置即生效"的目的。基于大数据的计算技术节约了风险决策指标的计算时间,是制定实时风控策略的重要技术基础。

在事中决策阶段,利用用户基本信息和行为信息、实时交易数据、外部接入数据和其他相关数据,结合策略中心建立的可视化、界面化、可实时调整的动态风控规则决策体系,以及具有管理、查询、运行模型功能的模型中心平台提供的模型实时预测服务,结合大数据计算技术得到的风险指标和特征体系,大数据 AI 智能风控平台从异常交易、风险标签、关键信息识别等多维度进行风控模型搭建、训练和预测,并对交易过程中存在的风险交易行为进行筛选和识别。同时利用风险信息共享平台与柜面终端系统、客服系统等外围渠道联动,及时对中高风险交易进行预警,并对客户进行智能风险提示与核验,做到对疑似风险交易的主动防御和及时拦截。

在事后处置阶段,利用风险大盘技术记录系统交易量、风控处置和风险类型的实时结果,通过风控运营对风险事件进行分析,及时对可能存在的漏洞和风控规则进行调整优化,进一步完善智能风控体系。

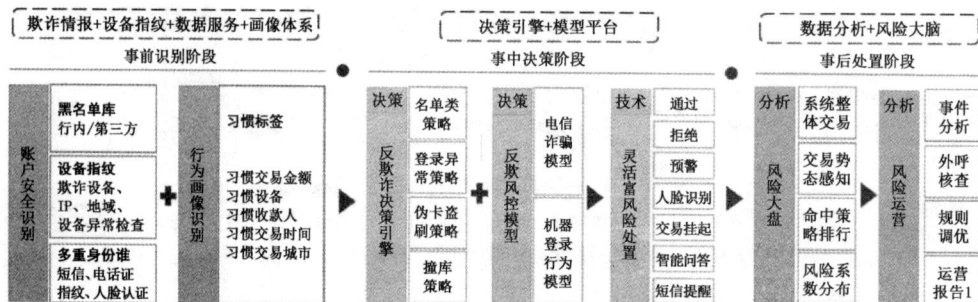

资料来源:广发银行"大数据智能实时风控体系"课题研究小组,王立、王泽坤、杨海龙:《基于大数据 AI 技术的智能实时风控体系》,《金融科技时代》,2021 年第 2 期。

图 10—26　智能风控系统运行架构

在大数据 AI 智能风控平台的持续运行下,光大银行信贷欺诈导致的损失持续下降,截至 2021 年底,平台共拦截各类交易 1 200 万笔,风险案件金额率仅为 4‰,基于该平台建立的反赌反诈个人账户监测准确率超过 90%[①],在防控欺诈风险,保护客户资金安全方面发挥了重要功能。当前,我国商业银行智能风控平台建设仍处在发展阶

---

① 资料来源:《广发银行:大数据智能风控平台建设项目》,https://www.weiyangx.com/405549.html,2022 年 5 月 11 日。

段,基于大数据的智能风控平台能够覆盖事前风险识别、事中风险监测和事后风险核查等整个风险防控阶段,全方位保护客户资金安全。

科技手段的创新应用在提高金融产品和服务质量的同时也提高了金融风险的可量化程度,在金融风险测度、预警和防控方面发挥重要的作用,如何在发挥金融科技优势的同时利用先进技术手段防控金融风险成为金融机构风险管理需要思考的重要问题。未来金融机构应当更加注重利用前沿技术,优化风控策略,实现高效风险识别、预警和拦截,优化智能风控平台建设,助力数字化转型期间的业务安全发展,守住不发生系统性风险的底线。

五、物联网技术应用——鼎然科技路比 UBI 车险

随着人工智能、大数据、物联网等金融科技的发展与普及,中国保险业正走上转型升级之路。近年来,我国保险行业发展仍存在一系列痛点。一方面,传统保险业面临着综合成本高、欺诈风险大、理赔运行现状不理想等问题。另一方面,客户需求逐渐增加,对保险产品和服务的个性化与定制化要求也不断提高,单一化、同质化的保险产品已不能满足客户的需要。为了进行产品创新,满足客户多样化需求,保险公司需要广泛收集相关数据,并从多维数据中提取用户行为习惯等特征,据此进行差异化保单设计。物联网技术能够实现对保险标的物的实时追踪监测,实时采集与标的物状态和用户行为相关的动态数据,有利于实现预防风险事故、精确测算风险程度、满足保险服务按需定制等需求。

目前,我国车辆保险存在市场产品同质化程度高、欺诈问题严重等问题亟待解决,随着车联网概念的兴起,UBI 车险产品得到市场的广泛青睐。UBI(usage-based insurance)车险从驾驶者的驾驶行为出发,主要运用车联网和 OBD(车载诊断系统)等技术,收集驾驶者的驾驶里程、时间等车辆信息、驾驶习惯和周围环境等相关数据,通过人、车、环境等多维数据分析进而对驾驶者进行评估并据此提供个性化保单的保险服务[①]。2020 年 9 月银保监会发布《关于实施车险综合改革的指导意见》中首次提到"开发机动车里程保险(UBI)等创新产品",此后 UBI 车险得到广泛关注。

路比 UBI 车险是深圳鼎然信息科技有限公司旗下的创新型互联网＋UBI 车险服务品牌,通过车载智能硬件采集相关驾驶数据,利用 UBI 数据分析和用户画像为保险公司、车联网平台和主机厂提供 UBI 保险全系统解决方案。UBI 车险需要基于大量驾驶状态数据,路比通过 OBD 抓取包括驾驶速度、里程、驾驶事件、天气、路况等驾驶信息,利用这类信息构建驾驶测评精算模型,对驾驶风险水平进行客观评估,并基于实

---

① 王韧,匡祎琦:《车联网背景下我国 UBI 车险的挑战及对策》,《中国保险》,2021 年第 3 期。

时车况和路况进行风险预警。同时抓取驾驶者的驾驶行为、用车习惯、出行规律等用户画像信息,结合用户人口属性、社会属性和生活习惯等个人信息,构建用户忠诚度、用户价值等多种用户模型,服务于精准营销、用户统计和效果评估[1](见图 10—27)。

利用车联网技术,路比 UBI 车险与多家主机厂、保险公司进行对接,构建了路比车联网数据、用户信息运营平台"路比云"。通过该平台向主机厂和保险公司输出相关数据,建立起跨行业数据传输通道实现数据资源共享,同时,通过整合车载智能硬件采集数据与主机厂数据,为保险公司提供数据查询服务和基于车主驾驶行为的精算定价及相应产品,对其进行车险产品创新提供数据支持。为了保证传输共享过程中的数据安全,路比采用 PKI 技术和密码学技术等相关技术对数据进行脱敏处理,构建起一套数据安全防护系统和运行管理机制。目前,路比已和包括中国人保财险、太平洋保险、中国人寿财险、中国大地保险等 10 家保险公司开展合作,据创业邦数据显示,路比云已连接多家主机厂及国家级新能源车平台,数据覆盖率达到 80%,形成了连接 UBI 车险全产业的服务体系[2]。

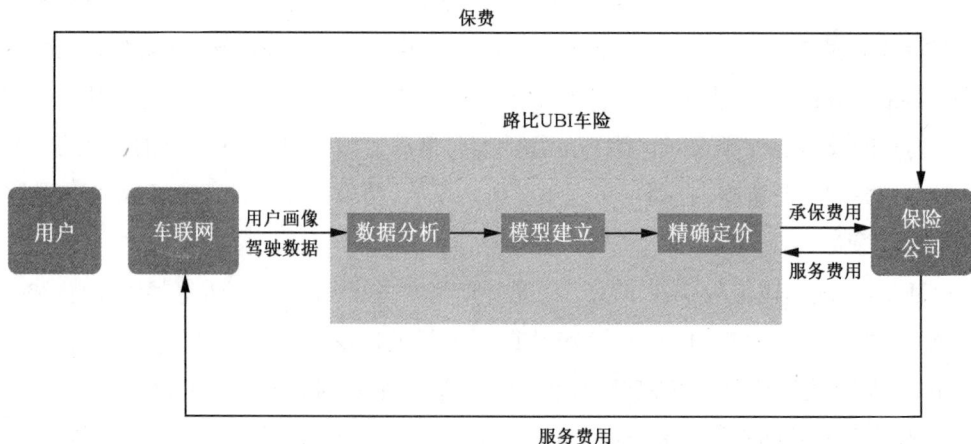

图 10—27 路比 UBI 车险业务模式

目前,物联网技术在我国金融行业的应用仍处于初期阶段,在提高产品和服务与客户需求的匹配性,实现风险可控的同时,还面临着数据获取技术成本较高、客户隐私信息存在泄露风险、应用场景较为局限、专业技术人才匮乏和社会认知程度较低等问题。对于物联网在金融领域的发展,应当重视理论基础、加强技术创新,加快培育专业

① 路比车险:《UBI 车险领头羊做对了什么?》,https://baijiahao.baidu.com/s?id=1701617912906616890&wfr=spider&for=pc,2021 年 6 月 4 日。
② 《[鼎然科技]深耕 UBI 保险领域,建设车联网数据商业化的连接器"路比云"》,https://www.cyzone.cn/article/596131.html,2020 年 7 月 31 日。

领域技术人才,制定整体发展规划和行业标准,进一步拓展物联网在金融场景应用的深度和广度,从而推动"物联网＋金融"迈向更高的台阶。

六、安全技术应用——华控清交 PrivPy 多方安全计算平台

当前,数据作为新型生产要素,对我国经济高质量发展具有深刻影响。2022年1月国务院印发的《"十四五"数字经济发展规划的通知》提出到2025年"数据要素市场体系初步建立"的发展目标。在数字经济时代,我国面对着新形势新挑战和数字化发展新机遇,构建数据要素市场将成为推动我国数字经济健康发展的重要驱动力。金融行业有着丰富的数据积累,尤其是在大数据时代这一特征更为突出,同时传统机构面临着业务流程复杂、获客成本较高、风险复杂度增加等问题,因此充分利用数据要素,提高产品和服务智能化水平,成为数字经济时代金融行业高质量发展的重要发力点。然而,在应用新技术开发数据资源的同时,也可能出现数据泄露、数据滥用和数据孤岛等问题。金融机构在办理业务的过程中积累了大量涉及用户个人隐私和商业机密的重要数据,一旦发生数据安全问题不仅会对用户带来一定损失,对金融机构的声誉也会带来负面影响。同时,数据孤岛问题的存在阻碍了数据的共享流通,影响数据要素价值发挥。因此,数据安全问题得到我国政府的高度重视,2022年4月国务院发布《关于加快建设全国统一大市场的意见》中提出要"加快培育数据要素市场,建立健全数据安全、权利保护、跨境传输管理、交易流通、开放共享、安全认证等基础制度和标准规范",对加强数据安全建设提出了要求。

在此背景下,华控清交信息科技(北京)有限公司基于金融行业数据融合应用需求,自主研发了 PrivPy 金融数据要素融合基础设施平台,该平台基于现代密码学领域中的多方计算技术(MPC),使得多个参与方能够协同计算一个以各自数据密文作为输入的指定函数,并得到与明文计算相同的正确密文计算结果,参与方可以直接在数据密文上进行计算而无需解密,从而能够在规定的用途和用量之内实现数据分享的同时保证数据不被泄露,在满足金融数据跨界融合需求的同时保证数据隐私安全,实现数据安全共享与融合,为数据要素充分发挥功能奠定基础。

在各参与方通过 PrivPy 平台进行数据合作中,数据提供方需要先将包括元数据信息、数据使用方式等信息在内的数据发布至数据目录应用,由数据使用方查看数据目录,根据应用场景对数据进行选择并与数据提供方之间订立合约,最后由数据应用平台完成数据合作任务并将结果发送至数据使用方,整个合作流程都将被记录在区块链基础服务中,以便进行读取、溯源和倒查(见图10—28)。PrivPy 金融数据要素融合基础设施平台在其中主要扮演计算方的角色,通过隐私计算节点模块实现密文计算,并对明文场景、密文场景等应用场景提供算力,以满足各类场景下的计算需要。

PrivPy 作为金融数据融合基础设施目前已在诸多金融应用场景落地。在企业层面,平台能够应用于银行人脸识别场景,通过将人脸图像转换为人脸密文,避免了人脸特征数据泄露的风险,同时平台也能够应用于科创企业信用评估。由于初创企业数据较为敏感,且主要被少数投资机构所掌握,银行在对其进行信用评估时可能面临数据孤岛问题,而利用 PrivPy 平台,银行及外部机构提供的多维度数据能够得到安全融合,从而实现对科创企业的全面信用评估。在理财合格投资者认证方面,由于金融机构对个人投资者进行投资资格评估时可能涉及投资者个人多方面信息,在带来认证过程复杂、信息来源庞杂、审核成本高和真实性存疑等问题的同时也可能面临隐私投资者套取虚假资产证明的风险。面对这些问题,在中国互联网金融协会指导下,PrivPy平台将各机构提供的投资者信息进行融合,在保护投资者隐私信息的同时得到平台自动计算的准确资产或收入状况信息,既降低人工审核成本又显著提高了个人合格投资者认证的有效性。

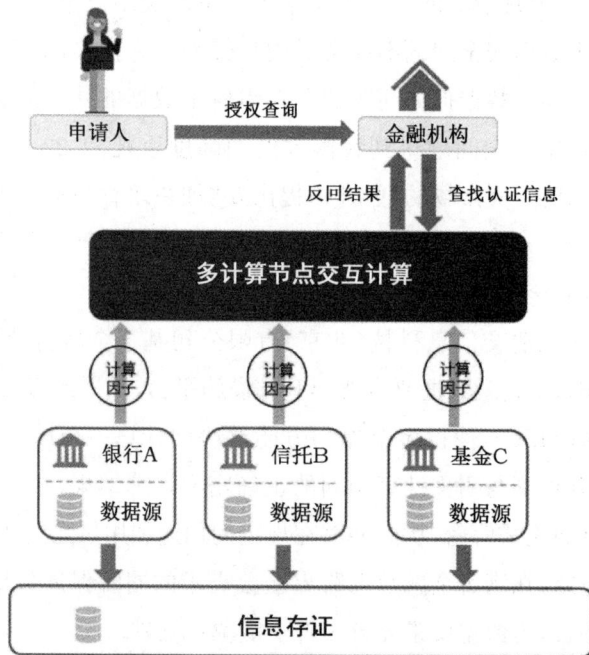

资料来源:王云河,李艺:《MPC 与金融应用场景》,《金融电子化》,2021 年第 2 期。

图 10-28　基于 PrivPy 平台的个人合格投资者认证流程

目前隐私计算技术已经在解决金融行业数据安全问题方面开展了诸多实践应用,基于隐私计算技术基础的金融数据融合基础设施平台具有保证数据隐私安全、支持多种数据和算法、提供易于使用的编程环境等优势,能够有效保护数据安全、打破数据孤岛。然而,科技发展可能导致数据不当获取利用的隐蔽性提高,同时不同领域差异化数据的融合问题也使得隐私计算等数据安全技术在数据融合中面临更多挑战。未来对于数据安全的保障需要相关法律法规的完善、技术的创新和消费者素养的提高，以进一步推动数据安全治理体系的构建。

参考文献

Baillie R T, Booth G G, Tse Y, et al. Price Discovery and Common Factor Models[J]. Journal of Financial Markets, 2002, 5(3):309—321.

Bohl M T, Salm C A, Schuppli M. Price Discovery and Investor Structure in Stock Index Futures [J]. Journal of Futures Markets, 2011, 31(3), 282—306.

Cochrane, John, H., and Monika Piazzesi. "Bond Risk Premia." American Economic Review, 2005, 95 (1): 138—160.

Cootner, Paul H. The Random Character of Stock Market Prices[M]. MIT Press, 1964.

Dai Q, Singleton K. Term structure dynamics in theory and reality[J]. The Review of financial studies, 2003, 16(3): 631—678.

Fama E F, French K R. A Five-factor Asset Pricing Model[J]. Journal of Financial Economics, 2015, 116(1): 1—22.

Fama E F, French K R. Common Risk Factors in the Returns on Stocks and Bonds[J]. Journal of Financial Economics, 1993, 33(1):3—56.

Fama E F, French K R. The Cross-section of Expected Stock Returns[J]. the Journal of Finance, 1992, 47(2): 427—465.

Fama E F. The Behavior of Stock-market Prices[J]. The Journal of Business, 1965, 38(1): 34—105.

Gervais S, Heaton J B, Odean T. The Positive Role of Overconfidence and Optimism in Investment Policy[J]. 2002.

Gonzalo J, Granger C W. Estimation of Common Long-Memory Components in Cointegrated Systems. Journal of Business & Economic Statistics, 1995, 13(1):27—35.

Hou K, Xue C, Zhang L. Digesting Anomalies: An Investment Approach[J]. The Review of Financial Studies, 2015, 28(3): 650—705.

Jabbour, George M., and Sattar A. Mansi. Yield curve smoothing models of term structure. Washington: George Washington University, 2002.

Kendall M G, Hill A B. The Analysis of Economic Time-series-part i: Prices[J]. Journal of the

Royal Statistical Society. Series A (General),1953,116(1): 11—34.

Kim M,Szakmary A C,Schwarz T V. Trading Costs and Price Discovery across Stock Index Futures and Cash Markets[J]. Journal of Futures Markets,1999,19(4):475—498.

Kurov A,Lasser D J. Price Dynamics in the Regular and E-Mini Futures Markets[J]. Journal of Financial & Quantitative Analysis,2004,39(2):365—384.

Liu J,Stambaugh R F,Yuan Y. Size and Value in China[J]. Journal of Financial Economics, 2019,134(1):48—69.

Mandelbrot B B,Van Ness J W. Fractional Brownian Motions,Fractional Noises and Applications[J]. SIAM Review,1968,10(4):422—437.

Markowitz H M. Portfolio Selection[J]. The Journal of Finance,1952,7 (1): 77—91.

Markowitz H M. The Utility of Wealth[J]. The Journal of Political Economy,1952,LX (2): 151—158.

Sharpe W F. Capital Asset Prices: A Theory of Market Equilibrium Under Conditions of Risk [J]. The Journal of Finance,1964,19(3): 425—442.

Thomas McCafferty. Options Demystified: A Self-Teaching Guide,2006.

Yang J,Yang Z,Zhou Y. Intraday Price Discovery and Volatility Transmission in Stock Index and Stock Index Futures Markets: Evidence from China[J]. Journal of Futures Markets,2012,32 (2):99—121.

Chen T,Liu L,Xiong W,et al. Real Estate Boom and Misallocation of Capital in China. Work. Pap. ,2017,Princeton Univ. ,Princeton,NJ.

DiPasquale D,Wheaton W C. The Markets for Real Estate Assets and Space: A Conceptual Framework[J]. Real Estate Economics,1992,20(2):181—198.

Geltner D,Miller N G,Clayton J,et al. Commercial Real Estate: Analysis and Investments (3rd). Cincinnati,OH: South-western,2014.

北京大学中国经济研究中心宏观组.规范发展票据市场至关重要[J].金融研究,2003(3):26—35.

部慧,李艺,陈锐刚,等.商品期货指数的编制研究及功能检验[J].中国管理科学,2007,15(4):1—8.

方毅,张屹山.国内外金属期货市场"风险传染"的实证研究[J].金融研究,2007,5:25—40.

方建国.房地产投资与融资简明教程[M].北京:清华大学出版社,2014.

汪洋.中国货币政策工具研究[M].北京:中国金融出版社,2009.

吴卫星,汪勇祥,成刚.信息不对称与股权结构:中国上市公司的实证分析[J].系统工程理论与实践,2004,24(11):28—32.

徐国祥.统计指数理论、方法与应用研究[M].上海:上海人民出版社,2011.

奚君羊.国际金融学[M].上海:上海财经大学出版社,2013.

中国银行业协会.商业承兑汇票业务创新发展与风险管理[M].北京:中国财政经济出版社,2020.

张金清,刘庆富.中国金属期货市场与现货市场之间的波动性关系研究[J].金融研究,2006(7):102—112.

周勇,周寄中.项目的期权性特征分析与期权性价值的估算[J].管理科学学报,2002(1).